高等学校经济与工商管理系列教材

计算机财务管理

李 娜 孙雪菁 主编

清华大学出版社
北京交通大学出版社
·北京·

内 容 简 介

本书包括 13 章，所介绍的财务管理模型涉及资金时间价值、筹资决策、资本成本与资本结构、投资决策、证券投资分析与决策、营运资本管理、销售与利润管理、财务计划、财务分析、企业价值评估、期权定价模型及其应用、财务管理系统的建立等方面，这些模型均具有较强的实用性，可用于高效地解决不同的财务管理问题。

本书可作为高等院校会计学专业、财务管理专业和经济管理类其他专业的教材，也可供企事业单位从事财务管理及相关领域实际工作的各类人员阅读和参考。

图书在版编目（CIP）数据

计算机财务管理 / 李娜，孙雪菁主编. —北京：北京交通大学出版社 ：清华大学出版社，2022.8（2025.2 重印）

高等学校经济与工商管理系列教材

ISBN 978-7-5121-4694-5

Ⅰ. ① 计… Ⅱ. ① 李… ② 孙… Ⅲ. ① 计算机应用–财务管理–高等学校–教材 Ⅳ. ① F275–39

中国版本图书馆 CIP 数据核字（2022）第 056158 号

计算机财务管理

JISUANJI CAIWU GUANLI

责任编辑：黎　丹

出版发行：清 华 大 学 出 版 社　　邮编：100084　　电话：010-62776969　　http://www.tup.com.cn
　　　　　北京交通大学出版社　　邮编：100044　　电话：010-51686414　　http://www.bjtup.com.cn

印 刷 者：北京虎彩文化传播有限公司

经　　销：全国新华书店

开　　本：185 mm×260 mm　　印张：18　　字数：461 千字

版 印 次：2022 年 8 月第 1 版　　2025 年 2 月第 2 次印刷

定　　价：49.00 元

本书如有质量问题，请向北京交通大学出版社质监组反映。对您的意见和批评，我们表示欢迎和感谢。

投诉电话：010-51686043，51686008；传真：010-62225406；E-mail：press@bjtu.edu.cn。

前　言

　　Excel是一种功能强大、使用方便的电子表格软件，它主要用于数据处理和统计分析，能为人们解决各种管理问题提供极大的帮助。随着我国社会主义市场经济的快速发展和大数据、云计算、区块链等技术的变革，企业价值创造的背景发生了根本性变化。在这样的背景下，财务活动的内容日渐复杂，财务管理人员仅靠传统的手工计算方法已无法满足及时有效地做好财务管理工作的需要。通过Excel建模的方法，可以帮助财务管理人员在复杂多变的财务环境中迅速准确地做出判断，合理地做出决策，从而高效地开展财务管理工作。

　　本书结合大量的实例介绍了以Excel为工具建立各种财务管理模型的方法。全书包括13章，所介绍的财务管理模型涉及资金时间价值、筹资决策、资本成本与资本结构、投资决策、证券投资分析与决策、营运资本管理、销售与利润管理、财务计划、财务分析、企业价值评估、期权定价模型及其应用、财务管理系统的建立等方面，这些模型均具有较强的实用性，可用于高效地解决不同的财务管理问题。

　　本书特色如下。

　　（1）以"理论＋Excel＋思政"为主体内容。在巩固理论知识的基础上，植入Excel建模的思想，培养学生建模的逻辑思维能力，并融合思政元素，全方面提升学生的职业素养。

　　（2）引经据典，图文并茂。本书按照课程导入、本章结构、例题、思政链接和课后习题5个环节依次展开，部分例题来自注册会计师（CPA）的全真试题，具有较强的针对性和代表性。

　　（3）配套资源丰富，提取便利。本书配套提供了教学大纲、教学课件、例题演示视频等教学资源，有需要的读者可以发邮件至53802917@qq.com索取。

　　本书可作为高等院校会计学专业、财务管理专业和经济管理类其他专业的教材，也可供企事业单位从事财务管理及相关领域实际工作的各类人员阅读和参考。

　　本书由李娜和孙雪菁担任主编，由苗玉、郭静、张敏、张静、师菲芬、张赟共同编写完成。在编写过程中，我们参考了大量的文献资料，在此一并向这些文献的作者表示感谢。

　　由于水平有限，书中不当之处在所难免，恳请读者批评指正。

编　者

2022年4月

目　　录

第1章　计算机财务管理概述

▶ 课程导入

由于大数据、云计算、区块链等技术的发展，企业价值创造的背景发生了根本性变化。海量的数据规模和快速的信息流转打破了产业链上时间与空间的桎梏，大数据时代下的企业经营管理更加全面化、精细化、无边界化。从目前的背景可以看出，我们需要转变对"财务管理"的认识，学会对数据进行加工，能够快速分析数据，利用数据为企业做出及时准确的决策，而接下来我们要学习掌握的就是财务人员的基本建模能力和支持决策能力。

▶ 本章结构

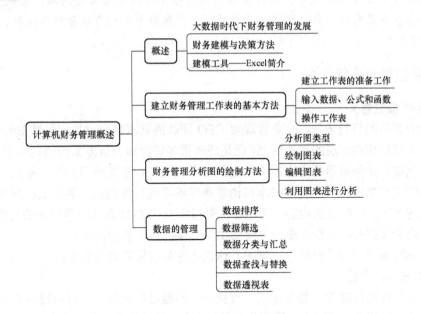

1.1　概　　述

1.1.1　大数据时代下财务管理的发展

大数据是多来源的、多形式的大规模实时数据的集合，是具有更强决策能力、洞察发现能力和流程优化能力的海量、高增长率和多样化的信息资产。在这样的背景下，财务管理工具、财务管理主体、财务管理内容、财务管理目标都发生了巨大的变化。

大数据给财务管理带来了许多机遇。企业通过对庞大的数据进行筛选和分析处理，找出威胁企业发展的不利因素，科学合理地规避财务风险，及早预防、减少不必要的损失。同时，还可以利用大数据实时监控企业的各项业务活动，对企业风险事件进行预警并及时处理，实现对风险的有效事前控制、事中控制和事后管理监测。另外，大数据推进了创建财务分析工具的方法，财务部门根据大数据的主要特征和关键技术，运用特殊的信息运算处理软件，可以及时对所获取的各种数据进行实时处理、分析及传输等，从而在海量的数据中挖掘出潜在的有价值的关键信息，为企业管理人员做出及时有效的决策判断提供信息支撑。更重要的是，财务管理模式如果要转向价值型财务体系离不开大数据的支撑，在价值型财务体系中，财务人员将把更多的时间和精力集中在价值的创造和管理方面。

大数据时代下企业财务管理面临的挑战众多，其中大数据人才队伍的建设是重点。企业在财务管理活动中进行大数据加工时，要分析的数据的范围越来越广，数据与数据间的关系链条越来越完整，这对财务人员的工作能力提出了更高、更全面的要求。

思政链接 财务管理的视野与大局意识

思政目标： 企业资金运动的规律是蕴藏在社会总资金运动中的。这说明资金运动不是存在于一个封闭系统中，财务管理的视野也不应局限在公司内部，而应该从系统论角度全局考虑，站位更高，看得更远。聚焦到个人行为也要脱离狭隘，树立大局意识。

1.1.2 财务建模与决策方法

1. 财务建模的意义

随着企业竞争的日趋激烈，企业管理对 CFO 团队的要求越来越高。虽然 ERP 系统的建立能够解决操作层和控制层的很多问题，但是还有很多评价和决策方面的问题需要 CFO 团队予以解决。例如，如何按照各方面的需要提供财务状况和经营成果的分析？最优经济订货量为多少？如何改变单价、单位变动成本和销量等因素实现目标利润。事实上，财务决策方面的问题远远超出了上述提及的内容，管理者越来越希望 CFO 团队从科学管理的视角出发，将信息技术与定量模型有机结合，提出科学的决策方案，进而支持决策。

如何构建财务模型并进行科学决策呢？这就是财务建模的意义所在。

2. 建立 Excel 模型

从问题分析者的角度看，想要建模，首先要对问题进行定义，了解问题的本质是什么，进而把复杂的问题简单化；接下来需要找到限制条件，筛选和整理这些条件；最后进行验证，使模型和现实问题具有一致性。

从数学建模的角度看，需要做到以下三点：第一，确定决策变量；第二，确定目标函数和限制条件；第三，收集和整理需要用到的数据。有了这三个准备工作，就可以利用工具进行建模了。

1.1.3　建模工具——Excel 简介

1. Excel 版本演变

Excel 是一个功能强大的电子表格软件，它主要用于数据处理和统计分析。Excel 最早可以追溯到 1982 年微软开发的 Multiplan 软件，是一种可应用于多平台的电子制表软件。1985 年微软在此软件基础上开发出基于图形界面的操作系统，并于 1987 年推出了基于 MS-DOS 与 Windows 操作系统的版本。1993 年后微软将 Excel 整合进 Microsoft Office，作为系列办公软件的组成部分之一，并第一次融入 VBA 语言，允许用户使用独立的编辑环境编写宏与脚本，将手工操作步骤自动化，用户可以通过自建窗体来丰富 Excel 的功能。

2015 年，微软发布 Microsoft Office 2016 版，本书出于实际需要选用了 Excel 2016。

2. 启动与退出 Excel 2016

启动 Excel 2016 有多种方法，下面简单介绍常用的 2 种方法。

① 双击快捷图标，即可启动 Excel 2016。

② 选择【开始】|【所有程序】|【Microsoft Office 2016】|【Microsoft Office Excel 2016】命令，即可启动 Excel 2016 应用程序。

退出 Excel 2016 常用以下 4 种方法。

① 单击标题栏右侧的【关闭】按钮。

② 双击"快速访问工具栏"左侧 Excel 图标的控制菜单按钮。

③ 按"Alt+F4"组合键。

④ 单击"快速访问工具栏"左侧 Excel 图标的控制菜单按钮，在出现的菜单中单击【关闭】命令。

3. Excel 2016 操作界面

Excel 2016 的操作界面如图 1-1 所示。

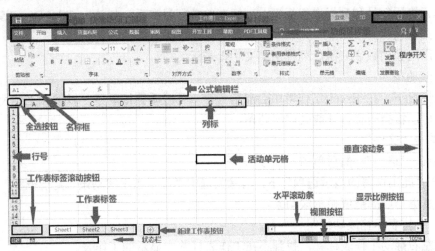

图 1-1　Excel 2016 的操作界面

（1）快速访问工具栏

快速访问工具栏是一个可自定义的工具栏，它包含一组独立于当前显示的功能区选项卡的命令。可以把不在同一功能区的命令移入快速访问工具栏，并且可以向快速访问工具栏中添加经常使用的命令按钮。

向快速访问工具栏添加命令的方法：在功能区上，单击相应的选项卡或组，显示要添加到快速访问工具栏的命令，右击该命令，然后单击快捷菜单上的"添加到快速访问工具栏"。

（2）功能区

主要的操作区域，一般包括"开始""插入""页面布局""视图"等。

（3）标题栏

整个工作表的名称在标题栏显示。

（4）程序开关

可以退出或最大化、最小化。

（5）名称框

单元格的名称，可以自己定义。

（6）公式编辑栏

在公式编辑栏中可以编辑公式，也可以选择函数进行编辑。公式编辑栏包括以下几个部分。

① 复选框。在工作表处于等待输入数据的状态下，在名称框和公式编辑栏之间只有插入函数按钮；而在输入和编辑数据的过程中，在名称框和插入函数按钮之间会出现复选框，用于控制数据的输入。

② 插入函数按钮。单击此按钮可打开【插入函数】对话框，选择需要插入的函数。

③ 数据区。用于输入或编辑单元格中的数据。

（7）活动单元格

Excel 2016 工作表中最核心的部分是单元格，它也是 Excel 工作表的最小组成单位。单元格可以记录简单的字符或数据，一个单元格记录数据信息的长短，可以根据用户的需要进行设置。单元格用行号和列标进行标识，列标在前，行号在后，如 A1、B3、D8、F5 等。

（8）列标与行号

行号用阿拉伯数字表示，列标用英文字母表示。

（9）滚动条

默认情况下，在 Excel 工作簿中会显示一个水平或垂直滚动条，以便在工作表中滚动浏览数据。可以根据需要打开或关闭滚动条。

① 单击"文件"。

② 单击"选项"，然后单击"高级"。

③ 在"此工作簿的显示选项"下，清除或选中"显示水平滚动条"复选框和"显示垂直滚动条"复选框以隐藏或显示滚动条。

（10）工作表标签滚动按钮

可以左右翻动工作表标签，找到不在工作表标签中显示的工作表。

（11）工作表标签

可以增加和删除工作表，也可以重命名工作表。

（12）新建工作表标签

单击可以直接新建工作表。

（13）状态栏

状态栏显示目前工作簿所处的状态。打开工作表时，显示的是"就绪"；输入公式时，显示的是"输入"；编辑公式时，显示的是"编辑"。

（14）视图按钮

在视图按钮中包括三种视图显示方式："普通""页面布局""分页预览"。默认情况下，以普通视图方式显示。

（15）显示比例按钮

显示比例按钮可以放大或缩小视图显示的大小。可以滑动调节，也可以单击显示比例按钮进行调节。

（16）自定义功能区

可以单击"文件"｜"选项"｜"自定义功能区"，在左右两栏进行操作，界面如图 1-2 所示。

图 1-2　"自定义功能区"界面

1.2　建立财务管理工作表的基本方法

1.2.1　建立工作表的准备工作

1. 工作簿、工作表和单元格的关系

Excel 2016 工作簿是计算和存储数据的文件，Excel 中要进行的操作都发生在工作簿中，

工作簿保存在文件中，默认情况下文件扩展名为：".xlsx"。一个工作簿可以容纳多张工作表，用户可以使用工作表对数据进行组织和分析，也可以同时在多张工作表中输入或编辑数据，还可以对不同工作表中的数据进行汇总计算。一张工作表中有许多单元格，单元格是基本记录工具，也是最小的组成单位。工作表由单元格组成，横向为行，分别以数字命名，如1、2、3、4等；纵向为列，分别以字母命名，如A、B、C、D。一个单元格记录数据信息的长短，可以根据用户的需要进行改变。单元格用行号和列标共同标识，列标在前，行号在后，如A1、C3、D8、R5等。

特别提示：

工作簿中的工作表数量只受内在容量的限制。用户可以根据自己意愿打开或创建任意多个工作簿，且每个工作簿都有独立的窗口。

在任一特定时刻，只有一个工作簿是活动工作簿，一个工作簿中仅有一张工作表是活动工作表。

2. 创建与使用工作簿

（1）新建工作簿

① 单击"文件"。

② 单击"新建"。在"可用模板"下，双击"空白工作簿"。

提示：要快速新建空白工作簿，也可用键盘快捷方式，按"Ctrl+N"。

③ 如需要用带模板的工作簿，可以在"可用模板"下，选择"我的模板"或者"样板模板"，同时也可在联网状态下，选择"Office.com 模板"中的模板。

（2）打开工作簿

① 单击"文件"。

② 单击"打开"，进入文件夹选择界面，选择需要打开的文件。

（3）工作簿的保存与保护

① 在打开的电子表格中单击"文件"，单击"信息"。

② 单击"保护工作簿"，此时将显示以下选项可供选择：

● 标记为最终状态。将文档设为只读，将电子表格标记为最终状态后，将禁用或关闭键入、编辑命令和校对标记，并且电子表格将变为只读。

● 用密码进行加密。为文档设置密码，将显示【加密文档】对话框。在"密码"框中键入密码。提示：Microsoft 不能找回丢失或忘记的密码。

● 保护当前工作表。保护工作表及锁定的单元格，可以选择密码保护，允许或禁止其他用户选择、格式化、插入、排序或编辑电子表格区域。

● 保护工作簿结构。保护工作簿的结构，可以选择密码保护，同时选择用于阻止用户更改、移动和删除重要数据的选项。

● 设置权限。授予客户访问权限，单击"限制访问"添加权限。

● 添加数字签名。添加可见或不可见的数字签名，通过使用计算机加密，对文档、电子邮件和宏等数字信息进行身份验证。创建数字签名时需要键入签名或使用签名图像。

（4）多个工作簿的查看

① 单击"视图"，在"窗口"中进行选择。

② 单击"全部重排"，可以在屏幕上同时查看多个工作簿。

1.2.2　输入数据、公式和函数

1. 选取单元格

（1）单个单元格的选择

首先确定输入的位置，选取一个或若干个单元格，用鼠标直接单击一下，此时选择的单元格称为当前单元格。用户还可以通过键盘上的方向键和编辑键来选择单元格。另一种方法是利用"定位"功能来选择单元格。按 F5 功能键或者按"Ctrl+G"来开启【定位】对话框，如图 1-3 所示。在对话框的"引用位置"中输入要定位的单元格名称，再单击【确定】。如果需要选取满足特定条件的单元格，可以在【定位】对话框中单击"定位条件"，会弹出【定位条件】对话框，此时可以根据要求勾选，如图 1-4 所示，选完后单击【确定】即可。

图 1-3　【定位】对话框　　　　　　　　图 1-4　【定位条件】对话框

（2）相邻区域单元格的选择

用鼠标单击该区域左上角的单元格，并按住鼠标左键拖动到所需选择区域的右下角单元格，松开鼠标左键即完成相邻单元格区域选择。另一种方法是用鼠标单击所要选择区域左上角的单元格，然后按住 Shift 键，之后用鼠标单击所要选择单元格区域右下角的单元格，即可将左上角到右下角的连续单元格区域选中。

（3）不相邻区域单元格的选择

首先选择一个单元格或连续单元格区域，然后按住 Ctrl 键，用鼠标选取另一个单元格或单元格区域即可。

（4）选取整行或整列

具体方法是：单击行号，可以选取整行；单击列标，可以选取整列。

（5）选取工作表的所有单元格

具体方法是：单击工作表左上角"全选"或者按"Ctrl+A"。

2. 输入简单数据

（1）输入文本型数据

文本包括汉字、英文字母、数字、空格以及其他键盘能输入的符号。输入文本型数据时，将单元格选中，直接在其中输入文本，按回车键即可。需要提示的是：如果输入的数据全部由数字组成，则需要在一开始输入"'"，此时系统才会把数据当作文本处理。

（2）输入数值型数据

数值型数据包括 0、1、2 等阿拉伯数字，以及正号、负号等。这类数据能以整数、小数、分数、百分数及科学记数形式输入到单元格中。输入数值型数据时，要注意以下事项：如果要输入分数，如 3/5，先输入一个空格，然后再输入"3/5"；输入负数时，可分用"–"或"（）"来表示；输入日期时，必须按照特定的格式输入，格式为 MM/DD/YY，或者直接按下"Ctrl+;"；输入时间时，按特定格式进行，如 10:20:15，系统默认的是 24 小时制，或者也可以按下"Ctrl+Shift+;"。需要提示的是：如果用户输入的数字其有效位超过单元格列宽，在单元格中无法全显示出，则会显示出若干个"#"号，用户可通过调整列宽将所有数字显示出来。

3. 输入批量数据

（1）输入相同数据

输入相同数据时，可按以下步骤操作。

① 选中需要输入数据的一个单元格区域或多个不连续单元格。

② 直接输入数据。

③ 按"Ctrl+Enter"。

（2）输入可扩充数据序列

Excel 中提供了一些可扩展序列，相邻单元格中的数据将按序列增减的方法进行填充。首先选中单元格，鼠标指在其右下角会出现一个实心小方块上，称为填充柄，用户通过向上、向下、向左与向右四个方向拉动填充柄，可以在单元格中自动填充具有规律的数据。

① 输入等差或等比数列。打开一张工作表，在某一个单元格中输入等差序列的起值，然后选中需要填充数列的单元格，单击"开始"，选择"编辑"组中"填充 📝 ▼"下的"序列"，此时会弹出一个对话框，如图 1–5 所示。在"类型"中勾选"等差序列"或"等比数列"，然后根据需要设置步长值，也就是公差或公比，最后单击【确定】按钮。

图 1–5 【序列】对话框

② 自定义序列的使用。用户可以根据需要自定义新的序列，使用自定义序列快速填充工作中常用的数据。建立自定义序列的具体步骤如下：首先在"文件"菜单中单击"选项"命令，然后在弹出的【Excel 选项】对话框，单击"高级"选项卡，并在"常规"区域中单击"编辑自定义列表"，打开【自定义序列】对话框。然后在该对话框左边的"自定义序列"列表框中默认已选中了"新序列"，将光标定位到右边的"输入序列"列表框中，输入要建立的自定义序列，在输入数据的过程中，各项数据之间可以用半角字符的逗号间隔，或者每输入完一项数据之后回车换行，再输入下一项数据。输完数据后，单击【添加】，此时在"自定义序列"列表中将会出现所添加的自定义序列。

4．操作公式

（1）输入公式

公式可以用来执行各种运算，同时能够方便而准确地分析工作表中的数据。输入公式和输入文本型数据相似，但是输入公式时需先输入一个等号"＝"，然后才能输入公式的表达式。

（2）显示公式

在默认状态下，单元格中显示的是公式运算结果，如果想查看当前工作表中的所有公式，可以选择"公式"选项卡下"公式审核"功能组中的"显示公式"命令。

（3）复制与移动公式

如果多个单元格中所使用的表达式相同，可以通过移动与复制公式来快速输入公式。选择公式所在的单元格，按"Ctrl＋C"复制公式，然后在需要复制公式的单元格按"Ctrl＋V"即可。

5．单元格引用

单元格引用是指对工作表中的单元格或单元格区域的引用，它可以在公式中使用，以便 Excel 可以找到需要公式计算的值或数据。单元格引用的具体步骤是：首先单击要在其中输入公式的单元格；然后在编辑栏中键入"＝"；最后在一个工作表中选择一个单元格或单元格区域，即完成单元格引用。需要注意的是，可以拖动所选单元格的边框来移动选定区域，或者拖动边框上的角来扩展选定区域。

6．数组公式

数组公式通常称为 CSE 公式，需要同时按"Ctrl＋Shift＋Enter"锁定公式。数组是指一行值、一列值或行值和列值的组合，数组公式是指在数组的一项或多项上执行多个计算的公式，数组公式可以返回多个结果，也可返回一个结果。包括多个单元格的数组公式称为多单元格公式，位于单个单元格中的数组公式称为单个单元格公式。

例题 1.1　某企业销售产品的数量、型号、单位变动成本和固定成本如表 1-1 所示，请计算每种产品的总成本。

表 1-1　某企业销售成本情况表

产品类别	数量/个	单位变动成本/（元/个）	固定成本/元	总成本/元
A	5	12	200	
B	8	13	400	
C	3	56	200	
D	7	19	200	
E	10	45	500	
F	6	10	300	
G	5	10	700	
H	2	78	500	
I	8	5	200	

解　具体操作步骤如下。

① 在 Excel 2016 中输入基本数据，如图 1-6 所示。

产品类别	数量/个	单位变动成本/（元/个）	固定成本/元	总成本/元
A	5	12	200	
B	8	13	400	
C	3	56	200	
D	7	19	200	
E	10	45	500	
F	6	10	300	
G	5	10	700	
H	2	78	500	
I	8	5	200	

图 1-6　基本数据

② 选取数据区域 E2:E10，输入"=B2:B10*C2:C10+D2:D10"，如图 1-7 所示。

AVERAGE　× ✓ fx　=B2:B10*C2:C10+D2:D10

产品类别	数量/个	单位变动成本/（元/个）	固定成本/元	总成本/元
A	5	12	200	D2:D10
B	8	13	400	
C	3	56	200	
D	7	19	200	
E	10	45	500	
F	6	10	300	
G	5	10	700	
H	2	78	500	
I	8	5	200	

图 1-7　数组公式编辑

③ 同时按下"Ctrl+Shift+Enter"，结果如图 1-8 所示。提示：如果像普通公式一样直接回车，返回的结果是错误的。

E2　Q fx　{=B2:B10*C2:C10+D2:D10}

产品类别	数量/个	单位变动成本/（元/个）	固定成本/元	总成本/元
A	5	12	200	260
B	8	13	400	504
C	3	56	200	368
D	7	19	200	333
E	10	45	500	950
F	6	10	300	360
G	5	10	700	750
H	2	78	500	656
I	8	5	200	240

图 1-8　结果显示

视频演示

7. Excel 函数

用户在数据处理中需要进行统计、分析，通过函数可以辅助快速运算。Excel 中所提供的函数其实是一些预定义的公式，它们使用一些称为参数的特定数值按特定的顺序或结构进行计算。用户可以直接用它们对某个区域内的数值进行一系列运算。函数通常由三部分组成，即函数名、括号及函数参数或参数集合，如果函数以公式的形式出现，需在函数名称前输入"="。

Excel 函数主要包括财务函数、日期和时间函数、工程函数、信息函数、逻辑函数、查找与引用函数、数学与三角函数、统计函数、文本函数、多维数据集函数、兼容性函数、Web 函数及用户自定义函数。

1.2.3　操作工作表

1. 工作表的选择

Excel 中每个工作表都有标签，启动 Excel 时默认 3 个工作表，标签为 Sheet1、Sheet2、

Sheet3。该标签位于工作簿窗口底端的左侧，标签滚动按钮位于工作表标签的前端。工作表的选择分为单个工作表选择、相邻多个工作表选择、不相邻多个工作表选择等操作。

（1）单个工作表选择

单击某一工作表标签即可选定一个工作表，并使这个工作表为当前工作表。

（2）相邻多个工作表选择

单击要选定的多个工作表的第一个工作表标签，然后在按住 Shift 键的同时用鼠标单击要选定的最后一个工作表标签，此时在活动工作表的标题栏上会出现"工作组"字样。

（3）不相邻多个工作表选择

单击要选定的第一个工作表标签，在按住 Ctrl 键的同时逐个单击要选择的工作表的标签，即可选择不连续的多个工作表作为活动工作表。

2. 工作表的重命名

右击工作表，选择"重命名"。

3. 工作表的移动与复制

（1）工作表的移动

右击工作表，选择"移动和复制"，在弹出的对话框中进行操作即可；或者直接按下左键，拖动要变顺序的工作表到需要的位置。

（2）工作表的复制

右击工作表，选择"移动和复制"，在弹出的对话框中选择要复制的工作表，勾选"建立副本"，单击【确定】。

4. 工作表的隐藏

工作表的隐藏是指隐藏工作簿中的任意工作表，使之不可见。在默认情况下，打开的工作簿的所有工作簿窗口都显示在任务栏上，可以根据需要在任务栏上隐藏或显示它们。

① 选择要隐藏的工作表。

② 右击工作表标签，然后单击对话框上的"选定全部工作表"。

③ 单击"开始"｜"格式"，如图 1-9 所示，在"可见性"下，单击"隐藏/取消隐藏"，然后单击"隐藏工作表"。

图 1-9　"格式"下拉菜单

1.3 财务管理分析图的绘制方法

1.3.1 分析图类型

1. 面积图

面积图用于强调数量随时间变化的程度，也可用于强调对总值趋势的关注。面积图有下列子类型。

① 二维面积图和三维面积图。无论是用二维还是三维显示，面积图都用于显示数值随时间或其他类别数据变化的趋势线。

② 二维堆积面积图和三维堆积面积图。二维堆积面积图用于显示每个数值所占大小随时间或其他类别数据变化的趋势线。三维堆积面积图与二维的显示方式相同，但可以使用三维透视图。

③ 百分比堆积面积图和三维百分比堆积面积图。百分比堆积面积图用于显示每个数值所占百分比随时间或其他类别数据变化的趋势线。三维百分比堆积面积图与百分比堆积面积图显示方式相同，但可以使用三维透视图。

2. 条形图

当出现轴标签过长或显示的数值是持续型的情况时可以使用条形图，条形图用于显示各项之间的比较情况。条形图具有下列子类型。

① 簇状条形图和三维簇状条形图。簇状条形图可比较多个类别的值。通常沿纵坐标轴组织类别，沿横坐标轴组织值。三维簇状条形图使用三维格式显示水平矩形。注意：这种图不使用三条坐标轴显示数据。

② 堆积条形图和三维堆积条形图。堆积条形图用于显示单个项目与总体的关系。三维堆积条形图使用三维格式显示水平矩形。

③ 百分比堆积条形图和三维百分比堆积条形图。百分比堆积条形图跨类别比较每个值占总体的百分比。三维百分比堆积条形图使用三维格式显示水平矩形。

④ 水平圆柱图、圆锥图和棱锥图。如果数据可以用矩形条形图的簇状、堆积和百分比堆积图显示，也就可以使用圆柱图、圆锥图和棱锥图来显示，而且它们显示和比较数据的方式相同，唯一的差别在于这些图表类型将显示圆柱、圆锥和棱锥而不是水平矩形。

3. 柱形图

柱形图用于显示一段时间内的数据变化或说明各项之间的比较情况。在柱形图中，通常沿横坐标轴组织类别，沿纵坐标轴组织值。柱形图具有下列子类型。

① 簇状柱形图和三维簇状柱形图。簇状柱形图使用二维垂直矩形显示值，可比较多个类别的值。三维簇状柱形图仅使用三维透视效果显示数据，不使用第三条数值轴（竖坐标轴）。

② 堆积柱形图和三维堆积柱形图。堆积柱形图显示单个项目与总体的关系，并跨类别比较每个值占总体的百分比。堆积柱形图使用二维垂直堆积矩形显示值。三维堆积柱形图仅使用三维透视效果显示值，不使用第三条数值轴（竖坐标轴）。

③ 百分比堆积柱形图和三维百分比堆积柱形图。百分比堆积柱形图跨类别比较每个值占总体的百分比。百分比堆积柱形图使用二维垂直百分比堆积矩形显示值。三维百分比堆积柱形图仅使用三维透视效果显示值，不使用第三条数值轴（竖坐标轴）。

④ 三维柱形图。如果要同时跨类别和系列比较数据，则可使用三维柱形图，因为这种图表沿横坐标轴和竖坐标轴显示类别，沿纵坐标轴显示数值。三维柱形图使用三个可以修改的坐标轴（横坐标轴、纵坐标轴和竖坐标轴），并沿横坐标轴和竖坐标轴比较数据点（数据点：在图表中绘制的单个值，这些值由条形、柱形、折线、饼图或圆环图的扇面、圆点和其他被称为数据标记的图形表示。相同颜色的数据标记组成一个数据系列）。

⑤ 圆柱图、圆锥图和棱锥图。为矩形柱形图提供的簇状、堆积、百分比堆积和三维图表类型也可以使用圆柱图、圆锥图和棱锥图，而且它们显示和比较数据的方式相同，唯一的区别在于这些图表将显示圆柱、圆锥和棱锥而不是矩形。

4. 折线图

折线图可以显示随时间变化的连续数据，因此适用于显示在相等时间间隔下数据的趋势。在折线图中，类别数据沿水平轴均匀分布，所有的值数据沿垂直轴均匀分布。如果分类标签是文本并且表示均匀分布的数值（如月份、季度或财政年度），则应使用折线图。特别提示：当有多个系列时，尤其适合使用折线图；对于一个系列，则应考虑使用散点图。如果有几个均匀分布的数值标签（尤其是年份），也应该使用折线图。如果拥有的数值标签多于 10 个，则适用散点图。折线图具有下列子类型。

① 折线图和带数据标记的折线图。显示时可带有标记以指示单个数据值，也可以不带数据标记。折线图对于显示随时间或排序的类别的变化趋势很有用，尤其是当有多个数据点并且它们的显示顺序很重要时。如果有多个类别或者值是近似的，则适用不带数据标记的折线图。

② 堆积折线图和带数据标记的堆积折线图。显示时可带有标记以指示各个数据值，也可以不带标记。堆积折线图可用于显示每个值所占的百分比随时间或排序类别而变化的趋势。

③ 百分比堆积折线图和带数据标记的百分比堆积折线图。显示时可带有数据标记以指示单个数据值，也可以不带数据标记。百分比堆积折线图对于显示每一数值所占百分比随时间或排序的类别而变化的趋势很有用。如果有多个类别或者值是近似的，则适用不带数据标记的百分比堆积折线图。

④ 三维折线图。三维折线图将每一行或列的数据显示为三维标记。三维折线图具有可修改的水平轴、垂直轴和深度轴。

5. 饼图

饼图用于显示一个数据系列中各项的大小与各项总和的比例值。饼图中的数据点显示为整个饼图的百分比。使用饼图的要求有：仅有一个要绘制的数据系列；要绘制的数值没有负值；要绘制的数值没有零值；不超过七个类别；各类别分别代表整个饼图的一部分。饼图具有下列子类型。

① 饼图和三维饼图。饼图采用二维或三维格式显示各个值相对于总数值的分布情况。可以手动拉出饼图的扇区，以强调特定扇区。

② 复合饼图和复合条饼图。复合饼图或复合条饼图显示了从主饼图提取用户定义的数值

并组合新的饼图或堆积条形图的饼图。如果要使主饼图中的小扇区更易于辨别，那么可使用此类图表。

③ 分离型饼图和三维分离型饼图。分离型饼图显示每个值占总数的百分比，同时强调各个值。分离型饼图可以采用三维格式显示，可以更改所有扇区和个别扇区的饼图分离程度，但不能手动移动分离型饼图的扇区。

6. 雷达图

雷达图用于比较几个数据系列的聚合值。雷达图具有下列子类型。

① 雷达图和带数据标记的雷达图。雷达图显示各值相对于中心点的变化，其中可显示各个数据点的标记，也可不显示这些标记。

② 填充雷达图。在填充雷达图中，由一个数据系列覆盖的区域用一种颜色来填充。

7. XY 散点图

散点图显示若干数据系列中各数值之间的关系。散点图有两个数值轴，沿横坐标轴（x 轴）方向显示一组数值，沿纵坐标轴（y 轴）方向显示另一组数值。散点图通常用于显示和比较数值，例如科学数据、统计数据和工程数据。若要在工作表上排列使用散点图的数据，应将 x 值放在一行或一列，然后在相邻的行或列中输入对应的 y 值。散点图具有下列子类型。

① 仅带数据标记的散点图。这种图用于比较成对的值。在使用多个数据点且连线会使数据更难读取时，使用带数据标记但不带线的散点图。

② 带平滑线的散点图和带平滑线与数据标记的散点图。这种图显示连接数据点的平滑曲线。显示平滑线时可以显示标记，也可以不显示标记。如果有多个数据点，可以使用不带数据标记的平滑线。

③ 带直线的散点图和带直线与数据标记的散点图。这种图显示数据点之间的直线连接线。显示直线时可以显示标记，也可以不显示标记。

8. 环形图

像饼图一样，环形图显示各个部分与整体之间的关系，不同的是它可以包含多个数据系列。环形图具有下列子类型。

① 一般环形图。环形图在圆环中显示数据，圆环图的每个圆环分别代表一个数据系列。如果在数据标签中显示百分比，则每个圆环总计为 100%。

② 分离型环形图。分离型环形图显示每一数值相对于总数值的大小，同时强调每个单独的数值。它与分离型饼图相似，但是可以包含多个数据系列。

9. 气泡图

工作表列中的数据（第一列中列出 x 值，在相邻列中列出相应的 y 值和气泡大小的值）可以绘制气泡图。

气泡图或三维气泡图用于比较成组的三个值而非两个值，第三个值确定气泡数据点的大小。可以选择以二维格式或三维效果显示气泡。

1.3.2 绘制图表

图表是数据的一种可视表示形式，它可以使数据的特点或趋势等更加直观地呈现出来。

例题 1.2　M 制造企业 2022 年产品的市场需求情况预计表已完成，目前 M 企业有#1、#2、#3、#4 四种产品，产品销往 5 个城市，每个城市 2022 年的预计需求量如表 1–2 所示。要求：按照不同的管理目标，把表格绘制成图表。

表 1–2　M 制造企业产品市场需求情况

2022 年度　　　　单位：万个

产品	香港	北京	上海	深圳	内蒙古
#1	18	18	13	22	18
#2	15	16	17	13	16
#3	15	15	13	13	19
#4	18	9	12	17	15

1. 选取数据的方法

① 整理数据。按照行或列的形式组织数据，并在数据的左侧和上方分别设置行标签和列标签。当正确选定数据区域时，Excel 会自定确定在图表中绘制数据的最佳方式。

② 正确选取数据。数据区域可以连续选取，也可以不连续选取，根据不同的绘制目的，选取要反映在图表上的数据。需要注意的是，数据区域必须形成矩形。

例题 1.2 续 1　管理目标 1：绘制公司 2022 年度 4 种产品的市场需求图表。

管理目标 2：比较每个市场 4 种产品的需求量，并绘制图表。

选取数据的步骤如下。

管理目标 1：本题需要选择连续区域，其方法是：选择区域的最左上角单元格，按住左键拖动到区域的最右下角单元格，松开鼠标，此时数据区域被选中。若想选择整个区域，则单击“全选”按钮（行标与列标交叉空单元处），如图 1–10 所示。

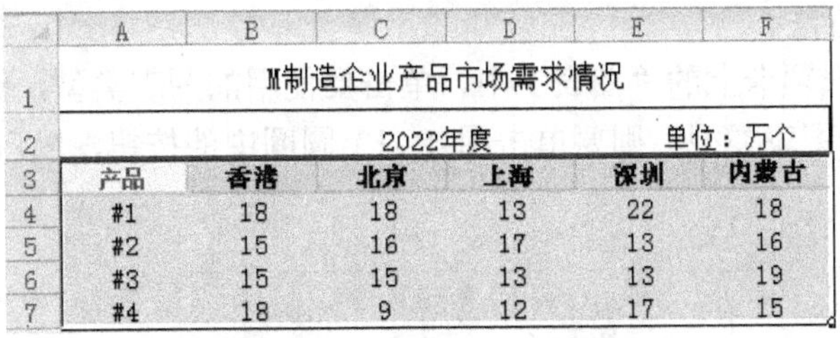

	A	B	C	D	E	F
1	M制造企业产品市场需求情况					
2	2022年度				单位：万个	
3	产品	香港	北京	上海	深圳	内蒙古
4	#1	18	18	13	22	18
5	#2	15	16	17	13	16
6	#3	15	15	13	13	19
7	#4	18	9	12	17	15

图 1–10　连续数据选取

管理目标 2：本题需要选择不连线区域，其方法是：先选择一个区域，然后选择第二个区域，再选择第三个区域，直到不连续区域都被选择。可以选取任意区域，但是所选取的区域必须能够构成一个矩形，如图 1–11 所示。

M制造企业产品市场需求情况					
2022年度				单位：万个	
产品	香港	北京	上海	深圳	内蒙古
#1	18	18	13	22	18
#2	15	16	17	13	16
#3	15	15	13	13	19
#4	18	9	12	17	15

图 1-11　不连续数据选取

视频演示

特别提示：注意选择数据区域中第一行文字、最左列文字的意义。

如果需要把表格数据区域中第一行文字（表头栏目）或最左列文字标在图上，则选择数据区域时应该将它们选择在内。在以行为主的图形中，第一行文字将被标示在图表的 x 轴（横轴）上，称为分类；最左列的文字代表不同的内容，被设置为不同的颜色，标示在图例中。反之，在以列为主的图形中，第一列文字将被标示在图表的 x 轴（横轴）上，称为分类；第一行的文字代表不同的内容，被设置为不同的颜色，标示在图例中。

绘制的图表如图 1-12 所示。

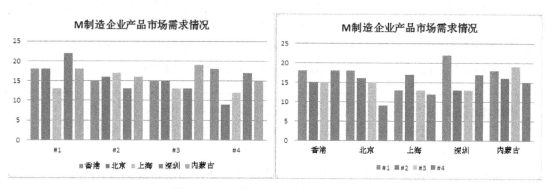

图 1-12　M 制造企业产品市场需求情况

2. 图表绘制的方法

① 在"插入"选项卡上的"图表"中，单击要使用的图表类型，然后单击图表子类型。若要查看所有可用的图表类型，则要单击图 1-13 圆圈中的按钮，以启动【插入图表】对话框，如图 1-14 所示。

图 1-13　图表类型选项卡

需要提示的是，将鼠标指针停留在任何图表类型上时，将会显示其名称和基本用途。

图 1-14　【插入图表】对话框

②　插入图表后，可以进一步使用"图表工具"添加标题和数据标签等图表元素，以及更改图表的设计、布局或格式，如图 1-15 所示。

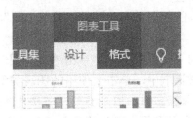

图 1-15　"图表工具"选项卡

"例题 1.2 续 1"的绘制图表步骤如下。

①　选取数据，在"插入"选项卡上的"图表"中，单击"柱形图"，选择二维柱形图中的第一个图示，单击图示自动生成图表，选取图表，单击选项卡上的"设计"，如图 1-16 所示，选择需要的"图表布局"中的格式。

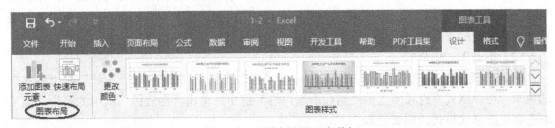

图 1-16　"图表设计"选项卡

② 对图表的标题进行修改，修改结果如图 1-17 所示。

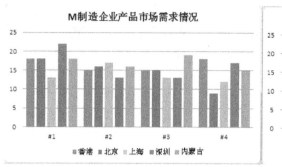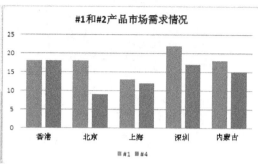

图 1-17   标题修改结果

1.3.3   编辑图表

选择"设计"和"格式"选项卡，可以进一步编辑图表。另外，通过右击图表中的某些图表元素（如图表轴或图例），也可以访问这些图表元素特有的设计和格式设置功能。

1. 添加或删除图表中的主要坐标轴以及变更坐标轴的刻度

① 单击图表，将显示"图表工具"，其中包含"设计"和"格式"选项卡。在"设计"选项卡上的"图表布局"中，单击"添加图表元素"，选择"坐标轴"。

② 单击"主要横坐标轴"，然后单击所需的显示选项。选项中包括添加和删除坐标轴。

2. 更改数据系列的图表类型

① 在图表中，单击要更改的数据系列，显示"图表工具"，其中包含"设计"和"格式"选项卡。也可以右击数据系列，单击"更改系列图表类型"。

② 在"设计"选项卡上的"类型"组中，单击"更改图表类型"。

③ 在【更改图表类型】对话框中，单击要使用的图表类型。

提示：一次只能更改一个数据系列的图表类型。若要更改图表中多个数据系列的图表类型，需针对要更改的每个数据系列重复此过程的各个步骤。

3. 更改图表的布局或样式

（1）更改图表的布局

① 单击图表中的任意位置，或单击要更改的图表元素，在选项卡中找到"图表工具"，其中包含"设计"和"格式"选项卡。

② 在"设计"选项卡的"图表布局"中，选择"添加图表元素"，可进行如下操作：在"收据标签"组中，单击要更改的图表标签的布局选项；在"坐标轴"组中，单击要更改的坐标轴或网格线的布局选项。

（2）更改图表的样式

① 单击要更改的图表元素，在选项卡中找"图表工具"，其中包含"设计"和"格式"选项卡，在"格式"选项卡上的"当前所选内容"组中，单击"图表区"框中的箭头，然后单击要更改格式样式的图表元素。

② 在"格式"选项卡中，可进行如下操作：在"当前所选内容"组中，单击"设置所选

内容格式",然后在【设置图表元素格式】对话框中,选择所需的格式选项;在"形状样式"组中单击【更多】按钮,然后选择一种样式;在"形状样式"组中,单击"形状填充""形状轮廓"或"形状效果",然后选择所需的格式选项;在"艺术字样式"组中,单击一个艺术字样式选项,或单击"文本填充""文本轮廓"或"文本效果",然后选择所需的文本格式选项。

1.3.4　利用图表进行分析

图表的作用之一是可以直观地表现出数据隐含的规律,为管理者决策提供更清晰的依据。在 Excel 中,可以利用它提供的转置图表功能和不同的类型来满足管理者不同的需求。

例题 1.2 续 2　继续本节的例题,管理目标继续发生变化。
　　管理目标 3:从不同的角度看市场需求量。
　　管理目标 4:分析#2 产品每个市场占总需求的比例。
　　管理目标 5:分析比较每个市场所有产品的总销售量。

---

1. 图表转置功能的作用

完成管理目标 3,步骤如下。

① 选取数据区域 A3:F7。

② 在"插入"选项卡的"图表"组中,单击"柱形图",然后选择二维柱形图。在"图表布局"中选择如图 1-18 所示的类型,并编辑标题,得到从市场的角度看各产品需求量的图表,如图 1-19 所示。

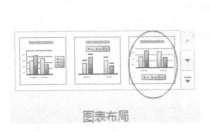

图 1-18　"图表布局"选项卡

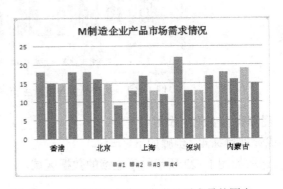

图 1-19　从市场的角度看各产品需求量的图表

③ 选取数据区域 A3:F7。

④ 在"插入"选项卡的"图表"组中,单击"柱形图",然后选择二维柱形图。在"图表布局"中选择如图 1-20 所示的类型,并编辑标题。

⑤ 在"图表工具"的"设计"选项卡中,单击"更改图表类型",按图 1-20 选择,得到从产品的角度看各市场需求量的图表,如图 1-21 所示。

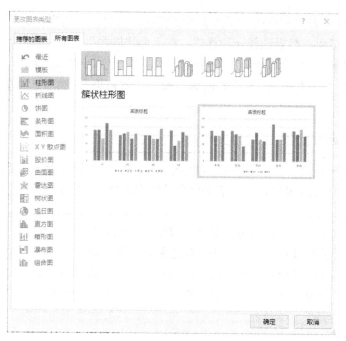

图 1-20 "更改图表类型"选项卡

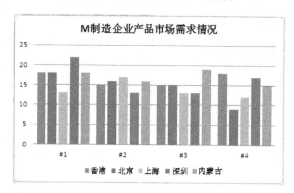

图 1-21 从产品的角度看各市场需求量的图表

2. 图表类型变化的作用

完成管理目标 4,步骤如下。

① 选取如图 1-22 所示的不连续的数据区域。

	A	B	C	D	E	F
1	M制造企业产品市场需求情况					
2			2022年度		单位:万个	
3	产品	香港	北京	上海	深圳	内蒙古
4	#1	18	18	13	22	18
5	#2	15	16	17	13	16
6	#3	15	15	13	13	19
7	#4	18	9	12	17	15

图 1-22 数据选取结果

② 在"插入"选项卡的"图表"组中,单击"饼图",然后选择二维饼图,在"快速布

局"中选择需要的类型。

③ 从生成的图中可以看到#2 产品每个市场所占总需求的比例。

完成管理目标 5，步骤如下。

① 选取数据区域 A3:F7。

② 在"插入"选项卡的"图表"组中，单击"柱形图"，然后选择二维柱形图的第二个类型，如图 1−23 所示。

③ 在"图表布局"中选择如图 1−24 所示的类型，自动生成"每个市场所有产品的总销售量"的图表，编辑标题。

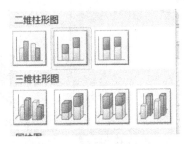

图 1−23　"柱形图"选项卡

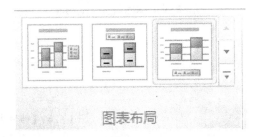

图 1−24　"图表布局"选项卡

1.4　数据的管理

1.4.1　数据排序

选择单元格区域中的一列数据，或者确保活动单元格位于数据的表列中。在"数据"选项卡的"排序和筛选"组中，若要按升序排序，单击"升序"；若要按降序排序，单击"降序"。

例题 1.3　某公司的 2021 年销售清单如图 1−25 所示，对该销售清单进行数据管理。要求：对不同产品的销售额进行降序排序。

	A	B	C
1	某公司2021年产品销售清单		单位：万元
2	产品	季度	销售额
3	#1	第一季度	10
4	#1	第二季度	12
5	#1	第三季度	23
6	#1	第四季度	45
7	#2	第一季度	25
8	#2	第二季度	65
9	#2	第三季度	21
10	#2	第四季度	14
11	#3	第一季度	52
12	#3	第二季度	56
13	#3	第三季度	57
14	#3	第四季度	51
15	#4	第一季度	10
16	#4	第二季度	12
17	#4	第三季度	15
18	#4	第四季度	19

图 1−25　某公司的 2021 年销售清单

解　①选择数据区域 A2:C18。

②在"数据"选项卡的"排序和筛选"组中，单击"自定义排序"。在【排序】对话框中，单击"添加条件"，对话框中将显示"次要关键字"。

③在"主要关键字"中选择"产品"，在"次要关键字"中选择"销售额"，在"次序"中选择"降序"，具体操作如图 1-26 所示。

图 1-26　【排序】对话框

视频演示

④单击【确定】，即可得到按降序排列的销售额。

1.4.2　数据筛选

选择单元格区域，在"数据"选项卡上的"排序和筛选"组中，单击"筛选"。

确保活动单元格位于包含字母数字数据的表列中，单击列标题中的箭头，从文本值列表中选择。

（1）文本筛选功能

选择"文本筛选"，然后单击一个比较运算符［比较运算符：在比较条件中用于比较两个值的符号。此类运算符包括：=（等于）、>（大于）、<（小于）、>=（大于等于）、<=（小于等于）和 <>（不等于）］命令，或单击"自定义筛选"。例如，若要按以特定字符开头的文本进行筛选，请选择"始于"，若要按在文本中任意位置有特定字符的文本进行筛选，请选择"包含"。在【自定义自动筛选方式】对话框中，输入文本或从列表中选择文本值。

（2）多个条件筛选

若要对表列或选定内容进行筛选，以便两个条件都必须为 True，请选择"与"。若要筛选表列或选定内容，以便两个条件中的任意一个或者两个都可以为 True，请选择"或"。在第二个条目中，选择比较运算符，然后在右框中，输入文本或从列表中选择文本值。若要在更改数据后重新应用筛选，请单击区域或表中的某个单元格，然后在"数据"选项卡上的"排序和筛选"中单击"重新应用"。

例题 1.4　承例题 1.3，要求：筛选出第一季度各产品的销售额。

解　①选择数据区域 A2:C18。

②在"数据"选项卡的"排序和筛选"组中，单击"筛选"。

③ 在数据区域会出现下拉箭头，单击列标题中的箭头，出现如图 1-27 所示的对话框，勾选"第一季度"，单击【确定】，即可筛选出第一季度各产品的销售额。

图 1-27 【数据筛选】对话框

1.4.3 数据分类与汇总

在分类与汇总前，确保数据区域中要对其进行分类汇总计算的每个列的第一行都具有一个标签，每个列中都包含类似的数据，并且该区域不包含任何空白行或空白列。首先对包含用作分组依据的数据的列进行排序，选择该列，然后在"数据"选项卡的"排序和筛选"组中，单击"升序"或"降序"。接着在"数据"选项卡的"分级显示"组中，单击"分类汇总"，将显示【分类汇总】对话框。在"分类字段"中，单击要分类汇总的列。在"汇总方式"中，单击要用来计算分类汇总的汇总函数。在"选定汇总项"中，对于包含要计算分类汇总的值的每个列，选中其复选框。如果想按每个分类汇总自动分页，则选中"每组数据分页"复选框。若要指定汇总行位于明细行的上面，则清除"汇总结果显示在数据下方"复选框。若要指定汇总行位于明细行的下面，则选中"汇总结果显示在数据下方"复选框。

可以重复以上步骤，再次使用"分类汇总"命令，以便使用不同汇总函数添加更多分类汇总。若要避免覆盖现有分类汇总，则清除"替换当前分类汇总"复选框。

例题 1.5 承例题 1.3，要求：对产品全年的销售量进行分类汇总。

解 ① 单击数据区域内的任意单元格。

② 单击"数据"选项，在"分级显示"中单击"分类汇总"，弹出【分类汇总】对话框。

③ 在对话框中按图 1-28 进行选择，单击【确定】，即可显示对产品全年的销售量进行分类汇总的信息。

图 1-28 【分类汇总】对话框

1.4.4 数据查找与替换

例题 1.6 承例题 1.3，要求：由于产品名称错误，需要把错误的#3 替换成#5。

解 ① 选择"文件"│"查找和替换"│"替换"，或者直接按 Ctrl+F 键。

② 在如图 1-29 所示的对话框中，把错误的#3 替换成#5，单击【全部替换】，即可把"#3"替换为"#5"。

图 1-29 【查找和替换】对话框

1.4.5 数据透视表

数据透视表对于汇总、分析、浏览和呈现汇总数据非常有用。数据透视图则有助于形象地呈现数据透视表中的汇总数据，以便轻松查看。数据透视表和数据透视图是做决策的好帮手。

数据透视表的用途主要有：对数值数据进行分类汇总和聚合；按分类和子分类对数据进行汇总；创建自定义计算和公式；展开和折叠要关注结果的数据级别；查看感兴趣区域汇总数据的明细；将行移动到列或将列移动到行（或"透视"），以查看源数据的不同汇总；对最有用和最关注的数据子集进行筛选、排序、分组和有条件地设置格式。

① 为数据透视表定义数据源。若要将工作表数据用作数据源，单击包含该数据的单元格区域内的一个单元格。若要将 Excel 表中的数据用作数据源，则单击该 Excel 表中的某个单元格。注意：要确保该区域具有列标题或表中显示了标题，并且该区域或表中没有空行。

② 创建数据透视表。在"插入"选项卡的"表格"组中，单击"数据透视表"。在【创建数据透视表】对话框中，选中"选择一个表或区域"，选取需要创建数据透视表的单元格区

域。在例题 1.3 中，选取的数据区域是 A2:C18，如图 1–30 所示。

③ 若要将数据透视表放置在新工作表中，并以单元格 A1 为起始位置，则单击"新工作表"。若要将数据透视表放在现有工作表中的特定位置，则选择"现有工作表"，然后在"位置"中指定放置数据透视表的单元格区域的第一个单元格，单击【确定】。

④ 打开【数据透视表字段】对话框，如图 1–31 所示，向数据透视表添加字段。

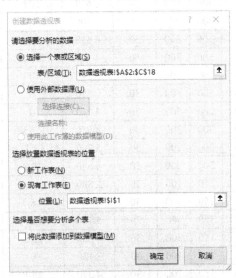

图 1–30　【创建数据透视表】对话框　　　　图 1–31　【数据透视表字段】对话框

⑤ 若要将字段放置到布局部分的默认区域中，在字段部分中选中相应字段名称旁的复选框。在默认情况下，非数值字段会添加到"行标签"区域，数值字段会添加到"值"区域，日期和时间层级则会添加到"列标签"区域。

⑥ 布局部分包含"报表筛选"区域、"列标签"区域、"行标签"区域和"值"区域。若要将字段放置到布局部分的特定区域中，在字段部分中右键单击相应的字段名称，然后选择"添加到报表筛选""添加到列标签""添加到行标签""添加到值"。若要将字段拖放到所需的区域，在字段部分中单击并按住相应的字段名称，然后将它拖到布局部分中的所需区域中。

课后练习

1. 回答以下问题：

（1）移动和复制 Excel 公式有何不同？

（2）什么情况下可以使用数组公式？如何编辑数组公式？

（3）什么情况下应使用 Excel 的高级筛选功能？如何进行筛选？

（4）如何利用 Excel 进行数据的分类汇总？

（5）如何建立数据透视表？

2. 案例分析

根据表 1–3，完成以下要求：

（1）按照部门进行分类汇总。

（2）查找办公室这个部门中，女性职员的工资水平。

（3）绘制应发工资的三维柱形图。

表1-3 某企业员工基本工资表

职工编号	姓名	性别	部门	职称	基本工资	奖金	津贴	保健费	应发工资	个人所得税	实发工资
001	孙志勇	男	办公室	高级	6 500	300	800	30	7 630	308	7 322
002	李志军	男	办公室	副高	5 800	300	500	30	6 630	208	6 422
007	邓毅	男	办公室	中级	4 670	300	300	30	5 300	75	5 225
015	李鹏	女	办公室	中级	3 780	300	300	50	4 430	27.9	4 402.1
018	宫丽	女	办公室	中级	4 120	300	300	50	4 770	38.1	4 731.9
005	岳洪敏	男	保卫科	中级	2 860	200	300	30	3 390	0	3 390
013	李雪成	男	保卫科	初级	2 540	200	100	30	2 870	0	2 870
017	张晓	男	保卫科	中级	2 580	200	300	30	3 110	0	3 110
003	吴英	女	财务科	中级	4 300	300	300	50	4 950	43.5	4 906.5
004	田宏	男	财务科	初级	3 350	300	100	30	3 780	8.4	3 771.6
008	谢冬梅	女	财务科	中级	3 880	300	300	50	4 530	30.9	4 499.1
011	张强	男	车间	初级	2 600	150	100	30	2 880	0	2 880
012	杜莹莹	女	车间	中级	3 200	150	300	50	3 700	6	3 694
020	杨柳	男	车间	副高	4 500	150	500	30	5 180	63	5 117
021	洪涛	男	车间	中级	3 880	150	300	30	4 360	25.8	4 334.2
022	刘志军	男	车间	初级	2 850	150	100	30	3 130	0	3 130
023	郝永强	男	车间	中级	3 890	150	300	30	4 370	26.1	4 343.9
024	刘佳	女	车间	初级	2 650	150	100	50	2 950	0	2 950
006	王志强	男	人事处	副高	3 880	300	500	30	4 710	36.3	4 673.7
016	刘琴	女	人事处	中级	4 100	300	300	50	4 750	37.5	4 712.5

3. 操作题

根据表1-4，完成以下要求：

（1）统计女员工的人数。

（2）统计年龄在35岁以上的女员工的人数。

表1-4 某企业员工基本信息表

序号	姓名	性别	年龄
1	陶和歌	男	42
2	杨光辉	男	24
3	苏凯	女	30
4	吴文心	女	50
5	何波鸿	男	39
6	葛寒凝	女	51
7	杨安妮	女	43
8	孔嘉谊	女	32

第2章　资金时间价值模型

课程导入

财务管理的目标是企业价值最大化，它的每一项决策都应有助于增加企业的价值，为了判断每项决策对价值的影响，需要进行财务估价。财务估价是指对一项资产价值的估计，其基本方法是折现现金流量法，该方法涉及三个基本的财务观念：时间价值、现金流量和风险价值。本章在"资金时间价值"原理的基础上，着重介绍 Excel 中货币时间价值和财务估价模型的建立与运用。

本章结构

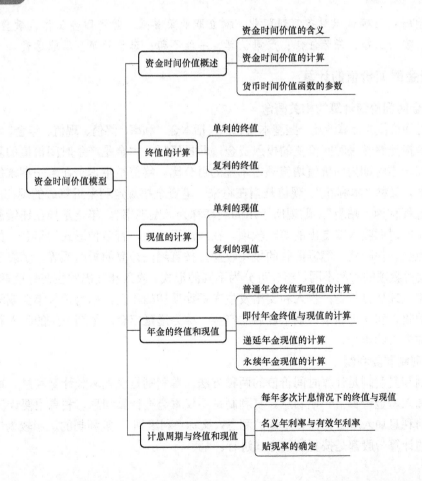

资金的时间价值是现代财务管理的重要基础观念，是现代市场经济活动中客观存在的重要经济现象。企业财务管理活动的许多领域，如筹资决策、投资决策、债券和股票的估价等，都离不开资金时间价值观念，要对资产进行恰当的估价，就必须首先掌握资金时间价值及现值的性质等基本问题。

2.1 资金时间价值概述

2.1.1 资金时间价值的含义

资金时间价值是指同一数量的货币在不同时点上的价值量的差额，即随着时间的推移，一定量货币所发生的增加额。

由于资金随时间的延续而增值，现在的 1 元和将来的 1 元其经济价值是不相等的，所以不同时间的货币收入或支出不宜直接进行比较，需要把它们换算到相同的时间上，然后才能进行大小的比较和比率的计算。任何资金只有投入再生产活动，才有可能产生时间价值。

思政链接 2.1 货币时间价值的实质

思政目标：正确认识财务管理职业，树立职业荣誉感。热爱财会工作，敬重财会职业；安心工作，任劳任怨；严肃认真，一丝不苟；忠于职守，尽职尽责。

2.1.2 资金时间价值的计算

1. 资金时间价值计算的相关概念

资金时间价值的计算涉及一些基本概念，包括本金、利率、终值、现值、年金、单利及复利等。本金是指能够带来时间价值的投入资金，即投资额，本金是产生时间价值的基础。利率是指本金在一定时期内的价值增值额占本金的百分比。终值是指本金在若干期末加上所计算利息的总数，又称"本利和"。现值是指在将来一笔资金按规定利率折算成的现在的价值。折算现值的过程称为"贴现"，贴现所运用的利率称为"贴现率"。年金是指在连续若干个时期内，每隔相同时间收入或支出的等额款项。在经济活动中，有多种形式的年金，如定期收付的利息、租金、保险费，等额回收的投资收益，按直线法计算的折旧额等，都表现为年金的形式。按收付款项的时间不同，年金可分为不同的形式。收入和支出发生在每期期末的年金，称为普通年金或后付年金；收入和支出发生在每期期初的年金，称为预付年金或即付年金；每期发生的收入和支出在第一期末以后的年金，称为递延年金；每期发生的收入和支出无限期的年金称为永续年金。

2. 单利制和复利制

单利制和复利制是计算时间价值的两种方法。单利制是仅就本金计算利息，每期所产生的利息不加入本金计算下一期利息。复利制是不仅本金要计算利息，利息也要计算利息，即将每一期的利息加入本金并计算下期的利息，又称"利滚利"。复利制的运用较为广泛，货币时间价值的计算一般都是按复利的方式进行。

2.1.3　货币时间价值函数的参数

货币时间价值函数的参数如下。

rate：每期利率。

nper：总期数。

fv：终值。

pv：现值。

pmt：年金。

type：年金的类型，值为 0，普通年金；值为 1，先付年金；缺省默认为 0，即普通年金。

guess：期利率的猜测值。

2.2　终值的计算

2.2.1　单利的终值

为计算方便，先设定如下符号：P 为现值；F 为终值；i 为每一利息期的利率（折现率）；n 为计算利息的期数。复利计算的符号标识相同。

按照单利的计算法则，利息 I 的计算公式为

$$I = P \times i \times n \tag{2.1}$$

单利终值的计算公式为

$$F = P + P \times i \times n = P \times (1 + i \times n) \tag{2.2}$$

例题 2.1　现存入一笔款项 10 000 元，存款年利率为 5%，单利计息。要求：根据题意设计表格，建立模型，计算 5 年后的终值，分析本金、利息和单利终值对计息期限的敏感性，并绘制关系图。

解　操作步骤如下。

① 打开一个新的 Excel 工作簿，在 Sheet1 工作表的单元格区域 J1:K4 输入已知条件，并在单元格 M1:N2 设计计算结果输出区域的格式，如图 2-1 所示。

	J	K	L	M	N
1	已知条件			计算结果	
2	本金 / 元	10000		单利终值 / 元	
3	单利年利率	5%			
4	期限 / 年	5			
5					

图 2-1　计算模型

② 选取单元格 N2，输入"=K2*(1+K3*K4)"。

③ 在单元格区域 A1:F5 设计分析表格的格式，如图 2-2 所示。

	A	B	C	D	E	F
1	本金、利息和单利终值对计息期限的敏感性					
2	期限／年	1	2	3	4	5
3	本金／元					
4	利息／元					
5	单利终值／元					

图 2-2　分析表格

④ 选取单元格 B3，输入"=$K$2"；选取单元格 B4，输入"=$K$2*$K$3*B2"；再选取单元格 B5，输入"=B3+B4"。

⑤ 选取单元格区域 B3:B5，将鼠标指针对准该单元格区域右下角，显示黑色小十字，按住左键向右拖动直到 F 列，则在单元格区域 C3:F5 中自动填充了计算公式，计算结果如图 2-3 所示。

	A	B	C	D	E	F
1	本金、利息和单利终值对计息期限的敏感性					
2	期限／年	1	2	3	4	5
3	本金／元	10000	10000	10000	10000	10000
4	利息／元	500	1000	1500	2000	2500
5	单利终值／元	10500	11000	11500	12000	12500

图 2-3　计算结果

⑥ 选取单元格区域 A2:F5，选择"插入"选项卡，单击【柱形图】，在"图标布局"中选择带表头的图，并编辑"图表标题"，完成后如图 2-4 所示。

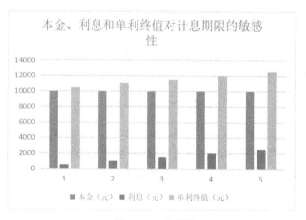

图 2-4　柱形图

视频演示

2.2.2　复利的终值

复利终值是指一定量的本金按复利计算的若干期后的本利和，其计算公式如下。

$$F=P\times(1+i)^n \tag{2.3}$$

在复利终值的计算公式中，$(1+i)^n$ 表示本金为 1 元时，n 期后的复利终值，称为 1 元的复利终值系数，也可写成 $(F/P,i,n)$。为了简化运算，在计算复利终值时，可通过查"复利终值系数表"求得。

Excel 中复利终值函数：FV

语法：FV(rate,nper,pmt,pv,type)

功能：在已知期数、利率及每期付款额的条件下，返回年金终值数额。FV 是函数名，括号内为参数。

例题 2.2　现存入一笔款项 10 000 元，存款年利率为 5%，复利计息。要求：根据题意设计表格，建立模型，计算 5 年后的终值，分析本金、利息和复利终值对计息期限的敏感性，并绘制关系图；分析年利率和计息期限变化引起的复利终值的变化，并绘制关系图。

解　操作步骤如下。

① 在一张新的工作表中输入已知条件，并设置计算结果区域的格式，如图 2-5 所示。

	A	B	C	D	E	F
1	已知条件			计算结果		
2	本金 / 元	10000		复利终值 / 元		直接输入公式计算
3	复利年利率	5%		复利终值 / 元		利用 FV 函数计算
4	期限 / 年	5				

图 2-5　计算模型

② 选取单元格 E2，输入 "=B2*(1+B3)^B4"，得到直接利用公式计算的复利终值计算结果。

③ 选取单元格 E3，在 "公式" 选项卡的 "函数库" 功能组中单击【插入函数】命令，则系统会打开【插入函数】对话框，在 "搜索函数" 栏中输入 "FV"，按回车键，然后在【选择函数】列表框中选择 "FV"，单击【确定】；在对话框中设置函数：rate=b3，nper=b4，pv=-b2，单击【确定】，得到利用 FV 函数计算的复利终值计算结果。

④ 在单元格区域 A6:F25 中设计分析表格的格式，如图 2-6 所示。

	A	B	C	D	E	F
6	本金、利息和复利终值对计息期限的敏感性					
7	期限 / 年	1	2	3	4	5
8	年初本金 / 元					
9	本年利息 / 元					
10	复利终值 / 元					
11						
12						
13	复利终值对年利率的敏感性分析					
14	年利率					
15	复利终值	1%	2%	3%	4%	5%
16	公式					
17						
18	复利终值对年利率和计息期限的敏感性分析					
19	年利率	计息期限				
20	公式	1	2	3	4	5
21	1%					
22	2%					
23	3%					
24	4%					
25	5%					

图 2-6　分析表格

⑤ 在单元格 B8 中输入 "=B2"，在单元格 B9 中输入 "=B8*$B$3"，在单元格 B10 中输入 "=B8+B9"，在单元格 C8 中输入 "=B10"。

⑥ 选取单元格 C8，将其向右填充到单元格 F8，选取单元格区域 B9:B10，将其向右填充到单元格区域 F9:F10。

⑦ 设计分析表格 A13:F16，在 A16 单元格中输入 "=FV(B3,B4,,-B2)"，选取单元格区域 A15:F16，在 "模拟运算表" 的 "输入引用行的单元格" 中输入 "$B$3"，单击【确定】，即完成了单变量模拟运算，得到复利终值对年利率的敏感性分析。

⑧ 选中 A16 单元格，单击右键，在【设置单元格格式】对话框中单击 "数字" 选项卡，在【分类】列表框中选择【自定义】命令，再在右边的【类型】编辑框中输入 "公式" 二字，单击【确定】，完成对 A16 单元格自定义显示格式的设置。

⑨ 设计分析表格的格式，在 A20 单元格中输入 "=FV(B3,B4,,-B2)"，选取单元格区域 A20:F25，在 "模拟运算表" 的 "输入引用行的单元格" 中输入 "$B$4"，在 "输入引用列的单元格" 中输入 "$B$3"，单击【确定】，得到复利终值对年利率和计息期限的敏感性分析。以上操作结果如图 2-7 所示。

	A	B	C	D	E	F
6	本金、利息和复利终值对计息期限的敏感性					
7	期限／年	1	2	3	4	5
8	年初本金／元	10000.00	10500.00	11025.00	11576.25	12155.06
9	本年利息／元	500.00	525.00	551.25	578.81	607.75
10	复利终值／元	10500.00	11025.00	11576.25	12155.06	12762.82
11						
12						
13	复利终值对年利率的敏感性分析					
14		年利率				
15	复利终值	1%	2%	3%	4%	5%
16	公式	10510.10	11040.81	11592.74	12166.53	12762.82
17						
18	复利终值对年利率和计息期限的敏感性分析					
19	年利率	计息期限				
20	公式	1	2	3	4	5
21	1%	10100.00	10201.00	10303.01	10406.04	10510.10
22	2%	10200.00	10404.00	10612.08	10824.32	11040.81
23	3%	10300.00	10609.00	10927.27	11255.09	11592.74
24	4%	10400.00	10816.00	11248.64	11698.59	12166.53
25	5%	10500.00	11025.00	11576.25	12155.06	12762.82

图 2-7 计算结果

视频演示

⑩ 绘制关系图，如图 2-8 所示。

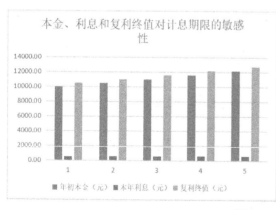
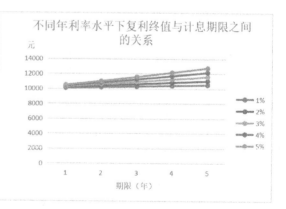

图 2-8 关系图

想一想、做一做： 设计复利终值系数表模型。

2.3　现值的计算

2.3.1　单利的现值

单利现值的计算与单利终值的计算是互逆的,终值计算现值的过程称为折现。单利现值的计算公式为

$$P = F/(1 + i \times n) \tag{2.4}$$

例题 2.3　为了上大学,你准备在第 5 年积累 10 万元,存款年利率为 3%,单利计息。要求:根据题意设计表格,建立模型,计算单利现值,分析不同年利率水平下单利现值和期数之间的关系,并绘制关系图。

解　操作步骤如下。

① 在一张新的工作表(Sheet1)中输入已知条件,并设置计算结果区域的格式,如图 2-9 所示。

② 在单元格 E2 中输入 "=B2/(1+B3*B4)"。

	A	B	C	D	E
1	已知条件			计算结果	
2	终值/元	100000		单利现值/元	
3	年利率	3%			
4	期限/年	5			
5					

图 2-9　计算模型

③ 在单元格区域 A6:G13 设计分析表格的格式,如图 2-8 所示。

	A	B	C	D	E	F	G
1	已知条件			计算结果			
2	终值/元	100000		单利现值/元			
3	年利率	3%					
4	期限/年	5					
5							
6			不同利率水平下单利现值和期数之间的关系				
7	年利率			期数/年			
8	86956.52	0	1	2	3	4	5
9	3%						
10	6%						
11	9%						
12	12%						
13	15%						

图 2-10　分析表格

④ 在单元格 A8 中输入 "=B2/(1+B3*B4)"。

⑤ 选取单元格区域 A8:G13,在数据选项卡 "预测" 功能组中单击【模拟分析】命令,然后在下拉菜单中选择【模拟运算表】命令,再在系统弹出的对话框中,在 "输入引用行的单元格" 中输入 "$B$4",在 "输入引用列的单元格" 中输入 "$B$3",单击【确定】按钮,即可得到不同利率水平下单利现值与期数之间的关系,结果如图 2-11 所示。

	已知条件			计算结果		
终值/元	100000		单利现值/元	86956.52		
年利率	3%					
期限/年	5					
不同利率水平下单利现值和期数之间的关系						
年利率	期数/年					
86956.52	0	1	2	3	4	5
3%	100000.00	97087.38	94339.62	91743.12	89285.71	86956.52
6%	100000.00	94339.62	89285.71	84745.76	80645.16	76923.08
9%	100000.00	91743.12	84745.76	78740.16	73529.41	68965.52
12%	100000.00	89285.71	80645.16	73529.41	67567.57	62500.00
15%	100000.00	86956.52	76923.08	68965.52	62500.00	57142.86

图 2-11 计算结果

⑥选取单元格区域 B9:G13，在插入选项卡图表功能组中单击【折线图】，然后在下拉列表中的二维折现图区域下选择带数据标记的折线图子图表类型，即可得到绘制的图表。将鼠标指针对准图表中的任意位置单击右键，在弹出的快捷菜单中选择【选择数据】，系统打开【选择数据源】对话框。在【选择数据源】对话框中，选择左边的【图例项】列表框中的"系列一"，然后单击该列表框上的【编辑】按钮，系统打开【数据系列】对话框，在该对话框的"系列名称"编辑框中输入"=Sheet1$A$9"，单击【确定】按钮。以此类推，完成剩余系列名称的命名。

⑦在【选择数据源】对话框中，单击右边的水平轴标签区域下的【编辑】按钮，系统打开【轴标签】对话框，在该对话框的"轴标签区域"编辑框中输入"=Sheet1$B$8:$G$8"，单击【确定】按钮，系统将返回到【选择数据源】对话框。单击【选择数据源】对话框中的【确定】按钮，即完成了对数据系列标签和水平分类轴标签的修改。

⑧右击图表中的横坐标轴标签，在弹出的快捷菜单中选择【设置坐标轴格式】，系统打开【设置坐标轴格式】对话框，在该对话框中单击"打开坐标轴"选项卡，并选择"逆序类别"复选框，然后在纵坐标轴交叉区域下选择【最大分类】单选按钮，再在"位置坐标轴区域下"选择【在刻度线上】单选按钮，设置坐标轴格式。

⑨绘制完成关系图，如图 2-12 所示。

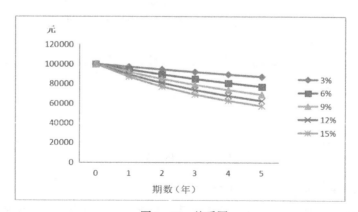

图 2-12 关系图

视频演示

2.3.2　复利的现值

复利现值相当于原始本金，是指今后某一特定时间收到或付出的一笔款项按折现率 i 所计算的现在时点价值。其计算公式为

$$P = F / (1+i)^n = F \times (1+i)^{-n} \tag{2.5}$$

公式中 $(1+i)^{-n}$ 通常称作 1 元的复利现值系数，记作 $(P/F, i, n)$，可以直接查阅"复利现值系数表"。

Excel 中复利终值函数：PV

语法：PV(rate,nper,pmt,fv,type)

功能：在已知期数、利率及每期付款额的条件下，返回年金现值数额。

例题 2.4　为了上大学，你准备在第 5 年积累 10 万元，存款年利率为 3%，复利计息。要求：根据题意设计表格，建立模型，计算复利现值，分析不同年利率水平下复利现值和期数之间的关系，并绘制关系图。

解　操作步骤如下。

① 计算复利现值，用公式和函数分别得出计算结果。在工作表（Sheet1）中输入已知数据，并设计计算结果区域的格式，如图 2-13 所示。

	A	B	C	D	E
1	已知条件			计算结果	
2	终值 / 元	100000		复利现值 / 元	
3	复利年利率	3%		复利现值 / 元	
4	期限 / 年	5			
5					

图 2-13　计算模型

② 在单元格 E2 中输入 "=B2/(1+B3)^B4"，如图 2-14 所示。

E2			f_x	=B2/(1+B3)^B4	
	A	B	C	D	E
1	已知条件			计算结果	
2	终值 / 元	100000		复利现值 / 元	86260.88
3	复利年利率	3%		复利现值 / 元	
4	期限 / 年	5			
5					
6					
7					
8					
9					
10					

图 2-14　计算结果

③ 选取单元格 E3，单击公式编辑栏左边的【插入函数】按钮，调出 PV 函数对话框，进行相应的设置，如图 2-15 所示，最后单击【确定】按钮；也可以直接在单元格 E3 中输入 "=PV(B3,B4,-B2)"。

④ 在单元格区域 A6:G13 设计分析表格的格式，如图 2-16 所示。

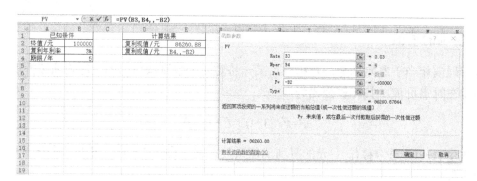

图 2-15 PV 函数对话框

图 2-16 分析表格

⑤ 在单元格 A8 中输入 "=PV(B3,B4,-B2)"。选取单元格区域 A8:G13,在"数据"选项卡"预测"功能组中单击"模拟分析",然后在下拉菜单中选择"模拟运算表",在弹出的【模拟运算表】对话框的"输入引用行的单元格"中输入"$B$4",在"输入引用列的单元格"中输入"$B$3",如图 2-17 所示,单击【确定】按钮,即可得到不同利率水平下复利现值与期数之间的关系数据表,如图 2-18 所示。

图 2-17 【模拟运算表】对话框

	A	B	C	D	E	F	G
1	已知条件			计算结果			
2	终值/元	100000		复利现值/元	86260.88		
3	复利年利率	3%		复利现值/元	86260.88		
4	期限/年	5					
5							
6	不同年利率水平下复利现值与期数之间的关系						
7	年利率	期数/年					
8	86,260.88	0	1	2	3	4	5
9	3%	100000.00	97087.38	94259.59	91514.17	88848.70	86260.88
10	6%	100000.00	94339.62	88999.64	83961.93	79209.37	74725.82
11	9%	100000.00	91743.12	84168.00	77218.35	70842.52	64993.14
12	12%	100000.00	89285.71	79719.39	71178.02	63551.81	56742.69
13	15%	100000.00	86956.52	75614.37	65751.62	57175.32	49717.67
14							

图 2-18 关系数据表

⑥ 绘制不同利率水平下复利现值与期数之间的关系图。选取单元格区域 B9:G13，在"插入"选项卡"图表"功能组中单击"折线图"，然后在下拉列表中的"二维折线图"区域下选择"带数据标记的折线图"子图表类型，可得到绘制的图表。右击图中的绘图区，在弹出的快捷菜单中选择"选择数据"，系统打开【选择数据源】对话框，如图 2-19 所示。

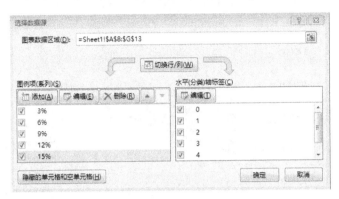

图 2-19 【选择数据源】对话框（一）

⑦ 在【选择数据源】对话框中，选择【图例项（系列）】中的"系列 1"，单击【编辑】按钮，系统打开【编辑数据系列】对话框，在该对话框的"系列名称"中输入"=Sheet1!$A$9"，单击【确定】按钮，系统返回到【选择数据源】对话框，这样可以将系列 1 的标签名称修改为 A9 单元格的数值 3%，再按照类似的方法将系列 2 至系列 5 的标签名称分别修改为 A10:A13 单元格的数值，即分别为 6%、9%、12% 和 15%。

⑧ 在【选择数据源】对话框中，单击"水平（分类）轴标签"中的【编辑】按钮，系统打开【轴标签】对话框，在该对话框的"轴标签区域"中输入"=sheet1!$B$8:$G$8"，单击【确定】按钮，系统返回【选择数据源】对话框。设置完成的【选择数据源】对话框如图 2-20 所示。

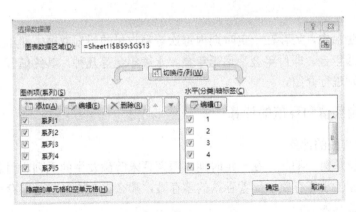

图 2-20 【选择数据源】对话框（二）

⑨ 单击【选择数据源】对话框中的【确定】按钮，即完成了对数据系列标签和水平分类轴标签的修改。右击图中的横坐标轴标签，在弹出的快捷菜单中选择"设置坐标轴格式"，打开【设置坐标轴格式】对话框，选择"坐标轴选项"，并选择"逆序类别"复选框，然后在"纵坐标轴交叉"区域下选择【最大分类】单选按钮，再在"位置坐标轴"区域下选择【在刻度

线上】单选按钮，完成坐标轴格式设置，单击【关闭】按钮，完成对横坐标轴的修改。再对图进行进一步编辑，包括设置图标题和横纵坐标轴标签、删除网格线，并将纵坐标轴标签设置成显示0位小数的格式，得到最终完成的图，如图2-21所示。从图2-21可以看出，复利现值随着期数的增多而降低，并且年利率越高，单利现值越低。

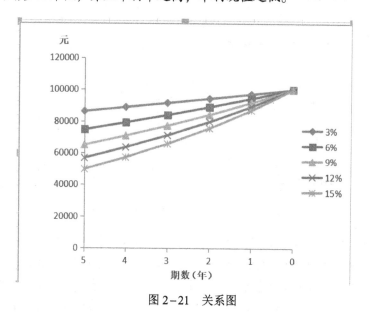

图 2-21 关系图

视频演示

想一想、做一做：设计复利现值系数表模型。

2.4 年金的终值和现值

在现实经济生活中，还存在一定时期内每次等额收付的系列款项，即年金，通常用 A 表示。年金分为普通年金、即付年金、递延年金、永续年金等几种，其终值和现值的计算方法不一样，下面分别进行介绍。

2.4.1 普通年金终值和现值的计算

1. 普通年金终值的计算

普通年金是指从第一期起，在一定时期内每期期末等额发生的系列收付款项，又称后付年金。如果年金相当于零存整取储蓄存款的零存数，那么年金终值就是零存整取的整取数。年金终值的计算公式为

$$F = A \times \frac{(1+i)^n - 1}{i} \qquad (2.6)$$

公式中的分式称作"年金终值系数"，记为 $(F/A,i,n)$，可通过直接查阅"年金终值系数表"求得有关数值。上式也可写作：

$$F = A \times (F/A, i, n) \tag{2.7}$$

2. 年偿债基金的计算

偿债基金是指为了在约定的未来某一时点清偿某笔债务或积聚一定数额的资金而必须分次等额形成的存款准备金。由于每次形成的等额准备金类似年金存款，因而同样可以获得按复利计算的利息，所以债务实际上等于年金终值，每年提取的偿债基金的计算实际上是年金终值的逆运算。其计算公式为

$$A = F \times \frac{i}{(1+i)^n - 1} \tag{2.8}$$

公式中的分式称作"偿债基金系数"，记为 $(A/F, i, n)$，可通过年金终值系数的倒数推算出来。上式也可写作

$$A = F \times (A/F, i, n) \quad \text{或} \quad A = F \times [1/(F/A, i, n)] \tag{2.9}$$

3. 普通年金现值的计算

年金现值是指一定时期内每期期末等额收付款项的复利现值之和。年金现值的计算公式为

$$P = A \times \frac{1 - (1+i)^{-n}}{i} \tag{2.10}$$

公式中的分式称作"年金现值系数"，记为 $(P/A, i, n)$，可通过直接查阅"年金现值系数表"求得有关数值。上式也可以写作

$$P = A \times (P/A, i, n) \tag{2.11}$$

4. 年资本回收额的计算

资本回收额是指在给定的年限内等额回收初始投入资本或清偿所欠债务的价值指标。年资本回收额的计算是年金现值的逆运算。其计算公式为

$$A = P \times \frac{i}{1 - (1+i)^{-n}} \tag{2.12}$$

公式中的分式称作"资本回收系数"，记为 $(A/P, i, n)$，可利用年金现值系数的倒数求得。上式也可写作

$$A = P \times (A/P, i, n) \quad \text{或} \quad A = P \times [1/(P/A, i, n)] \tag{2.13}$$

2.4.2　即付年金终值与现值的计算

即付年金是指从第一期起，在一定时期内每期期初等额收付的系列款项，也称先付年金。它与普通年金的区别仅在于付款时间的不同，前者发生在期初，后者发生在期末，两者相差 $1+i$。因此，即付年金的终值可用下列公式计算：

$$\begin{aligned} F &= A \times (1+i) \times (F/A, i, n) \\ &= A \times [(F/A, i, n+1) - 1] \end{aligned} \tag{2.14}$$

如前所述，n 期即付年金现值少折现一期。因此，在 n 期普通年金现值的基础上乘以 $1+i$，便可求出 n 期即付年金的现值。其计算公式为

$$\begin{aligned} P &= A \times (1+i) \times (P/A,i,n) \\ &= A \times [(P/A,i,n-1)+1] \end{aligned} \tag{2.15}$$

2.4.3 递延年金现值的计算

递延年金是指第一次收付款发生时间与第一期无关，而是间隔若干期（假设为 m 期，$m \geqslant 1$）后才开始发生的一系列等额收付款项。它是普通年金的特殊形式，凡不是从第一期开始的年金都是递延年金。

递延年金的现值可按以下公式计算：

$$\begin{aligned} P &= A \times [(P/A,i,n)-(P/A,i,m)] \\ &= A \times (P/A,i,n-m) \times (P/F,i,m) \end{aligned} \tag{2.16}$$

2.4.4 永续年金现值的计算

永续年金是指无限期等额收付的特种年金，可视为普通年金的特殊形式，即期限趋于无穷的普通年金。可将利率较高、持续期限较长的年金视同永续年金。由于永续年金持续期无限，没有终止的时间，因此没有终值，只有现值。通过普通年金现值计算可推导出永续年金现值的计算公式为

$$P \approx A \times \frac{1}{i} \tag{2.17}$$

例题 2.5 条件：① 普通年金 1 000 元，期限 10 年；② 先付年金 1 000 元，期限 10 年；③ 递延年金 1 000 元，递延期 3 年，期限 10 年；④ 永续年金 1 000 元。假定年利率为 6%。要求：设计计算各种年金终值和现值的模型。

解 操作步骤如下。

① 建立基本模型，如图 2-22 所示。

▲	A	B	C	D	E	F	G	H
1	普通年金		先付年金		递延年金		永续年金	
2	年金/元	1000.00	年金/元	1000.00	年金/元	1000.00	年金/元	1000.00
3	期限/年	10.00	期限/年	10.00	期限/年	10.00	年利率	0.06
4	年利率	0.06	年利率	0.06	递延期/年	3.00		
5					年利率	0.06		
6					计算结果区域			
7	普通年金		先付年金		递延年金		永续年金	
8	终值/元		终值/元		终值/元			
9	现值/元		现值/元		现值/元		现值/元	
10								

图 2-22 各种年金终值和现值的计算模型

② 进行基本计算。

普通年金终值=FV(B4,B3,−B2)；普通年金现值=PV(B4,B3,−B2)。

先付年金终值=FV(D4,D3,−D2,1)；先付年金现值=PV(D4,D3,−D2,1)。

递延年金终值=FV(F5,F3,−F2)；

递延年金现值=PV(F5,(F3+F4),−F2)−PV(F5,F4,−F2)。

永续年金现值=H2/H3。

视频演示

例题 2.6　某学生创业，租用了一间商铺，租金为 40 000 元，年利率为 12%，每年年末支付租金，租期为 5 年。要求：设计每年年末支付租金的模型，计算年金中的本金和利息。

解　操作步骤如下。

① 设计模型，如图 2−23 所示。

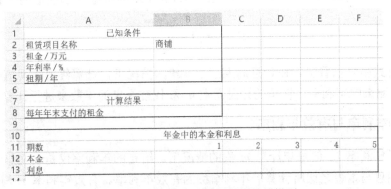

图 2−23　每年年末支付租金的计算模型

② 在单元格 B8 中输入"=PMT(B4,B5,−B3)"。

③ 在单元格 B12 中输入"=PPMT($B$4,B11,$B$5,−$B$3)"。

④ 将单元格 B12 中的公式复制到单元格区域 C12:F12 中。

⑤ 在单元格 B13 中输入"=IPMT($B$4,B11,$B$5,−$B$3)"，将单元格 B13 中的公式复制到单元格区域 C13:F13 中，结果如图 2−24 所示。

	A	B	C	D	E	F
1		已知条件				
2	租赁项目名称	商铺				
3	租金／万元	40000				
4	年利率／%	12%				
5	租期／年	5				
6						
7		计算结果				
8	每年年末支付的租金	11096.39				
9						
10		年金中的本金和利息				
11	期数	1	2	3	4	5
12	本金	6296.39	7051.96	7898.19	8845.97	9907.49
13	利息	4800.00	4044.43	3198.20	2250.42	1188.90

图 2−24　计算结果

视频演示

2.5　计息周期与终值和现值

2.5.1　每年多次计息情况下的终值与现值

如果给定的年利率为 i，每年计息 m 次，那么现在的一笔资金 P 在 n 年末的终值的计算公式为

$$F = P \times \left(1 + \frac{i}{m}\right)^{mn} \tag{2.18}$$

如果给定的年利率为 i，每年计息 m 次，那么 n 年末的资金 F 的现值的计算公式为

$$P = F \times \left(1 + \frac{i}{m}\right)^{-mn} \tag{2.19}$$

从上述公式中可以看出，在计息周期短于一年的情况下，计算终值与现值时，应以分期利率 i/m 代替原来的年利率，以总的计息期数 $n \times m$ 代替原来的年数来进行计算。

2.5.2　名义年利率与有效年利率

在给定了年利率 i，但每年计息 m 次的情况下，给定的年利率仅是名义年利率，而按一年的实际年利息与本金之比所计算的年利率称为有效年利率。有效年利率 r 与名义年利率 i 之间的关系为

$$r = \left(1 + \frac{i}{m}\right)^m - 1 \tag{2.20}$$

2.5.3　贴现率的确定

在本书前面的计算中，已经假定贴现率是既定的，但在财务管理中往往需要根据已知的计息期数、终值和现值来测算贴现率。为了求贴现率（i）要先求出换算系数。根据复利终值、复利现值、普通年金终值和普通年金现值的计算公式，可得出计算各系数的公式如下。

$$(F/P, i, n) = F/P \tag{2.21}$$
$$(P/F, i, n) = P/F \tag{2.22}$$
$$(F/A, i, n) = F/A \tag{2.23}$$
$$(P/A, i, n) = P/A \tag{2.24}$$

求出换算系数后，可以从有关的系数表中查出与 n 相对应的贴现率。

例题 2.7　设计一个在每年多次计息情况下可以选择计算终值或现值，并能分析终值或现值与每年计息次数之间关系的模型。

解　操作步骤如下。

① 设计模型的结构，如图 2-25 所示。

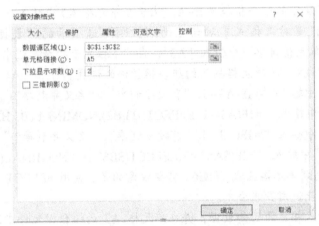

图 2-25　计算模型

② 在 "开发工具" 选项卡的 "控件" 功能组中单击【插入】命令, 在展开的下拉列表中单击 "表单控件" 区域下的组合框控件按钮, 然后在单元格 A5 中插入一个组合框控件。在该组合框控件的【设置对象格式】对话框的 "控制" 选项卡的 "数据源区域" 中输入 "$G$1:$G$2", 在 "单元格链接" 中输入 "A5", 在 "下拉显示项数" 栏中输入 "2", 如图 2-26 所示, 最后单击【确定】按钮, 完成对 A5 单元格插入的组合框控件的设置。

图 2-26　【设置对象格式】对话框

③ 在单元格 D2 中输入 "=IF(A5=1,"终值","现值")"。

④ 在单元格 E2 中输入 "=IF(A5=1,FV(B2/B4,B3*B4,,-B5),PV(B2/B4,B3*B4,,-B5))"。

⑤ 在单元格 A9 中输入 "=IF(A5=1,"终值","现值")"。

⑥ 选取单元格区域 B9:G9, 输入 "=IF(A5=1,FV(B2/B8:G8,B3*B8:G8,-B5), PV(B2/B8:G8, B3*B8:G8,-B5))"。

在单元格区域 B2:B5 输入相应的已知数据, 并在单元格 A5 的组合框控件中选择已知的现值或终值, 就可以得到与其等值的终值或现值的计算结果, 如图 2-27 所示。

图 2-27　计算机结果

视频演示

例题 2.8 设计一个可以选择计算有效年利率或名义年利率，并能分析有效年利率或名义年利率与每年计息次数之间关系的模型。

解 建立模型的具体步骤如下。

① 设计模型的结构，如图 2-28 所示。

图 2-28　模型结构

② 在"开发工具"选项卡的"控件"功能组中单击【插入】命令，在展开的下拉列表中单击"表单控件"区域下的组合框控件按钮，然后在单元格 A3 中插入一个组合框控件。在该组合框控件的【设置对象格式】对话框的"控制"选项卡的"数据源区域"栏输入"$G$1:$G$2"，在"单元格链接"中输入"A3"，在"下拉显示项数"栏中输入"2"，最后单击【确定】按钮，完成对 A3 单元格插入的组合框控件的设置。

③ 在单元格 D2 中输入 "=IF(A3=1,"有效年利率","名义年利率")"。

④ 在单元格 E2 中输入 "=IF(A3=1, EFFECT(B3,B2),NOMINAL(B3,B2))"。

⑤ 在单元格 A6 中输入 "=IF(A3=1,"有效年利率","名义年利率")"。

⑥ 在单元格 B6 中输入 "=IF($A$3=1,EFFECT($B$3,B5),NOMINAL($B$3,B5))"。选取单元格 B6，将其复制到单元格区域 C6:G6。需要注意的是，利用 EFFECT 函数和 NOMINAL 函数进行计算时，不能使用数组公式。

在单元格区域输入相应的已知数据，并在单元格 A3 的组合框控件中选择已知的是名义年利率还是有效年利率，可以得到与其等效的有效年利率或名义年利率的计算结果。例如，在单元格 B2 和 B3 中分别输入"365"和"12%"，并在单元格 A3 的组合框控件中选择"名义年利率"，则得到与其等效的有效年利率的计算结果，如图 2-29 所示。

图 2-29　计算结果

视频演示

想一想、做一做：

大学生小明迷上一款手机游戏，为了购买装备他消费了所有的生活费。为了避免父母责备，小明通过"小广告"向某借贷平台借款 1 000 元，借款时对方要求"一周 10 个点"，那么 1 个月后需要偿还多少钱？如果小明通过借贷平台借了一笔钱，对方要求"一周 10 个点"，1 个月后小明还款 1 464.1 元，请问小明借了多少钱？

通过计算比较小明还款和借款的金额，我们看到了怎样的校园贷？

思政链接 2.2 认清校园贷，树立正确的金钱观

思政目标：资金时间价值是财务管理课程的基础章节，掌握了相关概念和计算原理之后，用"校园贷"的实际案例向同学们揭示校园贷的本质及其危害，即线下非法操作平台属于非正规平台，高风险、无保障，圈套多、陷阱多，同学们缺乏社会经验，容易上当受骗。所以一定要培养理性消费观念，增强金融素养和信用意识，这样就不会掉入校园贷的陷阱。

 课后习题

1. 现存入一笔款项 50 000 元，存款利率为 5%，单利计息，问 10 年后的终值为多少？要求：根据题意设计表格，建立模型，分析本金、利息和单利终值对计息期限的敏感性，并绘制关系图。

2. 现存入一笔款项 60 000 元，存款利率为 5%，复利计息。要求：根据题意设计表格，建立模型，计算 10 年后的终值，分析本金、利息和复利终值对计息期限的敏感性，并绘制关系图；分析利率和计息期限变化引起的复利终值的变化，并绘制关系图。

3. 如果为了上大学，你准备在第 5 年积累 10 万元，存款利率为 3%，单利计息。要求：根据题意设计表格，建立模型，计算你现在需要存入多少钱，并分析不同利率水平下单利现值和期数之间的关系，并绘制关系图。

4. 如果为了上大学，你准备在第 5 年积累 10 万元，存款利率为 3%，复利计息。要求：根据题意设计表格，建立模型，计算你现在需要存入多少钱，并分析不同利率水平下复利现值和期数之间的关系，并绘制关系图。

5. 如果为了上大学，你准备在第 5 年积累 10 万元，存款利率为 3%。要求：根据题意设计单利和复利的比较模型，计算你现在需要存入多少钱，并对比未来 5 年单利和复利的现值，并绘制比较分析图。

6. 条件：① 普通年金 1 000 元，期限 10 年；② 先付年金 1 000 元，期限 10 年；③ 递延年金 1 000 元，递延期 3 年，期限 10 年；④ 永续年金 1 000 元。假定年利率为 6%。要求：设计计算各种年金终值和现值的模型；设计比较普通年金和先付年金终值和现值的模型。

7. 某学生创业，租用了一间商铺，租金为 40 000 元，年利率为 6%，每年年末支付租金，租期为 5 年。要求：设计每年年末支付租金的模型，并计算年金中的本金和利息。

8. 设计年金终值系数表模型。

9. 设计年金现值系数表模型。

10. 设计一个在每年多次计息情况下可以选择计算终值或现值，并能分析终值或现值与每年计息次数之间关系的模型。

11. 设计一个可以选择计算有效年利率或名义年利率，并能分析有效年利率或名义年利率与每年计息次数之间关系的模型。

第 3 章　筹资决策模型

课程导入

本章主要通过 Excel 提供的函数和工具建立筹资决策模型，对企业筹资过程中资金需要量进行预测并针对主要的筹资方式进行具体分析计算，利用筹资决策模型帮助企业选出最优筹资方案。

本章结构

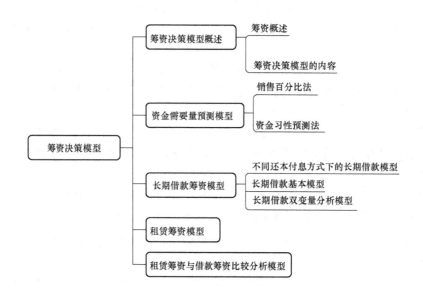

3.1　筹资决策模型概述

随着市场经济的快速发展，企业筹资方式从单一的政府拨款和银行贷款，逐步发展到长期借款、债券筹资、股权筹资、租赁筹资等多方式筹资组合。企业在选择筹资方案时，一般不会以单一方式进行，而会权衡低资本成本和高财务风险的特点，在不同资金组合的基础上，选择最优的筹资方案。从一定意义上说，筹资的金额和结构直接影响企业效益的好坏，进而影响企业自身的生存与发展。

在现实工作中，不少企业财务管理人员在进行筹资方案的选择时，采用简单定性的方法或者有意识到要将定性分析与定量分析结合，但由于计算的复杂和模型建立的艰难而望而却步。因此，财务管理人员应该掌握用 Excel 建立筹资决策模型，分析不同的筹资方式和渠道带来的成本和风险，以便选择合理的筹资渠道和最佳的筹资方式。

3.1.1　筹资概述

资金是企业的血液，是企业设立、生存和发展的财务保障，也是企业持续从事生产经营活动的基本前提。筹资是企业资金运动的起点，是指企业为了满足经营活动、投资活动、资本结构管理和其他需要，运用一定的筹资方式，通过一定的筹资渠道，筹措和获取资金的一种财务行为。

1. 筹资动机

企业筹资最基本的目的是为企业的生产经营活动提供资金保障。但具体的筹资行为，往往受特定动机的驱动。各种具体的筹资原因，归纳起来表现为以下 4 类筹资动机。

（1）创立性筹资动机

创立性筹资动机，是指企业设立时为获得资本金并形成开展经营活动的基本条件而产生的筹资动机。例如企业在设立初期，需要筹措资金构建厂房设备、安排流动资产等形成企业的经营能力。

（2）支付性筹资动机

支付性筹资动机，是指为了满足正常经营业务活动所形成的支付需要而产生的筹资动机。企业在开展经营活动过程中，除了正常的资金投入以外，还需通过经常的临时性筹资来满足经营活动的正常波动需求，比如原材料购买的大额支付、员工工资的集中发放等季节性、临时性的交易支付需求。

（3）扩张性筹资动机

扩张性筹资动机，是指企业因扩大经营规模或对外投资需要而产生的筹资动机。一旦企业扩大再生产、开展对外投资，就需要大量追加筹资。具有良好发展前景、处于成长期的企业，往往会产生扩张性筹资动机。

（4）调整性筹资动机

调整性筹资动机，是指企业为降低资本成本，控制财务风险，提升企业价值而调整资本结构产生的筹资动机。比如企业债务资本比例过高时，可能具有较大的财务风险。股权资本比例较大时，企业的资本成本负担较重。企业可以通过筹资增加股权或债务资金，达到调整、优化资本结构的目的。

在实务中，企业筹资的目的往往不是单纯唯一的。企业很可能通过追加筹资方式，既满足了经营活动、投资活动的资金需要，又达到了调整资本结构的目的。这类情况很多，我们把这类动机归纳为混合性的筹资动机。

2. 筹资要求

筹资要求解决企业为什么要筹资、需要筹集多少资金、从什么渠道以什么方式筹集，以及如何协调财务风险和资本成本，合理安排资本结构等问题，主要包括：科学预计资金需要量；合理安排筹资渠道，选择筹资方式；降低资本成本、控制财务风险。

3. 筹资方式

筹资方式，是指企业筹集资金所采取的具体形式，它受法律环境、经济体制、融资市场等筹资环境的制约，特别是受国家对金融市场和融资行为等方面的法律法规制约。

一般来说，企业最基本的筹资方式有两种：股权筹资和债务筹资。股权筹资形成企业的股权资金，通过吸收直接投资、公开发行股票等方式取得。债务筹资形成企业的债务资金，通过向银行借款、发行公司债券、利用商业信用等方式取得。

主要筹资方式包括：吸收直接投资、发行股票、发行债券、向金融机构借款、融资租赁、商业信用、留存收益等。

思政链接 创新精神与创业意识

思政目标：通过黄峥创业的实际案例培养学生创新精神与创业意识，教育大学生要有创新创业精神，要有理想，有信念，有使命感，有团队合作意识，要不断提升抗压能力。

3.1.2　筹资决策模型的内容

筹资决策模型主要包括资金需要量预测模型、长期借款模型、租赁筹资模型、租赁筹资与借款筹资对比分析模型等内容。

1. 资金需要量预测模型

在资金需要量预测模型中，财务管理人员可以根据以往的历史资料及对未来的预测，利用销售百分比法、资金习性预测法等建立资金需要量预测模型，对企业未来某一时期内的资金需要量进行合理的推测和估算，以保障资金合理有效的运用，提高资金的使用效率。

2. 长期借款模型

在长期借款模型中，财务管理人员可以根据借款金额、借款年限、借款年利率、还款时点、还款方式及还本付息方式中任意一个或几个因素的变化，建立长期借款模型来分析每期偿还金额的变化，做出相应的分析决策。企业也可以根据两个变量不同组合下的长期借款情况，建立长期借款双变量模型进行分析决策。

3. 租赁筹资模型

在租赁筹资模型中，财务管理人员针对所需租赁设备的租赁金额、租赁期限、租赁年利率、租金支付方式等因素建立租赁模型，计算出不同条件下每期应付租金，并与企业实际情况相对比，做出相应的分析决策。

4. 租赁筹资与借款筹资对比分析模型

租赁筹资与借款筹资对比分析模型，即将长期借款模型和租赁模型放到同一模型并考虑其税后成本，通过该模型分析比较两者的总成本现值，从而做出租赁或借款的决策。

3.2　资金需要量预测模型

企业开展经营活动，扩大经营规模，离不开资金的筹集。如何保证筹集的资金，既能满足生产经营的需要，又不会因资金多余而闲置，这就需要对资金需要量进行科学合理的预测。

资金需要量预测是依据现实条件和未来生产经营的需求,对未来所需资金的估算和推测。资金需要量的主要预测方法有销售百分比法、资金习性预测法等。

3.2.1 销售百分比法

销售百分比法是指假设某些资产和负债与销售额存在稳定的百分比关系,根据销售和资产的比例关系预计资产额,根据资产额预计相应的负债和所有者权益,进而确定资金需要量的方法。

企业的销售规模扩大时,要相应增加流动资产。如果销售规模增加很多,还必须增加长期资产。为了取得扩大销售所需增加的资产,企业需要筹措资金。这些资金一部分来自随销售收入增加的流动负债,一部分来自预测期的收益留存,还有一部分通过外部筹资取得。销售百分比将反映生产规模的销售因素与反映资金占用的资产因素联系起来,根据销售与资产之间的数量关系预计企业的外部筹资需要量。

1. 理论导入

运用销售百分比法预测资金需要量的具体步骤如下。

① 对资产负债表上的项目进行分类。根据资产负债表上的项目与销售收入之间的依存关系,将其分为敏感性项目和非敏感性项目两大类。敏感性项目是指资产负债表中与销售收入增减有直接关系的项目,如货币资金、应收账款、存货、需扩充的固定资产、应付账款、应交税费等。非敏感性项目是指资产负债表中与销售收入增减没有直接关系的项目,如不需扩充的固定资产、无形资产、长短期借款、资本金等。

② 计算各敏感性资产和负债项目占基期销售额百分比。

$$敏感性资产占销售百分比=基期敏感性资产/基期销售额$$
$$敏感性负债占销售百分比=基期敏感性负债/基期销售额$$

③ 计算预测期企业需要追加的总筹资额。

$$预测期追加的总筹资额=预测期增加的资产总额-预测期增加的负债总额$$

或

$$M = \frac{A}{S_1} \times \Delta S - \frac{B}{S_1} \times \Delta S = \left(\frac{A}{S_1} - \frac{B}{S_1} \right) \times \Delta S \tag{3.1}$$

其中:A 为随销售而变化的敏感性资产;B 为随销售而变化的敏感性负债;S_1 为基期销售额;S_2 为预测期销售额;ΔS 为销售变动额,即 $S_2 - S_1$。

④ 计算预测期外部筹资额,即资金需要量。

$$预测期外部筹资额=预测期追加的总筹资额-预测期内部筹资额(利润留存)$$

或

$$资金需要量 = M - P \times E \times S_2 \tag{3.2}$$

其中:M 为预测期追加的总筹资额;P 为销售净利率;E 为利润留存率或者 $1-$ 股利支付率;S_2 为预测期销售收入。

需要说明的是,如果非敏感性资产增加,则资金需要量也应相应增加。

2. 模型建立

例题 3.1 ABC 公司 2020 年年末简易资产负债表及相关信息如图 3-1 上半部分所示。假定 ABC 公司 2020 年销售收入为 10 000 万元,销售净利率为 10%,股利支付率为 60%。2021 年销售额预计增长 20%,公司有足够的生产能力,无须追加固定资产投资。要求:建立一个预测该公司 2021 年外部追加资金需要量的模型。

解 操作步骤如下。

① 创建"销售百分比法模型"工作表,设计模型结构如图 3-1 下半部分所示。

A	B	C	D	E	F	G	H
1	已知条件(金额单位:万元)						
2	2020年年末简易资产负债表及各项目的敏感性					其他相关信息	
3 资产项目	金额	是否敏感项目	负债和所有者权益项目	金额	是否敏感项目	2020年销售收入	10000
4 货币资金	500	是	短期借款	2500	否	2020年销售净利率	10%
5 应收账款	1500	是	应付账款	1000	是	2020年股利支付率	60%
6 存货	3000	是	应交税金	500	是		
7 固定资产	2500	否	长期债券	1000	否	2021年销售增长率	20%
8 其他资产	500	否	负债合计	5000		2021年预计销售净利率	10%
9			所有者权益	3000	否	2021年预计股利支付率	60%
10 资产合计	8000		负债及所有者权益合计	8000			
11							
12	利用销售百分比法预测资金需要量						
13	2021年外部追加资金需要量的预测(金额单位:万元)						
14 资产项目	占基期销售收入百分比		负债和所有者权益项目	占基期销售收入百分比			
15 货币资金			短期借款				
16 应收账款			应付账款				
17 存货			应交税金				
18 固定资产			长期债券				
19 其他资产			负债合计				
20			所有者权益				
21 合计			合计				
22 2021年预计销售收入			预计资金需要增加总额				
23 2021年预计销售净利润			其中:留存收益				
24			外部筹资				

图 3-1 相关信息及模型结构

② 在单元格 C15 中输入 "=IF(C4="是",B4/$H$3,"不适用")",并将其复制到单元格区域 C16:C19。

③ 在单元格 C21 中输入 "=SUM(C15:C19)"。

④ 在单元格 F15 中输入 "=IF(F4="是",E4/$H$3,"不适用")",并将其复制到单元格区域 F16:F18。在单元格 F19 中输入 "=SUM(F15:F18)";在单元格 F20 中输入 "=IF(F9="是",E9/$H$3,"不适用")"。

⑤ 在单元格 F21 中输入 "=SUM(F19:F20)"。

⑥ 在单元格 C22 中输入 "=H3*(1+H7)"。

⑦ 在单元格 C23 中输入 "=C22*H8"。

⑧ 在单元格 F22 中输入 "=(C21-F21)*(C22-H3)"。

⑨ 在单元格 F23 中输入 "=C23*(1-H9)"。

⑩ 在单元格 F24 中输入 "=F22-F23"。

模型结果如图 3-2 所示。

已知条件（金额单位：万元）							
2020年年末简易资产负债表及各项目的敏感性						其他相关信息	
资产项目	金额	是否敏感项目	负债和所有者	金额	是否敏感项目	2020年销售收入	10000
货币资金	500	是	短期借款	2500	否	2020年销售净利率	10%
应收账款	1500	是	应付账款	1000	是	2020年股利支付率	60%
存货	3000	是	应交税金	500	是		
固定资产	2500	否	长期债券	1000	否	2021年销售增长率	20%
其他资产	500	否	负债合计	5000		2021年预计销售净利率	10%
			所有者权益	3000	否	2021年预计股利支付率	60%
资产合计	8000		负债及所有者权益合计	8000			

利用销售百分比法预测资金需要量				
2020年外部追加资金需要量的预测（金额单位：万元）				
资产项目	占基期销售收入百分比	负债和所有者权益项目	占基期销售收入百分比	
货币资金	5.00%	短期借款	不适用	
应收账款	15.00%	应付账款	10.00%	
存货	30.00%	应交税金	5.00%	
固定资产	不适用	长期债券	不适用	
其他资产	不适用	负债合计	不适用	
		所有者权益	不适用	
合计	50.00%	合计	15.00%	
2021年预计销售收入	12000	预计资金需要增加总额	700	
2021年预计销售净利润	1200	其中：留存收益	480	
		外部筹资	220	

图 3-2　模型结果

视频演示

销售百分比法的优点是简便易行。财务管理人员可以直接根据过去几年的有关资料进行预测，为企业筹资管理提供短期预计的财务报表，以适应外部筹资的需要。缺点是该方法假定敏感性资产和敏感性负债与销售收入必须存在线性关系。如果假定条件偏离实际，那么资金需要量预测值可能存在较大误差。同时，这种方法过分注重销售业绩，而可能忽视其他因素对企业发展的影响。

3.2.2　资金习性预测法

资金习性预测法是根据资金习性预测未来资金需要量的一种方法。所谓资金习性，是指资金的变动同产销量（或销售额）变动之间的依存关系。按照资金同产销量的依存关系，可以将全部资金划分为不变资金、变动资金和半变动资金。

不变资金是指在一定的产销范围内，不受产销量变动的影响而保持固定不变的那部分资金。这部分资金主要包括：为维持运营而占用的最低数额的现金，原材料的保险储备，必要的成品储备，厂房、机器设备等固定资产占用的资金。

变动资金是指随着产销量的变动而成比例变动的那部分资金。这部分资金主要包括：直接构成产品实体的原材料、外购件等占用的资金，在最低储备以外的现金、应收账款、存货等占用的资金。

半变动资金是指虽然受产销量的变化的影响，但不成比例变动的那部分资金，如一些辅助材料上占用的资金。半变动资金可以采用一定的方法分解为不变资金和变动资金两部分。

资金习性预测法是根据历史上资金占用总额与产销量之间的关系，把资金分为不变资金和变动资金两部分，然后结合预计的销售量来预测资金需要量。

设产销量为自变量（x），预测期资金需要量为因变量（y），则它们之间的关系为下列数学模型：

$$y=a+bx \qquad\qquad (3.3)$$

其中：a 表示不变资金；b 表示单位产销量所需要的变动资金。

可见，资金习性预测法关键在于求出 a 和 b。只要求出 a 和 b，并知道预测期的产销量，即可测算预测期的资金需要量。

估算 a、b 的方法主要有回归分析法、高低点法、散点图法等。

1. 回归分析法

（1）理论导入

回归分析法是将 $y=a+bx$ 按照最小平方法原理，确定一条能正确反映自变量（x）和因变量（y）之间误差的平方和最小的直线，求出预测期预测值。

（2）运用函数

FORECAST 函数是根据一条线性回归拟合线返回一个预测值。使用此函数可以对未来销售额、库存需求或消费趋势进行预测。其语法格式为

$$\text{FORECAST(X,known\_y's,known\_x's)}$$

其中，X 为需要进行预测的数据点的横坐标（自变量值）；known_y's 是从满足线性拟合直线 $y=ax+b$ 的点集合中选出的一组已知的 y 值，known_x's 是从满足线性拟合直线 $y=ax+b$ 的点集合中选出的一组已知的 x 值。

例题 3.2 某公司 2016—2021 年产销量和资金占用量的有关信息如图 3-3 上半部分所示。要求：建立利用回归分析法预测该公司 2022 年资金需要量的模型。

解 操作步骤如下。

① 创建新工作表"回归分析法模型"，设计利用回归分析法预测资金需要量的模型结构如图 3-3 所示。

② 在单元格 C13 中输入"=FORECAST(C9,C3:C8,B3:B8)"。

视频演示

模型结果如图 3-4 所示。

	A	B	C
1	已知条件		
2	年度	产销量（X）/万件	资金占用量（Y）/万元
3	2016	1200	1000
4	2017	1100	950
5	2018	1000	900
6	2019	1200	1000
7	2020	1300	1050
8	2021	1400	1100
9	2022年预计产销量/万件		1500
10			
11	利用回归分析法（y=a+bx）计算资金需要量		
12	计算结果		
13	2022年预计资金需要量/万元		

图 3-3 有关信息及模型结构

	A	B	C
1	已知条件		
2	年度	产销量（X）/万件	资金占用量（Y）/万元
3	2016	1200	1000
4	2017	1100	950
5	2018	1000	900
6	2019	1200	1000
7	2020	1300	1050
8	2021	1400	1100
9	2022年预计产销量/万件		1500
10			
11	利用回归分析法（y=a+bx）计算资金需要量		
12	计算结果		
13	2022年预计资金需要量/万元		1150.00

图 3-4 模型结果

---

2. 高低点法

高低点法是资金习性预测法中常用的一种方法，是指通过观察一定相关范围内各期产销量（或销售额）与资金占用量所构成的所有坐标点，从中选出产销量最高和最低两点坐标来建立线性预测方程，并据此推算不变资金总额和单位变动资金，从而推测资金需要量的一种方法，又称两点法。

运用高低点法预测资金需要量的具体步骤如下。

① 先从各期产销量与相应的资金占用量的历史数据中找出产销量（x）最高和最低的两点。

② 根据高低点法的数据计算单位变动资金：

$$单位变动资金 = （最高点资金占用量 - 最低点资金占用量） /$$
$$（最高点产销量 - 最低点产销量）$$

③ 根据最高点或最低点数据和单位变动资金，计算不变资金总额。

$$不变资金总额 = 最高点资金占用量 - 单位变动资金 \times 最高点产销量$$

或

$$不变资金总额 = 最低点资金占用量 - 单位变动资金 \times 最低点产销量$$

④ 根据已知不变资金总额和单位变动资金，预测某一时期的资金需要量。

$$预测期资金需要量 = 不变资金总额 + 单位变动资金 \times 预测期产销量（或销售量）$$

例题 3.3 某公司 2016—2021 年产销量和资金占用量的资料如图 3-5 上半部分所示。要求：建立利用高低点法预测该公司 2022 年资金需要量的模型。

解 操作步骤如下。

① 创建新工作表"高低点法模型"，设计模型结构如图 3-5 所示。

② 在单元格 B14 中输入"=MAX(B3:B8)"。

③ 在单元格 B15 中输入"=MIN(B3:B8)"。

④ 在单元格 C14 中输入"=INDEX($C$3:$C$8,MATCH(B14,$B$3:$B$8,0))，"将其复制到单元格 C15。

⑤ 在单元格 C16 中输入"=(C14-C15)/(B14-B15)"。

⑥ 在单元格 C17 中输入"=C14-C16*B14"。

⑦ 在单元格 C18 中输入"=C17+C16*C9"。

视频演示

模型结果如图 3-6 所示。

图 3-5 有关资料及模型结构

图 3-6 模型结果

3. 散点图法

企业拥有多年数据资料时，将各年的资金占用量和销售量的趋势关系在直角坐标系中用图形表示出来，据此选择合适的函数对数据点进行拟合，从而预测资金的占用数量。

例题 3.4 承例题 3.3 中的已知条件（见图 3-7）。要求：绘制散点图，求出 a、b 的值，并据此预测 2022 年的资金需要量。

解 操作步骤如下。

① 创建新工作表"散点图法模型"。

② 以 B3:C8 为绘图数据区域，绘制散点图。选中 B3:C8，选择主选项卡中的"插入"，选择"图表"组"散点图"中的"仅带数据标记的散点图"，结果如图 3-8 所示。

已知条件		
年度	产销量（X）/万件	资金占用量（Y）/万元
2016	1200	1000
2017	1100	950
2018	1000	900
2019	1200	1000
2020	1300	1050
2021	1400	1100
2022年预计产销量/万件		1500

图 3-7 已知条件

图 3-8 散点图

③ 选中散点图中的数据点，单击右键，选择"添加趋势线"，然后在"设置趋势线格式"中勾选"显示公式"及"显示 R 平方值"，如图 3-9 所示。关闭"设置趋势线格式"，散点图上显示出趋势线的公式及相关系数，如图 3-10 所示。

图 3-9 设置趋势线格式

视频演示

④ 由公式可以看出：

$$不变资金总额（a）=400（万元）$$
$$单位变动资金总额（b）=0.5（元/件）$$

由于 2022 年预计产销量为 1 500 万件，那么 2022 年预测的资金需要量为

$$y=400+0.5×1\ 500=1\ 150（万元）$$

模型结果如图 3-10 所示。

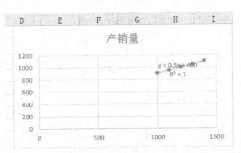

图 3-10　模型结果

　　运用资金习性分析法模型，把资金划分为变动资金和不变资金两部分，从数量上掌握了资金同销售量之间的规律性，对准确预测资金需要量有很大帮助。但要确定 a、b 的值，应利用连续若干年的历史数据，一般要 3 年以上的数据。

　　企业筹集资金可以采用债券筹资、股票筹资、借款筹资、租赁筹资、商业信用等多种方式，只有进行筹资方式的分析，才能选出适合企业的最佳筹资方式。债务筹资形成企业的债务资金，长期借款和融资租赁是债务筹资的两种基本形式。下面对这两种筹资方式下如何进行筹资选择展开具体分析。

3.3　长期借款筹资模型

　　长期借款是企业向银行或其他金融机构借入的使用期超过 1 年需要还本付息的款项，主要用于构建固定资产和满足长期占用流动资金的需要。

　　长期借款的筹资特点是筹资速度快、资本成本低、筹资弹性较大、限制条款多、筹资金额有限，是企业筹资方式中一种重要且常见的形式。

　　企业在长期借款筹集资金过程中，通过对贷款金额、贷款利率、贷款期限、还款时点和还款方式等因素的测算，确认每期需要偿还的金额。

3.3.1　不同还本付息方式下的长期借款模型

　　例题 3.5　某公司 2022 年预计向银行申请 2 000 000 元的长期借款，贷款相关信息及拟考虑的还本付息方案如图 3-11 上半部分所示。要求：利用长期借款模型确定不同还款方案下，

每期偿还的金额及应支付的利息。

解 操作步骤如下。

（1）模型建立

创建新工作表"不同还本付息方式下的长期借款筹资模型"，设计模型结构如图3-11下半部分所示。

图3-11 模型结构

（2）计算方案1（到期一次还本付息）下，每期偿还本金及应支付的利息

① 在单元格B11中输入"=IF(A11<>\$C\$4,0,\$C\$2)"，将其复制到单元格区域B12:B15。

② 在单元格C11中输入"=IF(A11<>\$C\$4,0,\$C\$2*(1+\$C\$3)^\$C\$4-\$C\$2)"，将其复制到单元格区域C12:C15。

③ 在单元格B16中输入"=SUM(B11:B15)"，将其复制到单元格C16。

④ 在单元格D11中输入"=B11+C11"，将其复制到单元格区域D12:D16。

通过计算可以看出，到期一次还本付息方式下，只有第五年年末支付本金和利息。

（3）计算方案2（分期等额还本付息）下，每期偿还本金及应支付的利息

① 在单元格E11中输入"=PMT(\$C\$3,\$C\$4,-\$C\$2)"，将其复制到单元格区域E12:E15。

② 在单元格F11中输入"=PPMT(\$C\$3,A11,\$C\$4,-\$C\$2)"，将其复制到单元格区域F12:F15。

③ 在单元格G11中输入"=IPMT(\$C\$3,A11,\$C\$4,-\$C\$2)"，将其复制到单元格区域G12:G15。

④ 在单元格E16中输入"=SUM(E11:E15)"，将其复制到单元格区域F16:G16。

⑤ 在单元格H11中输入"=SUM(F11:G11)"，将其复制到单元格区域H12:H16。

通过计算可以看出，分期等额还本付息方案下，每期还款额相等，但偿还本金逐年递增，支付利息逐年递减。

（4）计算方案3（分期付息到期还本）下，每期偿还本金及应支付的利息

① 在单元格B19中输入"=IF(A19<>\$C\$4,0,\$C\$2)"，将其复制到单元格区域B20:B23。

② 在单元格C19中输入"=\$C\$2*\$C\$3"，将其复制到单元格区域C20:C23。

③ 在单元格 B24 中输入 "=SUM(B19:B23)",将其复制到单元格 C24。

④ 在单元格 D19 中输入 "=B19+C19",将其复制到单元格区域 D20:D24。

通过计算可以看出,分期付息到期还本方案下,每期支付利息相等,本金一次归还。

(5)计算方案 4(分期等额还本余额计息)下,每期偿还本金及应支付的利息

① 在单元格 E19 中输入 "=\$C\$2/\$C\$4",将其复制到单元格区域 E20:E23。

② 在单元格 F19 中输入 "=\$C\$2−SUM(\$E\$19:E19)",将其复制到单元格区域 F20:F23。

③ 在单元格 G19 中输入 "=IF(A19=1,\$C\$2*\$C\$3,F18*\$C\$3)",将其复制到单元格区域 G20:G23。

④ 在单元格 E24 中输入 "=SUM(E19:E23)",将其复制到单元格 G24。

⑤ 在单元格 H19 中输入 "=E19+G19",将其复制到单元格区域 H20:H24。

模型结果如图 3−12 所示。

	A	B	C	D	E	F	G	H
1	已知条件					还款方案		
2	借款金额/元		2000000	方案1		到期一次还本付息		
3	借款年利率		5%	方案2		分期等额还本付息		
4	借款期限/年		5	方案3		分期付息到期还本		
5	借款方式		每年年末	方案4		分期等额还本余额计息		
6								
7				不同还本付息方式下的长期借款筹资模型				
8				计算结果(单位:元)				
9	年	方案1(到期一次还本付息)			方案2(分期等额还本付息)			
10		偿还本金	支付利息	合计	每年还款额	偿还本金	支付利息	合计
11	1	0	0	0	461949.60	361949.60	100000.00	461949.60
12	2	0	0	0	461949.60	380047.08	81902.52	461949.60
13	3	0	0	0	461949.60	399049.43	62900.17	461949.60
14	4	0	0	0	461949.60	419001.90	42947.69	461949.60
15	5	2000000	552563.125	2552563.125	461949.60	439952.00	21997.60	461949.60
16	合计	2000000	552563.125	2552563.125	2309747.98	2000000.00	309747.98	2309747.98
17	年	方案3(分期付息到期还本)			方案4(分期等额还本余额计息)			
18		偿还本金	支付利息	合计	偿还本金	剩余本金	支付利息	合计
19	1	0	100000	100000	400000	1600000	100000	500000
20	2	0	100000	100000	400000	1200000	80000	480000
21	3	0	100000	100000	400000	800000	60000	460000
22	4	0	100000	100000	400000	400000	40000	440000
23	5	2000000	100000	2100000	400000	0	20000	420000
24	合计	2000000	500000	2500000	2000000	—	300000	2300000

图 3−12 模型结果

视频演示

上述模型建立后,财务管理人员可以通过直接输入借款金额、借款年利率、期限等基础数据来观察 4 种还本付息方式下的每期应偿还金额的变化,选择当前企业合适的方式进行贷款。

3.3.2 长期借款基本模型

例题 3.6 某公司向银行申请 2 000 000 元的长期借款,决定采用分期等额还本付息方案,借款年利率为 5%,借款期限为 5 年,如图 3−13 上半部分所示。要求:利用组合框控件,建立不同还款期、不同还款时点下长期借款分析模型,并计算每期偿还金额。

解 操作步骤如下。

(1)建立借款模型,定义名称框

① 创建新工作表 "长期借款基本模型",设计模型结构如图 3−13 下半部分所示。

② 选定单元格 B2,在左上角名称框中输入 "借款金额",并按回车键确认,从而将该单元格的名称重新定义为 "借款金额",如图 3−14 所示。

图 3-13　模型结构

图 3-14　定义名称框

③ 用类似方法，将单元格 B3、B4、B6、B7、B11 的名称定义为"借款年利率""借款年限""还款时点""还款方式""总还款次数"。

④ 选中单元格 E2，在主选项卡"公式"选项卡"定义的名称"中单击"用于公式"右侧的小箭头，在其下拉列表中选择"粘贴名称"，弹出【粘贴名称】对话框，单击【粘贴列表】按钮，则在 E2:F7 单元格区域显示已定义的名称列表。

（2）建立还款时点的组合框控件

① 单击【文件】|【选项】，在"Excel 选项"中选择"自定义功能区"，如图 3-15 所示，并在"主选项卡"中勾选"开发工具"，单击【确定】。（注意：如果主选项栏中已经存在"开发工具"，则忽略此步骤）

图 3-15　"Excel 选项"界面

② 单击"开发工具"选项卡"控件"中【插入】按钮下方的小箭头，单击弹出菜单中"表单控件"中的"组合框"控件，如图 3-16 所示。

③ 在单元格 B6 的位置按下鼠标左键并拖动至调整大小，松开鼠标左键，在工作表中即

可绘制出"组合框"控件，然后调整其大小及位置。

④右击单元格 B6 中的"组合框"控件，在快捷菜单中选择【设置对象格式】命令，打开【设置对象格式】对话框，在"数据源区域"输入"$C$3:$C$4"，在"单元格链接"输入"$B$6"，在"下拉显示项数"栏中填入"2"，并选择【三维阴影】复选框，如图 3-17 所示，最后单击【确定】按钮。

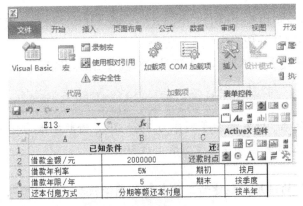

图 3-16　表单控件工具栏

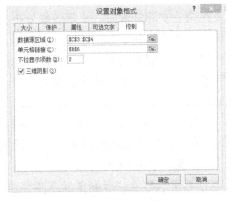

图 3-17　【设置对象格式】对话框

（3）按照同样的方法，在单元格 B7 中设立还款方式组合框控件

选中单元格 B7，按同样方法插入"组合框"控件，打开【设置对象格式】对话框，在"数据源区域"输入"$D$3:$D$6"，在"单元格链接"输入"$B$7"，在"下拉显示项数"栏中填入"4"，表示 4 种可能的还款方式，并选择【三维阴影】复选框，最后单击【确定】按钮。

（4）计算总还款次数、每期偿还额和总偿还额

①在单元格 B11 中输入"=IF(还款方式=1,借款年限*12,IF(还款方式=2,借款年限*4,IF(还款方式=3,借款年限*2,借款年限*1)))"。

②在单元格 B12 中输入"=PMT(借款年利率/(总还款次数/借款年限),总还款次数,-借款金额,IF(还款时点=1,1,0))"。

③在单元格 B13 中输入"=B12*每期偿还额"。

结果如图 3-18 所示。

	A	B	C	D	E	F
1	已知条件		还款方案		定义名称列表	
2	借款金额/元	2000000	还款时点	还款方式	还款方式	=Sheet1!$B$7
3	借款年利率	5%	期初	按月	还款时点	=Sheet1!$B$6
4	借款年限/年	5	期末	按季度	借款金额	=Sheet1!$B$2
5	还本付息方式	分期等额还本付息		按半年	借款年利率	=Sheet1!$B$3
6	还款时点	期初		按年	借款年限	=Sheet1!$B$4
7	还款方式	按年			总还款次数	=Sheet1!$B$11
8						
9	不同还款时点、还款方式下长期借款分析模型					
10	计算结果					
11	总还款次数/次	5				
12	每期偿还额/元	439952.00				
13	总偿还额/元	2199759.98				

图 3-18　模型结果

视频演示

上述利用"组合框"控件建立长期借款分析模型后，单元格之间建立起了有效的动态链接。企业在选择长期借款时可以利用该模型，直接输入或变换借款金额、借款年利率、借款期限、还款时点以及每还款期数中的任意一个或多个因素的值，计算出各期的偿还金额并进行比较分析，最后选择出企业当前最适合的借款方案进行贷款。

3.3.3 长期借款双变量分析模型

在企业实际贷款时，长期借款分析会受到相互作用的各个因素的影响，其中"借款年限"的长短和"借款利率"的高低往往对长期借款分析产生较大的影响。

对于两个因素同时变动的情况，Excel提供了模拟运算表工具，能以表格的方式显示在两个因素不同值组合下的分析结果。

例题 3.7 承接例题 3.6 中的数据及结果，假定借款年利率为 3%～7%，借款年限为 2～6 年。要求：利用长期借款双变量分析模型计算每期偿还金额和总还款金额。

解 操作步骤如下。

① 利用工作表"长期借款基本模型"的结果，创建新工作表"长期借款双变量模型"，如图 3-19 下半部分所示。

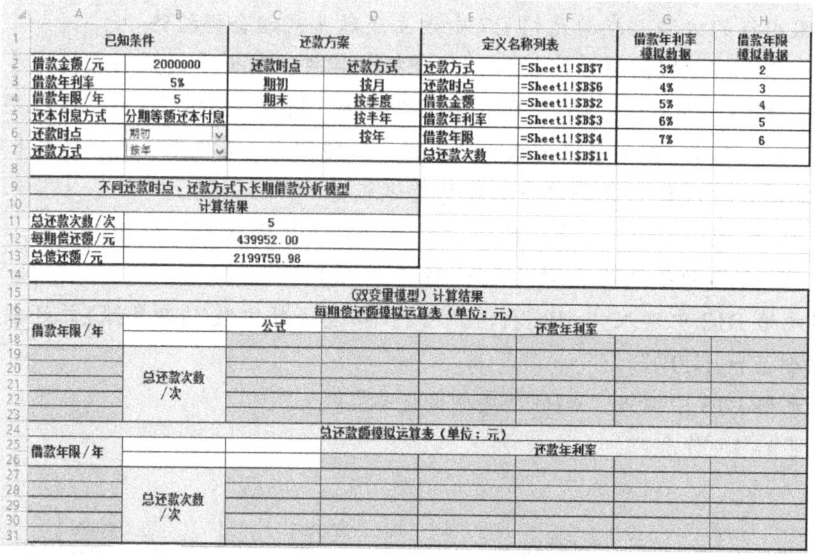

图 3-19 长期借款双变量分析模型

② 选取单元格区域 A19:A23，输入"=H2:H6"。

③ 在单元格 C19 中输入"=IF(还款方式=1,A19*12,IF(还款方式=2,A19*4,IF(还款方式=3,A19*2,A19*1)))"，并将其复制到单元格区域 C20:C23。

④ 选取单元格区域 D18:H18，输入"=TRANSPOSE(G2:G6)"。

⑤ 在单元格 C18 中输入"=PMT(借款年利率/(总还款次数/借款年限),总还款次数,-借款金额,,IF(还款时点=1,1,0))"，即在行和列的交叉单元格输入目标函数 PMT( )。

⑥ 选取单元格区域 C18:H23，单击主选项卡"数据"选项下"预测"组中的【模拟分析】按钮下方的小箭头，然后在下拉菜单中选择【模拟运算表】命令，出现【模拟运算表】对话框。

⑦ 在【模拟运算表】对话框中，在"输入引用行的单元格"中输入行变量"$B$3"或"借款年利率"，在"输入引用列的单元格"中输入列变量"$B$4"或"借款年限"，最后单击【确定】按钮，如图 3-20 所示，此时运算结果便自动显示在双变量分析表中。

图 3-20　【模拟运算表】对话框

⑧ 选取单元格区域 A27:A31，输入"=H2:H6"。

⑨ 选取单元格区域 D26:H26，输入"=TRANSPOSE(G2:G6)"。

⑩ 选取单元格区域 C27:C31，输入"=C19:C23"。

⑪ 选取单元格区域 D27:H31，输入"=C19:C23*D19:H23"。

这样，长期借款双变量模型就建立好了。企业可以根据自己的实际情况选择不同的还款时点和还款方式，只需在"已知条件"选择，就可以自动生成计算结果。例如企业选择期初、按年还款，所得到的模型结果如图 3-21 所示。

已知条件		还款方案		定义名称列表		借款年利率模拟数据	借款年限模拟数据
借款金额/元	2000000	还款时点	还款方式	还款方式	=Sheet1!$B$7	3%	2
借款年利率	5%	期初	按月	还款时点	=Sheet1!$B$6	4%	3
借款年限/年	5	期末	按季度	借款金额	=Sheet1!$B$2	5%	4
还本付息方式	分期等额还本付息		按半年	借款年利率	=Sheet1!$B$3	6%	5
还款时点	期初		按年	借款年限	=Sheet1!$B$4	7%	6
还款方式	按年			总还款次数	=Sheet1!$B$11		
不同还款时点、还款方式下长期借款分析模型							
计算结果							
总还款次数/次		5					
每期借款额/元		439952.00					
总借还额/元		2199759.98					
(双变量模型)计算结果							
每期偿还额模拟运算表（单位：元）							
借款年限/年		公式			还款年利率		
		439952.00	3%	4%	5%	6%	7%
	2	2	1014778.33	1019607.84	1024390.24	1029126.21	1033816.43
	3	3	686466.72	692977.96	699444.89	705867.57	712246.10
总还款次数/次	4	4	522382.61	529788.55	537165.40	544512.25	551828.26
	5	5	423989.46	431975.22	439952.00	447917.74	455870.46
	6	6	358441.75	366849.81	375271.37	383703.07	392141.68
总还款额模拟运算表（单位：元）							
借款年限/年					还款年利率		
			3%	4%	5%	6%	7%
	2	2	2029556.66	2039215.68	2048780.48	2058252.42	2067632.86
	3	3	2059400.16	2078933.88	2098334.67	2117602.71	2136738.30
总还款次数/次	4	4	2089530.44	2119154.20	2148661.60	2178049.00	2207313.04
	5	5	2119947.30	2159876.10	2199760.00	2239588.70	2279352.30
	6	6	2150650.50	2201098.86	2251628.22	2302211.42	2352850.08

图 3-21　模型结果

视频演示

3.4　租赁筹资模型

租赁，是指通过签订资产出让合同的方式，使用资产的一方（承租方）通过支付租金，向出让资产的一方（出租方）取得资产使用权的一种交易行为。在这项交易中，承租方通过得到所需资产的使用权，完成了筹集资金的行为。租赁按其性质不同，分为融资租赁和经营租赁。

融资租赁的筹资特点是无需大量资金就能获得资产、财务风险小、财务优势明显、筹资的限制条件少、能延长资金融通的期限、资本成本负担较高。

1. 理论导入

在租赁期间，承租企业要按照租赁合同按期向租赁公司支付租金。而融资租赁租金的多少与租赁途径、租赁期限、利息率、支付方式等因素有关。其中租金支付，有以下几种分类方式：按支付间隔期长短，分为年付、半年付、季付和月付等方式；按在期初和期末支付，分为先付和后付；按每次支付额，分为等额支付和不等额支付。

我国融资租赁实务中，租金的计算大多采用等额年金法。在等额年金法下，通常要根据利率和租赁手续费率确定一个租赁率，作为折现率。按照每期应付租金的支付时点和租金支付方式不同，计算每期应付租金。

2. 模型建立

例题 3.8 某公司正在考虑于 2022 年 1 月 1 日从租赁公司租入一套甲设备，价值 60 万元，租期 6 年，租赁期满归租赁公司所有。租赁年利率为 8%，有不同的租赁时点和租赁方案可供选择。要求：建立一个可以选择租赁时点和租赁方式的租金计算模型，并编制选择每年末等额支付租金时的租金摊销计划表。

解 操作步骤如下。

① 创建新工作表“租赁筹资模型”，模型结构如图 3-22 下半部分所示。

	A	B	C	D
1	已知条件		租金支付方案	
2	租赁资产	甲设备	租金支付时点	租金支付频率
3	设备价值/万元	60	期初	按月支付
4	租期/年	6	期末	按季支付
5	租赁年利率	8%		按半年支付
6	租金支付方式	分期等额支付		按年支付
7	租金支付时点			
8	租金支付频率			
9				
10	租赁模型			
11	计算结果			
12	每年付款次数/次		每期应付租金/万元	
13	总付款次数/次		应付租金总额/万元	
14				
15	每年末等额支付甲设备租金摊销计划表/万元			
16	年末	支付租金	应计租息	本金减少
17	1			
18	2			
19	3			
20	4			
21	5			
22	6			
23	合计			

图 3-22 模型结构

② 选定单元格 B2，在左上角名称框中输入“设备价值”，并按回车键确认，从而将该单元格的名称重新定义为“设备价值”。用类似方法，将单元格 B3、B4、B5、B6、B7 的名称分别定义为“租期”“租赁年利率”“租金支付方式”“租金支付时点”“租金支付频率”。

③ 单击“开发工具”选项卡“控件”中【插入】按钮下方的小箭头，然后单击弹出菜单中“表单控件”中的“组合框”控件。左击单元格 B7 并拖动至调整大小，松开鼠标左键，即可绘制出组合框控件。

④ 右击单元格 B7 中的组合框控件，在快捷菜单中选择【设置对象格式】命令，打开【设置对象格式】对话框，在"数据源区域"输入"$C$3:$C$4"，在"单元格链接"输入"$B$7"，在"下拉显示项数"填入"2"，并选择【三维阴影】复选框，最后单击【确定】按钮。

⑤ 选中单元格 B8，用同样方式插入组合框控件，打开【设置对象格式】对话框，在"数据源区域"输入"$D$3:$D$6"，在"单元格链接"输入"$B$8"，在"下拉显示项数"填入"4"，并选择【三维阴影】复选框，最后单击【确定】按钮。

⑥ 在单元格 B12 中输入"=IF(租金支付频率=1,12,IF(租金支付频率=2,4,IF(租金支付频率=3,2,1)))"。

⑦ 在单元格 B13 中输入"=B12*租期"。

⑧ 在单元格 D12 中输入"=PMT(租赁年利率/B12,B13,−B3,,IF(租金支付时点=1,1,0))"。

⑨ 在单元格 D13 中输入"=D12*B13"，即租赁筹资模型建成。

⑩ 在单元格 B7 中选择"期末"，在单元格 B8 中选择"按年支付"，确定单元格 D12 为每年末等额支付租金下的每期应付租金。

⑪ 选定单元格区域 B17:B22，输入"=D12"。

⑫ 选定单元格区域 C17:C22，输入"=IPMT(B5,A17:A22,B4,−B3)"。

⑬ 选定单元格区域 D17:D22，输入"=PPMT(B5,A17:A22,B4,−B3)"。

⑭ 在单元格 B23 中输入"=SUM(B17:B22)"，并将其复制到单元格区域 C23:D23，即可确定每年末等额支付的租金摊销计划表。

模型结果如图 3-23 所示。

	已知条件	租金支付方案	
租赁资产	甲设备	租金支付时点	租金支付频率
设备价值/万元	60	期初	按月支付
租期/年	6	期末	按季支付
租赁年利率	8%		按半年支付
租金支付方式	分期等额支付		按年支付
租金支付时点	期末		
租金支付频率	按年支付		
	租赁模型		
	计算结果		
每年付款次数/次	1	每期应付租金/万元	12.98
总付款次数/次	6	应付租金总额/万元	77.87
每年末等额支付甲设备租金摊销计划表/万元			
年末	支付租金	应计租息	本金减少
1	12.98	4.80	8.18
2	12.98	4.15	8.83
3	12.98	3.44	9.54
4	12.98	2.68	10.30
5	12.98	1.85	11.13
6	12.98	0.96	12.02
合计	77.87	17.87	60.00

图 3-23　模型结果

视频演示

如上所述，租赁筹资模型就建好了，财务管理人员只需改变已知条件数据，就可以得到相应的每期应付租金及应付租金总额。如果每年末等额支付，则可生成租金摊销计划表。

3.5 租赁筹资与借款筹资比较分析模型

1. 理论导入

企业在进行外部筹资时，到底应该选择长期借款还是租赁筹资呢？这就需要将两种筹资方法进行比较。一般采用的决策方法是：分别计算举债筹资方案和租赁筹资方案的税后成本，并比较两个方案的成本现值，选择成本现值最小的方案作为最优方案。

2. 模型建立

例题 3.9 某公司由于生产经营规模的扩大，现需购入一台价值 60 万元的设备以提升生产能力，现有租赁设备和借款购置设备两种备选方案，有关信息如图 3-24 上半部分所示。假定每期的租金可以全额抵减所得税。要求：建立租赁筹资与借款筹资比较分析模型，分别计算两个方案的年底税额，并比较其税后成本总现值，选出成本现值最小的筹资方案。

解 操作步骤如下。

① 创建新工作表"租赁筹资与借款筹资比较分析模型"，设计模型的结构如图 3-24 下半部分所示。

图 3-24 模型结构

② 选取单元格区域 B14:B18，输入"=PMT(B6,B4,-B3,B5)"。

③ 在单元格 C14 中输入"=B14*$B$9"，并将其复制到单元格区域 C15:C18。

④ 在单元格 D14 中输入"=B14-C14"，并将其复制到单元格区域 D15:D18。

⑤ 在单元格 E14 中输入"=PV($E$9,A14,-D14)"，并将其复制到单元格区域 E15:E18。

⑥ 在单元格 E19 中输入"=SUM(E14:E18)"或"=PV(E9,B4,-D14)"。

⑦ 选取单元格区域 B22:B26，输入"=PMT(E6,E4,-E3)"。

⑧ 选取单元格区域 C22:C26，输入"=IPMT(E6,A22:A26,E4,-E3)"。

⑨ 选取单元格区域 D22:D26，输入"=(E3−E5)/E4"。

⑩ 选取单元格区域 E22:E26，输入"=(C22:C26+D22:D26)*B9"。

⑪ 选取单元格区域 F22:F26，输入"=B22:B26−E22:E26"。

⑫ 在单元格 F27 中输入"=NPV(E9,F22:F26)"。

⑬ 在单元格 F13 中输入"=IF(E19=F27,"两方案均可",IF(E19<F27,"租赁设备","借款购置设备"))"。

模型结果如图 3-25 所示。

	已知条件				
租赁设备方案		借款购置设备方案			
租赁设备价值/元	600000	借款金额/元		600000	
租赁期限/年	5	设备折旧年限与借款年限/年		5	
设备残值/元	10000	设备残值/元		10000	
租赁年利率	10.00%	借款年利率		8.00%	
租金支付方式	每年末等额支付	还款方式		每年末等额偿还	
租金抵税方式	年租金全额抵税	折旧方法		平均年限法	
所得税税率	25%	资本成本率		6%	
租赁筹资与借款筹资比较分析模型计算					决策结果
租赁设备方案税后租金总现值的计算/元					最优决策
年末	租金支付额	租金抵税额	税后现金流出量	租金的现值	
1	156640.51	39160.13	117480.39	110830.55	
2	156640.51	39160.13	117480.39	104557.12	
3	156640.51	39160.13	117480.39	98638.80	借款购置设备
4	156640.51	39160.13	117480.39	93055.47	
5	156640.51	39160.13	117480.39	87788.18	
税后租金总现值				494870.12	
税后还款总现值的计算/元					
年末	本息还款额	年利息	年折旧	年抵税额	税后现金流出量
1	150273.87	48000.00	118000	41500.00	108773.87
2	150273.87	39818.09	118000	39454.52	110819.35
3	150273.87	30981.63	118000	37245.41	113028.47
4	150273.87	21438.25	118000	34859.56	115414.31
5	150273.87	11131.40	118000	32282.85	117991.02
税后还款总现值					475735.27

图 3-25 模型结果

视频演示

这样，租赁筹资与借款筹资比较分析模型就建好了。财务管理人员在对两种筹资方案进行比较时，只需输入或者修改模型中已知条件的基础数据，便可以立即计算出两种方案下每期支付额、税后现金流出量及税后还款的总现值等数据，选择成本总现值较小的方案为最优方案。

 课后练习

1. 华信公司 2017—2021 年的产销量和资金占用率及 2022 年预计产销量的有关信息如图 3-26 所示。要求：分别利用回归分析法、高低点法、散点图法建立模型，预测该公司 2022 年资金需要量。

	A	B	C
1	已知条件		
2	年度	产销量（X）/万件	资金占用量（Y）/万元
3	2017	7500	700000
4	2018	7000	660000
5	2019	8000	730000
6	2020	8500	790000
7	2021	9000	820000
8	2022年预计产销量/万件		

图 3-26 已知条件

2. 华力公司年初向银行申请 100 万元的长期借款，决定采用分期等额还本付息方案，借款年利率为 10%，借款期限为 5 年，如图 3-27 所示。要求：利用 Excel 组合框控件，建立不同还款期、不同还款时点下长期借款分析模型，并计算每期偿还金额。

	A	B	C	D	E	F
1	已知条件		还款方案		定义名称列表	
2	借款金额/元	1000000	还款时点	还款方式		
3	借款年利率	10%	期初	按月		
4	借款年限/年	5	期末	按季度		
5	还本付息方式	分期等额还本付息		按半年		
6	还款时点			按年		
7	还款方式					
8						
9	不同还款时点、还款方式下长期借款分析模型					
10		计算结果				
11	总还款次数/次					
12	每期偿还额/元					
13	总偿还额/元					

图 3-27　已知条件

3. 鑫业公司为了扩大规模，正在考虑年初从租赁公司租入一台价值 10 万元的设备，该设备租期 5 年，租赁期满归租赁公司所有。租赁年利率为 8%，如图 3-28 所示。要求：建立一个可以选择年初和年末两种租赁时点和按年付、按半年付、按季付、按月付 4 种租赁方式的租金计算模型并编制选择每年末等额支付租金时的租金摊销计划表。

	A	B	C	D
1	已知条件		租金支付方案	
2	租赁资产	甲设备	租金支付时点	租金支付频率
3	设备价值/万元	10	期初	按月支付
4	租期/年	5	期末	按季支付
5	租赁年利率	8%		按半年支付
6	租金支付方式	分期等额支付		按年支付
7	租金支付时点			
8	租金支付频率			

图 3-28　已知条件

第4章　资本成本与资本结构模型

▶ 课程导入

　　任何企业从成立之初到规模不断扩大都需要资本的筹集，资本筹集的基本目标之一就是优化资本结构。资本结构优化或者最佳的标准是综合资本成本最低。杠杆效应的有效利用会降低筹资成本，从而也成了资本结构优化的衡量标准。本章在概述"资本成本和资本结构"原理的基础上，重点介绍 Excel 中资本成本、杠杆效应和资本结构模型的建立与运用。

▶ 本章结构

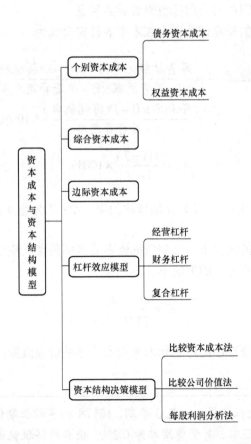

资本成本是企业为筹集和使用资金而付出的费用。资本成本包括资金筹集费用和资金使用费用。资金筹集费用是指在筹资时所发生的一次性费用，而资金使用费用是指由于资金占用所产生的费用。通常情况下，在筹资总额的范围内，筹集费用相对固定，而使用费用则是变动的。资本成本的表现形式有两种：绝对数和相对数。用绝对数来表示资本成本就是资本成本额；用相对数来表示资本成本就是资本成本率。在企业筹资实务中，一般运用相对数来表示资本成本，即资本成本率。因此，通常情况下所说的资本成本指的就是资本成本率。资本成本率是指企业用资费用与筹资净额之间的比率。

4.1 个别资本成本

个别资本成本是指各种筹集资本的成本，分为长期借款成本、债券成本、普通股成本、优先股成本和留存收益成本。其中，前两种属于债务资本成本，后三种属于权益资本成本。不同类型的资本成本的计算方式也有所不同。

4.1.1 债务资本成本

1. 长期借款资本成本

长期借款资本成本是指筹资费用与用资费用之和。由于借款利息（用资费用）是税前成本费用，有抵税的作用，因此要考虑抵税因素后的利息。

不考虑货币时间价值的长期借款资本成本率的计算公式为

$$长期借款资本成本率 = \frac{筹资总额 \times 年利率 \times (1 - 所得税税率)}{筹资总额 \times (1 - 筹资费用率)} \times 100\%$$

$$= \frac{年利率 \times (1 - 所得税税率)}{1 - 筹资费用率} \times 100\%$$

$$K_b = \frac{i(1-T)}{1-f} \times 100\% \tag{4.1}$$

其中，K_b 为长期借款资本成本率；i 为长期借款的年利率；T 为企业适用的所得税税率；f 为长期借款的筹资费用率。

在考虑货币时间价值的情况下，长期借款资本成本率是使长期借款筹资净额现值与未来资本清偿额现金流量现值相等时的折现率。即

$$P_0 = \sum_{t=1}^{n} \frac{P_n}{(1+k_b)^n} \tag{4.2}$$

其中，P_0 表示长期借款筹资净额；P_n 表示未来资本清偿额现金流量；k_b 表示长期借款资本成本率。

例题 4.1 甲公司现向银行借入一笔 3 年期、10% 年利率的长期借款 500 万元，双方约定每年付息一次，到期一次还本，筹资费用率为 0.2%，企业所得税税率为 25%。要求：建立模

型，计算在不考虑货币时间价值和考虑货币时间价值下的税后资本成本率。

解 操作步骤如下。

① 在一张新的工作表中输入已知条件，并设置计算结果区域的格式，如图 4-1 所示。

	A	B	C	D	E
1	已知条件			计算结果	
2	长期借款金额／万元	500		不考虑货币时间价值（利用公式计算）	
3	借款期限／年	3		税后资本成本率	
4	年利率	10%		考虑货币时间价值（利用RATE函数计算）	
5	每年付息次数／次	1		税后资本成本率	
6	筹资费用率	0.20%			
7	企业所得税税率	25%			

图 4-1 计算模型

② 在单元格 E3 中输入 "=B4*(1-B7)/(1-B6)"，然后右击单元格 E3，选择 "设置单元格格式" 中的 "百分比"，确定两位小数。

③ 在单元格 E5 中输入 "=B5*RATE(B3*B5,-(B2*B4/B5)*(1-B7),B2*(1-B6),-B2)"，右击单元格 E5，选择 "设置单元格格式" 中的 "百分比"，确定两位小数。

模型结果如图 4-2 所示。

	A	B	C	D	E
1	已知条件			计算结果	
2	长期借款金额／万元	500		不考虑货币时间价值（利用公式计算）	
3	借款期限／年	3		税后资本成本率	7.52%
4	年利率	10%		考虑货币时间价值（利用RATE函数计算）	
5	每年付息次数／次	1		税后资本成本率	7.58%
6	筹资费用率	0.20%			
7	企业所得税税率	25%			

图 4-2 模型结果

视频演示

2. 长期债券资本成本

长期债券资本成本主要包括债券利息和筹资费用。债券利息也是税前成本费用，有抵税作用，因此要考虑抵税因素后的利息。

不考虑货币时间价值的债券资本成本率的计算公式为

$$债券资本成本率 = \frac{债券面值 \times 债券票面利率 \times (1-所得税税率)}{债券筹资总额 \times (1-筹资费用率)} \times 100\%$$

或

$$K_c = \frac{I(1-T)}{P_c(1-f)} \times 100\% \tag{4.3}$$

其中：K_c 为债券的资本成本率；P_c 为债券的发行价格；I 为债券的年利息；T 为企业适用的所得税税率；f 为债券的筹资费用率。

在考虑货币时间价值的情况下，长期债券的资本成本率是使债券筹资净额现值与未来资本清偿额现金流量现值相等时的折现率。即

$$P_0 = \sum_{t=1}^{n} \frac{P_n}{(1+k_c)^n} \tag{4.4}$$

其中，P_0表示长期债券筹资净额；P_n表示未来资本清偿额现金流量；k_c表示长期债券的资本成本率。

例题 4.2 甲公司发行债券的面值为 2 000 万元，期限 10 年，其发行价格为 1 900 万元，票面利率为 8%，每年付息两次，到期一次还本，筹资费用率为 2%，公司的所得税税率为 25%。要求：建立模型，计算在不考虑货币时间价值和考虑货币时间价值下发行债券的税后资本成本率。

解 操作步骤如下。

① 在一张新的工作表中输入已知条件，并设置计算结果区域的格式，如图 4-3 所示。

② 在单元格 E3 中输入"=B2*B5*(1−B8)/(B4*(1−B7))"，然后设置单元格格式为"百分比"。

③ 在单元格 E5 中输入"=B6*RATE(B3*B6, −(B2*B5/B6)*(1−B8),B4*(1−B7),−B2)"，然后设置单元格格式为"百分比"。模型结果如图 4-4 所示。

	A	B	C	D	E
1	已知条件			计算结果	
2	债券面值/万元	2000		不考虑货币时间价值（利用公式计算）	
3	债券期限/年	10		税后资本成本率	
4	发行价格/万元	1900		考虑货币时间价值（利用函数计算）	
5	票面利率	8%		税后资本成本率	
6	每年付息次数	2			
7	筹资费用率	2%			
8	所得税税率	25%			

图 4-3 计算模型

	A	B	C	D	E
1	已知条件			计算结果	
2	债券面值/万元	2000		不考虑货币时间价值（利用公式计算）	
3	债券期限/年	10		税后资本成本率	6.44%
4	发行价格/万元	1900		考虑货币时间价值（利用函数计算）	
5	票面利率	8%		税后资本成本率	6.97%
6	每年付息次数	2			
7	筹资费用率	2%			
8	所得税税率	25%			

图 4-4 模型结果

视频演示

4.1.2 权益资本成本

1. 普通股资本成本

普通股资本成本主要包括筹资费用和用资费用。一般而言，普通股比优先股的风险更大，因而资本成本率更高。普通股资本成本率常见的计算方法有以下三种。

（1）股利折现模型

若公司采用固定增长股利政策，普通股资本成本率的计算公式如下。

$$K_S = \frac{D_0(1+g)}{P_0(1-f)} + g = \frac{D_1}{P_0(1-f)} + g \tag{4.5}$$

其中：K_S为普通股资本成本率；D_1为第一年预期现金股利；P_0为当前普通股的市场价格；f为普通股的筹资费用率；g为股利年固定增长率。

若公司采用固定股利政策，则普通股资本成本率的计算公式如下。

$$固定股利普通股资本成本率=\frac{每年固定股利}{普通股金额\times(1-普通股筹资费用率)}$$

例题 4.3　某公司发行每股面值为 1 元的普通股 1 000 股，每股发行价格为 5 元，筹资费用率为 4%，预计第一年的每股股利为 0.5 元，以后每年递增 5%。要求：建立模型，分析该普通股资本成本率相对于发行价格和筹资费用率的双因素敏感性。

解　操作步骤如下。

① 打开一个新的 Excel 工作簿，在工作表的单元格区域 A1:B7 输入已知条件，并在单元格 A9:G20 设计模型结构，如图 4-5 所示。

	A	B	C	D	E	F	G
1	已知条件						
2	普通股股数	1000					
3	每股面值/元	1					
4	发行价格/(元/股)	5					
5	筹资费用率	4%					
6	预计第一年的股利/(元/股)	0.5					
7	预计股利增长率	5%					
8							
9	普通股资本成本率的双因素敏感性分析模型						
10			发行价格/(元/股)				
11	该公司普通股资本成本率		3	4	5	6	7
12		2%					
13		3%					
14		4%					
15	筹资费用率	5%					
16		6%					
17		7%					
18		8%					
19		9%					
20		10%					

图 4-5　模型结构

② 在单元格 B11 中输入"=B2*B6/(B2*B4*(1-B5))+B7"，然后右击单元格 B11，选择"设置单元格格式"中的"百分比"。

③ 选取单元格区域 B11:G20，在"数据"选项卡中选择"预测"工具栏中的"模拟分析"，然后在下拉菜单中单击【模拟运算表】命令，在弹出的对话框中，在"输入引用行的单元格"栏输入"$B$4"，在"输入引用列的单元格"栏输入"$B$5"，单击【确定】按钮。右击单元格 C12:G20，选择"设置单元格格式"中的"百分比"。

模型结果如图 4-6 所示。

	A	B	C	D	E	F	G
1	已知条件						
2	普通股股数	1000					
3	每股面值/元	1					
4	发行价格/(元/股)	5					
5	筹资费用率	4%					
6	预计第一年的股利/(元/股)	0.5					
7	预计股利增长率	5%					
8							
9	普通股资本成本率的双因素敏感性分析模型						
10			发行价格/(元/股)				
11	该公司普通股资本成本率	15.42%	3	4	5	6	7
12		2%	22.01%	17.76%	15.20%	13.50%	12.29%
13		3%	22.18%	17.89%	15.31%	13.59%	12.36%
14		4%	22.36%	18.02%	15.42%	13.68%	12.44%
15	筹资费用率	5%	22.54%	18.16%	15.53%	13.77%	12.52%
16		6%	22.73%	18.30%	15.64%	13.87%	12.60%
17		7%	22.92%	18.44%	15.75%	13.97%	12.68%
18		8%	23.12%	18.59%	15.87%	14.06%	12.76%
19		9%	23.32%	18.74%	15.99%	14.16%	12.85%
20		10%	23.52%	18.89%	16.11%	14.26%	12.94%

图 4-6　模型结果

视频演示

（2）资本资产定价模型

由于筹资者的资本成本率实际上就是投资者的必要报酬率，因此还可以利用资本资产定价模型来估计投资者要求的必要报酬率。根据资本资产定价模型，普通股资本成本率的计算公式如下。

$$K_S = R_f + \beta(R_m - R_f) \tag{4.6}$$

其中，R_f 为无风险报酬率，R_m 为市场组合投资的平均报酬率；β 为该股票的风险系数。

例题 4.4　A 公司无风险报酬率为 5%，整个股票市场平均报酬率为 10%，A 公司普通股股票的 β 值为 2。要求：建立模型，分析该公司普通股资本成本率相对于 β 系数的敏感性。

解　操作步骤如下。

① 打开一个新的 Excel 工作簿，在工作表的单元格区域 A1:B4 输入已知条件，并在单元格 A6:B17 设计计算结果区域的格式，如图 4-7 所示。

② 在单元格 B7 中输入 "=B2+B3*(B4-B2)"。

③ 在单元格 B10 中输入 "=B2+A10*(B4-B2)"。

④ 选取单元格区域 A10:B17，在"数据"选项卡中选择"预测"工具栏中的"模拟分析"，然后在下拉菜单中单击【模拟运算表】命令，在弹出的对话框中，在"输入引用列的单元格"栏输入 "$A$10"，单击对话框中的【确定】按钮，最后设置单元格为百分比格式。

模型结果如图 4-8 所示。

	A	B
1	已知条件	
2	无风险报酬率	5%
3	β 值	2
4	市场平均报酬率	10%
5		
6	计算结果	
7	普通股资本成本率	
8	普通股资本成本率敏感性分析模型	
9	β 值	资本成本率
10	0.7	
11	1	
12	1.3	
13	1.6	
14	1.9	
15	2	
16	2.3	
17	2.6	

图 4-7　计算模型

	A	B
1	已知条件	
2	无风险报酬率	5%
3	β 值	2
4	市场平均报酬率	10%
5		
6	计算结果	
7	普通股资本成本率	15.00%
8	普通股资本成本率敏感性分析模型	
9	β 值	资本成本率
10	0.7	8.50%
11	1	10.00%
12	1.3	11.50%
13	1.6	13.00%
14	1.9	14.50%
15	2	15.00%
16	2.3	16.50%
17	2.6	18.00%

图 4-8　模型结果

视频演示

（3）债券收益加风险补偿率模型

该模型是指在债券投资必要报酬率的基础上，加上普通股投资的风险溢价。根据债券收益加风险补偿率模型，普通股资本成本率的计算公式如下。

$$K_S = K_b + K_r \tag{4.7}$$

其中，K_b 为债券的资本成本率，K_r 为普通股的风险溢价。

例题 4.5　B 公司已发行的债券的资本成本率为 10%，现准备发行一批新股票，普通股的风险溢价为 4%。要求：建立模型，计算该批股票的资本成本率。

解 操作步骤如下。

① 打开一个新的 Excel 工作簿，在工作表的单元格区域 A1:B3 输入已知条件，并在单元格 A5:B6 设计计算结果区域的格式，如图 4-9 所示。

② 在单元格 B6 中输入"=B2+B3"，结果如图 4-10 所示。

图 4-9　计算模型 　　　　　　　图 4-10　模型结果 　　　　视频演示

2. 优先股资本成本

优先股资本成本包括筹资费用和优先股股息。优先股的股息从税后利润中扣除，没有抵税作用。优先股的资本成本率的计算公式如下。

$$K_p = \frac{D_p}{P_0(1-f)} \tag{4.8}$$

其中，K_p 为优先股的资本成本率；D_p 为优先股年股息；P_0 为优先股现在的市场价格；f 为筹资费用率。

例题 4.6　甲公司发行优先股股票，其面值为 200 万元，实际发行价格为 250 万元，且筹资费用率为 5%，预定年股利率为 14%。要求：建立模型，分析该优先股的资本成本率对于发行价格和筹资费用率的双因素敏感性。

解　操作步骤如下。

① 在一张新的工作表中输入已知条件，并设置计算结果区域的格式，如图 4-11 所示。

图 4-11　计算模型

② 在单元格 C9 中输入"=E3*E6/(E4*(1-E5))"，然后右击单元格 C9，选择"设置单元格格式"中的"百分比"。在单元格 B12 输入"=E3*E6/(E4*(1-E5))"。

③ 选取单元格区域 B12:H19，在"数据"选项卡中选择"预测"工具栏中的"模拟分析"，

然后在下拉菜单中单击【模拟运算表】命令，在弹出的对话框中，在"输入引用行的单元格"栏输入"$E$4"，在"输入引用列的单元格"栏输入"$E$5"，单击对话框中的【确定】按钮，最后设置单元格为百分比格式。

模型结果如图 4-12 所示。

	A	B	C	D	E	F	G	H
1				已知条件				
2				甲公司的优先股				
3			面值/万元		200			
4			发行价格/万元		250			
5			筹资费用率		5%			
6			预定年股利率		14%			
8				计算结果				
9	甲公司优先股资本成本率	11.79%						
10			优先股资本成本率的双因素敏感性分析模型					
11		计算公式			发行价格			
12		11.79%	230	240	250	260	270	280
13		1%	12.30%	11.78%	11.31%	10.88%	10.48%	10.10%
14		2%	12.42%	11.90%	11.43%	10.99%	10.58%	10.20%
15	筹资费用率	3%	12.55%	12.03%	11.55%	11.10%	10.69%	10.31%
16		4%	12.68%	12.15%	11.67%	11.22%	10.80%	10.42%
17		5%	12.81%	12.28%	11.79%	11.34%	10.92%	10.53%
18		6%	12.95%	12.41%	11.91%	11.46%	11.03%	10.64%
19		7%	13.09%	12.54%	12.04%	11.58%	11.15%	10.75%

图 4-12　模型结果

视频演示

3. 留存收益资本成本

留存收益包括盈余公积和未分配利润。对于留存收益，股东要求取得同样的收益，因此企业使用留存收益的最低成本应该与普通股资本成本相似，唯一不同的是留存收益是没有筹资费用的。留存收益的资本成本率的计算公式为

$$K_e = \frac{D_1}{P_0} + g \tag{4.9}$$

其中，K_e 为留存收益的资本成本率；D_1 为第一年预期现金股利；P_0 为当前普通股的市场价格；g 为股利年固定增长率。

4.2　综合资本成本

本节主要介绍用相对数表示的综合资本成本，即综合资本成本率。综合资本成本率，又称加权平均资本成本率，它是以每项个别资本占总资本的比重为权数，对个别资本成本率进行加权平均计算的。综合资本成本率的计算公式为

$$K_W = \sum_{i=1}^{n} K_i W_i \tag{4.10}$$

其中，K_W 为综合资本成本率，K_i 为第 i 种个别资本成本率，W_i 为第 i 种个别资本在全部资本中的比重。

例题 4.7　某公司拟筹集长期资金 2 500 万元，采用四种融资方式：(1) 举借长期借款 500 万元，期限 5 年，年利率为 8%，手续费忽略不计；(2) 发行债券 500 万元，期限 10 年，票面利率为 10%，筹资费用率为 2%；(3) 发行优先股 500 万元，年股利率为 7%，筹资费用率

为 3%；（4）发行普通股 1 000 万元，预计第一年股利率为 10%，以后每年增长 4%，筹资费用率为 4%。该公司的所得税税率为 25%。要求：建立模型，计算其综合资本成本率。

解　操作步骤如下。

① 打开一个新的 Excel 工作簿，在工作表的单元格区域 A1:F8 输入已知条件，并在单元格 A8:C22 设计计算结果区域的格式，如图 4-13 所示。

	A	B	C	D	E	F	G	H
1				已知条件				
2	长期借款/万元	500	长期借款年利率	8%	长期借款期限/年	5	长期借款和债券每年付息次数	1
3	债券面值及发行价格/万元	500	债券票面利率	10%	债券筹资费率	2%	债券期限/年	10
4	优先股面值/万元	500	优先股年股利率	7%	优先股筹资费率	3%		
5	普通股面值/万元	1000	预计普通股第一年股利率	10%	普通股筹资费率	4%	预计普通股年股利增长率	4%
6	筹资资金/万元	2500	公司所得税税率	25%				
7								
8	个别资本成本率的计算模型（不考虑复利因素情况）							
9	资本种类	权重系数	个别资本成本率					
10	长期借款							
11	债券							
12	优先股							
13	普通股							
14	综合资本成本率							
16	个别资本成本率的计算模型（考虑复利因素情况）							
17	资本种类	权重系数	个别资本成本率					
18	长期借款							
19	债券							
20	优先股							
21	普通股							
22	综合资本成本率							

图 4-13　计算模型

② 在单元格 B10 和 B18 中输入"=B2/B6"。

③ 在单元格 B11 和 B19 中输入"=B3/B6"。

④ 在单元格 B12 和 B20 中输入"=B4/B6"。

⑤ 在单元格 B13 和 B21 中输入"=B5/B6"。

⑥ 在单元格 C10 中输入"=D2*(1-D6)"。

⑦ 在单元格 C11 中输入"=D3*(1-D6)/(1-F3)"。

⑧ 在单元格 C12 中输入"=D4/(1-F4)"。

⑨ 在单元格 C13 中输入"=D5/(1-F5)+H6"，然后右击单元格 C10:C13 选择"设置单元格格式"中的"百分比"。

⑩ 在单元格 C14 中输入"=B10*C10+B11*C11+B12*C12+B13*C13"或"=SUMPRODUCT($B$10:$B$13,C10:C13)"。

⑪ 在单元格 C18 中输入"=RATE(F2,-B2*D2*(1-D6),B2,-B2)"。

⑫ 在单元格 C19 中输入"=RATE(H3,-B3*D3*(1-D6),B3*(1-F3),-B3)"。

⑬ 在单元格 C20 中输入"=D4/(1-F4)"。

⑭ 在单元格 C21 中输入"=D5/(1-F5)+H5"。

⑮ 在单元格 C22 中输入"=B18*C18+B19*C19+B20*C20+B21*C21"或"=SUMPRODUCT($B$18:$B$21,C18:C21)"。

计算结果如图 4-14 所示。

	A	B	C	D	E	F	G	H
1				已知条件				
2	长期借款/万元	500	长期借款年利率	8%	长期借款期限/年	5	长期借款和债券每年付息次数	
3	债券面值及发行价格/万元	500	债券票面利率	10%	债券筹资费率	2%	债券期限/年	10
4	优先股面值/万元	500	优先股年股利率	7%	优先股筹资费率	3%		
5	普通股面值/万元	1000	预计普通股第一年股利率	10%	普通股筹资费率	4%	预计普通股年股利增长率	4%
6	筹资资金/万元	2500	公司所得税率	25%				
7								
8	个别资本成本率的计算模型（不考虑复利因素情况）							
9	资本种类	权重系数	个别资本成本率					
10	长期借款	0.2	6.00%					
11	债券	0.2	7.65%					
12	优先股	0.2	7.22%					
13	普通股	0.4	14.42%					
14	综合资本成本率		9.94%					
15								
16	个别资本成本率的计算模型（考虑复利因素情况）							
17	资本种类	权重系数	个别资本成本率					
18	长期借款	0.2	6%					
19	债券	0.2	8%					
20	优先股	0.2	7.22%					
21	普通股	0.4	14.42%					
22	综合资本成本率		9.97%					

图 4-14 计算结果

4.3 边际资本成本

一般来说，公司不可能以某一固定的资本成本筹集无限的资金，当公司筹集的资金超过一定限度时，原来的资本成本就会增加。追加一个单位的资本增加的成本称为边际资本成本。以下是边际资本成本率的计算步骤。

第一，确定追加筹资的目标资本结构。

第二，确定各种筹资方式的个别资本成本临界点。

第三，计算筹资总额分界点，用公式表示如下：

$$筹资总额分界点 = \frac{某种筹资方式的成本分界点}{目标资本结构中该种筹资方式所占比重}$$

第四，计算边际资本成本率。根据计算的分界点，可以得出若干组新的筹资范围，对各筹资范围分别计算加权平均资本成本率，即可得到各种筹资范围的边际资本成本率。

例题 4.8 假设 CL 公司目前的资本结构较为理想，即长期借款占 20%，债券占 20%，普通股占 60%。公司根据经营需要，计划追加筹资，并以原有的资本结构为目标资本结构。根据对金融市场的研究和分析，得出不同筹资数额的有关资本成本率数据如表 4-1 所示。

表 4-1 有关资本成本率数据

资本来源	资本结构	筹资规模/元	资本成本率
长期借款	20%	100 000 以内（含 100 000）	6%
		100 000~200 000	7%
		200 000 以上	9%

续表

资本来源	资本结构	筹资规模/元	资本成本率
债券	20%	25 000 以内（含 250 000）	8%
		250 000 以上	10%
普通股	60%	150 000 以内（含 150 000）	12%
		150 000～900 000	14%
		900 000 以上	16%

要求：建立规划该公司边际资本成本的模型并绘制边际资本成本率规划图。

解　操作步骤如下。

① 在一张新的工作表（Sheet1）中输入已知条件，并设置计算结果区域的格式，如图 4–15 所示。

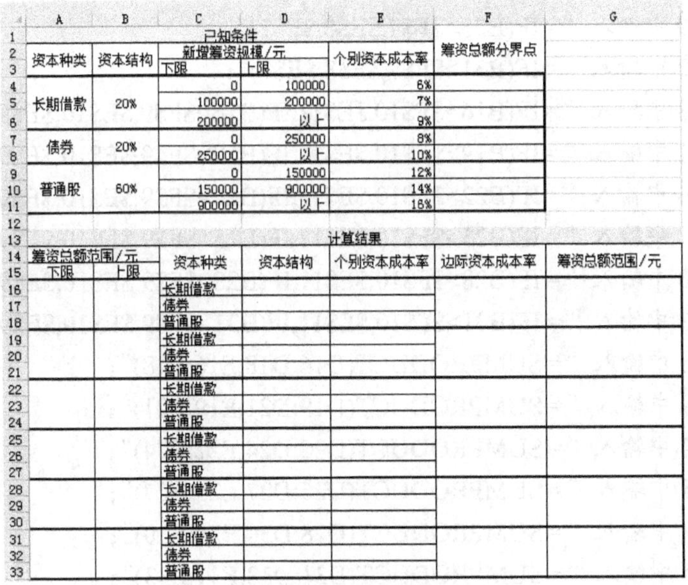

已知条件

资本种类	资本结构	新增筹资规模/元 下限	新增筹资规模/元 上限	个别资本成本率	筹资总额分界点
长期借款	20%	0	100000	6%	
		100000	200000	7%	
		200000	以上	9%	
债券	20%	0	250000	8%	
		250000	以上	10%	
普通股	60%	0	150000	12%	
		150000	900000	14%	
		900000	以上	16%	

计算结果

筹资总额范围/元 下限	筹资总额范围/元 上限	资本种类	资本结构	个别资本成本率	边际资本成本率	筹资总额范围/元
		长期借款				
		债券				
		普通股				
		长期借款				
		债券				
		普通股				
		长期借款				
		债券				
		普通股				
		长期借款				
		债券				
		普通股				
		长期借款				
		债券				
		普通股				
		长期借款				
		债券				
		普通股				

图 4–15　计算模型

② 进行基本计算。

在单元格 F4 中输入“=ROUND(D4/$B$4,0)”；

在单元格 F5 中输入“=ROUND(D5/$B$4,0)”；

在单元格 F7 中输入“=D7/B7”；

在单元格 F9 中输入“=ROUND(D9/$B$9,0)”；

在单元格 F10 中输入“=ROUND(D10/$B$9,0)”；

在单元格 A16 中输入“=C4”；在单元格 B16 中输入“=F9”；

在单元格 A19 中输入“=B16+1”；在单元格 B19 中输入“=F4”；

在单元格 A22 中输入“=B19+1”；在单元格 B22 中输入“=F5”；

在单元格 A25 中输入“=B22+1”；在单元格 B25 中输入“=F7”；

在单元格 A28 中输入“=B25+1”；在单元格 B28 中输入“=F10”；

在单元格 A31 中输入 "=B28+1"；在单元格 B31 中输入 "以上"；

在单元格 D16 中输入 "=$B$4"；在单元格 D17 中输入 "=$B$7"；在单元格 D18 中输入 "=$B$9"；

在单元格 E16 中输入 "=IF(B16>$F$5,$E$6,IF(B16>$F$4,$E$5,$E$4))"；

在单元格 E19 中输入 "=IF(B19>$F$5,$E$6,IF(B19>$F$4,$E$5,$E$4))"；

在单元格 E22 中输入 "=IF(B22>$F$5,$E$6,IF(B22>$F$4,$E$5,$E$4))"；

在单元格 E25 中输入 "=IF(B25>$F$5,$E$6,IF(B25>$F$4,$E$5,$E$4)"；

在单元格 E28 中输入 "=IF(B28>$F$5,$E$6,IF(B28>$F$4,$E$5,$E$4))"；

在单元格 E31 中输入 "=IF(B31>$F$5,$E$6,IF(B31>$F$4,$E$5,$E$4))"；

在单元格 E17 中输入 "=IF(B16>$F$7,$E$8,$E$7)"；

在单元格 E20 中输入 "=IF(B19>$F$7,$E$8,$E$7)"；

在单元格 E23 中输入 "=IF(B22>$F$7,$E$8,$E$7)"；

在单元格 E26 中输入 "=IF(B25>$F$7,$E$8,$E$7)"；

在单元格 E29 中输入 "=IF(B28>$F$7,$E$8,$E$7)"；

在单元格 E32 中输入 "=IF(B31>$F$7,$E$8,$E$7)"；

在单元格 E18 中输入 "=IF(B16>$F$10,$E$11,IF(B16>$F$9,$E$10,$E$9))"；

在单元格 E21 中输入 "=IF(B19>$F$10,$E$11,IF(B19>$F$9,$E$10,$E$9))"；

在单元格 E24 中输入 "=IF(B22>$F$10,$E$11,IF(B22>$F$9,$E$10,$E$9))"；

在单元格 E27 中输入 "=IF(B25>$F$10,$E$11,IF(B25>$F$9,$E$10,$E$9))"；

在单元格 E30 中输入 "=IF(B28>$F$10,$E$11,IF(B28>$F$9,$E$10,$E$9))"；

在单元格 E33 中输入 "=IF(B31>$F$10,$E$11,IF(B31>$F$9,$E$10,$E$9))"；

在单元格 F16 中输入 "=SUMPRODUCT(D16:D18,E16:E18)"；

在单元格 F19 中输入 "=SUMPRODUCT(D19:D21,E19:E21)"；

在单元格 F22 中输入 "=SUMPRODUCT(D22:D24,E22:E24)"；

在单元格 F25 中输入 "=SUMPRODUCT(D25:D27,E25:E27)"；

在单元格 F28 中输入 "=SUMPRODUCT(D28:D30,E28:E30)"；

在单元格 F31 中输入 "=SUMPRODUCT(D31:D33,E31:E33)"；

在单元格 G16 中输入 "=A16&-B16"；在单元格 G19 中输入 "=A19&-B19"；

在单元格 G22 中输入 "=A22&-B22"；在单元格 G25 中输入 "=A25&-B25"；

在单元格 G28 中输入 "=A28&-B28"；在单元格 G31 中输入 "=A31&B31"；

计算结果如图 4-16 所示。

③ 选中单元格区域 F16:F33，在 "插入" 选项卡中选择 "图表" 功能组中的 "插入柱形图或条形图"，在下拉菜单中单击 "三维柱形图" 中的【簇状柱形图】类型；或者在 "图表" 功能组中的 "推荐的图表" 中单击【簇状柱形图】，可得到初步绘制的图形，如图 4-17 所示。

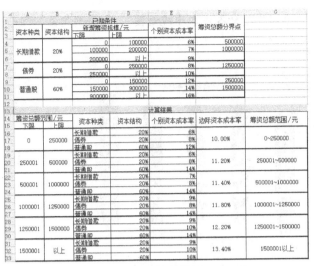

视频演示

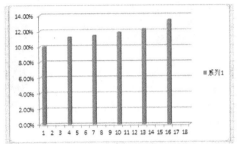

图 4-16　计算结果　　　　　　　　　　图 4-17　柱形图

④ 右击绘图区，选择"选择数据"，出现【选择数据源】对话框，单击"水平（分类）轴标签"下【编辑】按钮，选择单元格 G16:G33 或者输入 "=Sheet1!$G$16:$G$33"，如图 4-18 所示；再单击【确定】按钮后返回【选择数据源】对话框，单击【确定】按钮退出。

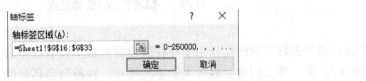

图 4-18　轴标签

⑤ 右击柱形图，选择"设置数据系列格式"，将"间隙宽度"调节为 0，如图 4-19 所示。

⑥ 右击绘图区域坐标轴，在下拉菜单"设置坐标轴格式"中将"小数位数"调整为"0"，如图 4-20 所示。

图 4-19　设置数据系列格式　　　　　图 4-20　设置坐标轴格式

⑦ 右击绘图区域坐标轴，在下拉菜单"设置坐标轴格式"中将"刻度线"下的"主刻度线类型"和"次刻度线类型"调整为"外部"，将"标签"下的"标签位置"调整为"轴旁"，如图 4-21 所示。

⑧ 选择"设计"选项卡中"图标布局"功能组，在下拉菜单"添加图标元素"中选择"坐标轴标题"，在"主要横坐标轴标题"中输入"筹资总额"，在"主要纵坐标轴标题"中输入

"边际资本成本率";选择添加"图表标题"为"边际资本成本率规划图",删除网格线,显示数据标签,最终编辑完成的图形如图4-22所示。

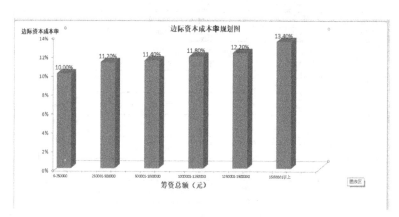

| 图4-21 设置坐标轴格式 | 图4-22 边际资本成本率规划图 |

4.4 杠杆效应模型

财务管理中的杠杆效应是指由于存在固定经营成本或者固定财务费用而导致的,当某一因素变动时,另一相关因素会以更大的幅度变动。杠杆效应包括经营杠杆、财务杠杆和复合杠杆。

4.4.1 经营杠杆

1. 经营杠杆的含义

经营杠杆,是指由于固定经营成本的存在,使得息税前利润的变化幅度大于销售量的变动幅度,主要用于衡量销售量变动对息税前利润的影响程度。

2. 经营杠杆系数的计算模型

经营杠杆系数,是指息税前利润变动率与产销量变动率的比值,是揭示经营杠杆程度的指标,其计算公式如下。

$$经营杠杆系数 = 息税前利润变动率 / 产销量变动率 \qquad (4.11)$$

例题4.9 某企业生产一种产品,其单价为150元,单位变动成本为125元,产销量为100件,年固定经营成本为10 000元。要求:建立模型,计算经营杠杆系数,并针对不同产销量和年固定经营成本下的经营杠杆系数进行分析。

解 操作步骤如下。

① 打开一个新的Excel工作簿,在工作表的单元格区域A1:H5输入已知条件,并在单元格A7:F17设计计算结果区域的格式,如图4-23所示。

	A	B	C	D	E	F	G	H
1	已知条件			模拟运算数据				
2	产品单价/元	150		产销量/件		200	300	400	500
3	单位变动成本/(元/件)	125		年固定经营成本/元		12000	14000	16000	18000
4	初始的产销量/件	100						
5	初始年固定经营成本/元	10000						
6								
7	计算结果							
8	产销量/件	100						
9	经营杠杆系数							
10								
11	经营杠杆系数的双因素敏感性分析							
12		公式			产销量/件			
13			200		300	400	500	
14	年固定经营成本/元	12000						
15		14000						
16		16000						
17		18000						

图 4-23　计算模型

② 在单元格 B9 和 B13 中输入 "=B4*(B2−B3)/(B4*(B2−B3)−B5)"。

③ 选取单元格区域 B13:F17, 在 "数据" 选项卡中选择 "预测" 工具栏中的 "模拟分析", 然后在下拉菜单中单击【模拟运算表】命令, 弹出对话框, 在 "输入引用行的单元格" 中输入 "$B$4", 在 "输入引用列的单元格" 中输入 "$B$5", 最后单击【确定】按钮。计算结果如图 4-24 所示。

	A	B	C	D	E	F	G	H
1	已知条件			模拟运算数据				
2	产品单价/元	150		产销量/件		200	300	400	500
3	单位变动成本/(元/件)	125		年固定经营成本/元		12000	14000	16000	18000
4	初始的产销量/件	100						
5	初始年固定经营成本/元	10000						
6								
7	计算结果							
8	产销量/件	100						
9	经营杠杆系数	−0.33333						
10								
11	经营杠杆系数的双因素敏感性分析							
12		公式			产销量/件			
13		−0.33333	200		300	400	500	
14	年固定经营成本/元	12000	−0.71		−1.67	−5.00	25.00	
15		14000	−0.56		−1.15	−2.50	−8.33	
16		16000	−0.45		−0.88	−1.67	−3.57	
17		18000	−0.38		−0.71	−1.25	−2.27	

图 4-24　计算结果

视频演示

4.4.2　财务杠杆

1. 财务杠杆的含义

财务杠杆, 亦称筹资杠杆, 是指由于固定的财务费用 (债务利息和优先股股利) 的存在, 使得普通股每股利润的变动幅度大于息税前利润变动幅度。财务杠杆主要用来衡量息税前利润变动对普通股每股收益的影响。

2. 财务杠杆系数的计算公式

财务杠杆系数是指普通股每股收益的变动率与息税前利润变动率的比值。其计算公式如下所示。

$$\mathrm{DFL}=\frac{\Delta \mathrm{EPS}/\mathrm{EPS}}{\Delta \mathrm{EBIT}/\mathrm{EBIT}} \tag{4.12}$$

其中：DFL 为财务杠杆系数；ΔEPS 为普通股每股收益变动额；EPS 为基期普通股每股收益；ΔEBIT 为息税前利润变动额；EBIT 为基期息税前利润。

$$\mathrm{EPS}=\frac{(\mathrm{EBIT}-I)\times(1-T)-D}{N} \tag{4.13}$$

其中：I 为负债利息；T 为企业所得税税率；D 为优先股股利；N 为流通在外的普通股股数。

例题 4.10 已知某企业资产总额是 5 000 000 元，资产负债率为 30%，普通股股数为 2 000 000 股，本年息税前利润为 600 000 元，负债利率为 8%。要求：建立模型，计算财务杠杆系数，并针对不同息税前利润和资产负债率分析财务杠杆系数的变化。

解 操作步骤如下。

① 打开一个新的 Excel 工作簿，在工作表的单元格区域 A1:B6 输入已知条件，并在单元格 A8:G22 设计计算结果区域的格式，如图 4–25 所示。

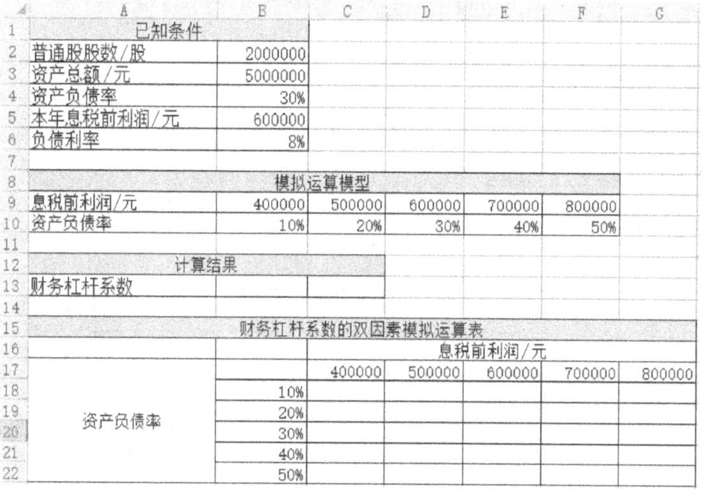

	A	B	C	D	E	F	G
1	已知条件						
2	普通股股数/股	2000000					
3	资产总额/元	5000000					
4	资产负债率	30%					
5	本年息税前利润/元	600000					
6	负债利率	8%					
7							
8	模拟运算模型						
9	息税前利润/元	400000	500000	600000	700000	800000	
10	资产负债率	10%	20%	30%	40%	50%	
11							
12	计算结果						
13	财务杠杆系数						
14							
15	财务杠杆系数的双因素模拟运算表						
16			息税前利润/元				
17			400000	500000	600000	700000	800000
18	资产负债率	10%					
19		20%					
20		30%					
21		40%					
22		50%					

图 4–25 计算模型

② 在单元格 B13 和 B17 中输入“=B5/(B5−B3*B4*B6)”。

③选取单元格区域 B17:G22，在“数据”选项卡中选择“预测”工具栏中的“模拟分析”，然后在下拉菜单中单击【模拟运算表】命令，弹出【模拟运算表】对话框，在“输入引用行的单元格”中输入“$B$5”，在“输入引用列的单元格”中输入“$B$4”，最后单击【确定】按钮。计算结果如图 4–26 所示。

图 4-26 计算结果　　　　　　　　视频演示

4.4.3 复合杠杆

1. 复合杠杆的概念

当企业存在固定经营成本和固定财务费用时,会同时存在经营杠杆作用和财务杠杆作用,这两种杠杆的共同作用就形成了总杠杆作用或复合杠杆作用,它反映了普通股每股利润变动对销售变动的敏感程度。

2. 复合杠杆系数的计算公式

复合杠杆系数的计算公式为

$$DTL = \frac{\Delta EPS / EPS}{\Delta Q / Q} = DOL \times DFL \tag{4.14}$$

其中:DTL 为复合杠杆系数,其他符号含义同前。

例题 4.11 甲企业 2021 年的营业收入为 10 000 万元,变动成本为 6 000 万元,固定经营成本为 2 500 万元,年债务利息为 96 万元,优先股年股息为 25 万元,企业所得税税率为 25%。
要求:建立模型,计算总杠系数,并分析针对不同年收入的情况复合杠杆系数是怎样变化的。

解 操作步骤如下。

① 打开一个新的 Excel 工作簿,在工作表的单元格区域 A1:B7 输入已知条件,并在单元格 A9:G20 设计计算结果区域的格式,如图 4-27 所示。

图 4-27 计算模型

② 在单元格 B13 中输入"=B2*(1-B3)-B4"。

③ 在单元格 B14 中输入"=B2*(1-B3)/B13"。

④ 在单元格 B15 中输入"=B13/(B13-B5-B6/(1-B7))"。

⑤ 在单元格 B16 中输入"=B14*B15"。

⑥ 在单元格 B20 中输入"=B19*(1-B3)/(B19*(1-B3)-B4-B5-B6/(1-B7))"。

⑦选取单元格区域 B19:G20，在"数据"选项卡中选择"预测"工具栏中的"模拟分析"，然后在下拉菜单中单击【模拟运算表】命令，弹出【模拟运算表】对话框，在"输入引用行的单元格"中输入"$B$19"，最后单击【确定】按钮。计算结果如图 4-28 所示。

	A	B	C	D	E	F	G
1		已知条件					
2	年营业收入/万元	10000					
3	变动成本率	60%					
4	年固定经营成本/万元	2500					
5	债务利息/万元	96					
6	优先股年股息/万元	25					
7	所得税税率	25%					
8							
9		模拟运算数据					
10	年营业收入/万元	6000	8000	10000	12000	14000	
11							
12		计算结果					
13	息税前利润	1500					
14	经营杠杆系数	2.67					
15	财务杠杆系数	1.09					
16	复合杠杆系数	2.92					
17							
18		模拟运算表					
19	年营业收入/万元		6000	8000	10000	12000	14000
20	复合杠杆系数	0	-10.47	5.61	2.92	2.21	1.89

图 4-28　计算结果

视频演示

思政链接 杠杆效应

思政目标： 每个人都要善于规划和管理资金，学会借助外在的力量达成自己的目标；学会职业生涯规划，善于通过独特的创意、精心的策划、完美的实施，在法律和道德规范的范围之内，巧借时代、趋势及外在的人力、物力、财力去完成自己的原始积累。

4.5　资本结构决策模型

4.5.1　比较资本成本法

比较资本成本法是通过计算各种可能的筹资组合方案的综合资本成本并加以比较，选择其中资本成本最低的组合为最优筹资方案的筹资决策方法。

例题 4.12　某公司拟筹资 100 万元，有三个备选方案（见表 4-2）。要求：建立模型，分析确定该公司的最优筹资方案。

表 4-2　个别资本成本率及融资结构表

方案	长期借款	长期债券	普通股
1	400 000	400 000	200 000
2	300 000	400 000	300 000
3	200 000	300 000	500 000
个别资本成本率	8%	10%	12%

解　操作步骤如下。

① 打开一个新的 Excel 工作簿，在工作表的单元格区域 A1:E6 输入已知条件，并在单元格 A8:D19 设计计算结果区域的格式，如图 4-29 所示。

② 在单元格 B11 中输入“=B3/E3”，在单元格 B12 中输入“=C3/E3”，在单元格 B13 中输入“=D3/E3”，在单元格 B14 中输入“=B11+B12+B13”，以此类推分别计算方案 2、方案 3 的长期借款、长期债券和普通股所占总筹集资金的的比重。

③ 在单元格 B15 中输入“=B11*B6+B12*C6+B13*D6”，在单元格 C15 中输入“=C11*B6+C12*C6+C13*D6”，在单元格 D15 中输入“=D11*B6+D12*C6+D13*D6”。

④ 在单元格 B18 中输入“=MIN(B15:D15)”，在单元格 B19 中输入“=INDEX(B10:D10,MATCH(B18,B15:D15,0))”，计算结果如图 4-30 所示。

	A	B	C	D	E
1	已知条件				
2	方案	长期借款	长期债券	普通股	合计
3	方案1	400000	400000	200000	1000000
4	方案2	300000	400000	300000	1000000
5	方案3	200000	300000	500000	1000000
6	个别资本成本率	8%	10%	12%	
7					
8	计算结果				
9		权重系数的计算			
10	筹资方案	方案1	方案2	方案3	
11	长期借款				
12	长期债券				
13	普通股				
14	合计				
15	综合资本成本率				
16					
17	决策结果				
18	最低的综合资本成本率				
19	最优决策方案				

图 4-29　计算模型

	A	B	C	D	E
1	已知条件				
2	方案	长期借款	长期债券	普通股	合计
3	方案1	400000	400000	200000	1000000
4	方案2	300000	400000	300000	1000000
5	方案3	200000	300000	500000	1000000
6	个别资本成本率	8%	10%	12%	
7					
8	计算结果				
9		权重系数的计算			
10	筹资方案	方案1	方案2	方案3	
11	长期借款	40.00%	30.00%	20.00%	
12	长期债券	40.00%	40.00%	30.00%	
13	普通股	20.00%	30.00%	50.00%	
14	合计	100.00%	100.00%	100.00%	
15	综合资本成本率	9.600%	10.0%	10.600%	
16					
17	决策结果				
18	最低的综合资本成本率	9.60%			
19	最优决策方案	方案1			

图 4-30　计算结果

视频演示

4.5.2 比较公司价值法

比较公司价值法是通过计算各种可能的筹资组合方案所对应的公司价值并加以比较，选择使其公司价值达到最大的组合作为最优筹资方案的筹资决策方法。其公式为

$$公司价值（V）=债务资本价值（B）+权益资本价值（S） \tag{4.15}$$

为简化分析，假设公司各期的 EBIT 保持不变，债务资金的市场价值等于其面值，权益资本的市场价值可通过下列公式计算：

$$S = \frac{(\mathrm{EBIT} - I)(1 - T)}{K_\mathrm{S}} \tag{4.16}$$

$$K_\mathrm{S} = R_\mathrm{f} + \beta(R_\mathrm{m} - R_\mathrm{f}) \tag{4.17}$$

此时

$$K_\mathrm{W} = K_\mathrm{b} \times \frac{B(1 - T)}{V} + K_\mathrm{S} \times \frac{S}{V} \tag{4.18}$$

式中：T 为所得税税率，K_S 为普通股的资本成本率；R_f 为无风险报酬率；β 为普通股的 β 值；R_m 为市场投资组合的平均报酬率；K_W 为综合资本成本率；K_b 为债务的资本成本率；B 为债务资本价值；S 为权益资本价值；V 为公司价值。

例题 4.13 假设 XYZ 公司 2021 年息税前利润为 500 万元，目前，该公司的全部资本均由普通股资本构成，股票账面价值为 2 000 万元，普通股股数为 100 万股，所得税税率为 25%。假设无风险报酬率（R_f）为 10%，市场平均报酬率（R_m）为 14%。该公司认为目前的资本结构不够合理，准备采用发行债券购回部分股票的方法予以调整。经市场调查，在不同的负债条件下，债券资本成本率和股权资本成本率等有关资料见表 4-3。

表 4-3　不同负债条件下公司的债券资本成本率和股权资本成本率

债券的市场价值/万元	债券资本成本率	估计股票 β 值	股权资本成本率
0		1.2	14.8%
200	10%	1.25	15%
400	10%	1.3	15.2%
600	12%	1.4	15.6%
800	14%	1.55	16.2%
1 000	16%	2.1	18.4%

要求：建立模型，分析计算公司价值和加权平均资本成本率。

解　操作步骤如下。

① 打开一个新的 Excel 工作簿，在工作表的单元格区域 A1:G8 输入已知条件，并在单元格 A10:F21 设计计算结果区域的格式，如图 4-31 所示。

② 在单元格 C12 中输入"=($G$2−B12*C3)*(1−$G$3)/(E3)"，在单元格 C13、C14、C15、C16、C17 中进行复制粘贴，选中单元格区域 C12:C17 并单击右键，设置小数位数为 0。

图 4-31 中的表格：

	已知条件					
方案	债券的市场价值/万元	债券资本成本率	估计股票β值	股权资本成本率	息税前利润/万元	500
1	0	0	1.2	14.80%	所得税税率	25%
2	200	10%	1.25	15%	普通股股数/万股	100%
3	400	10%	1.3	15.20%	股票账面价值/万元	2000
4	600	12%	1.4	15.60%		
5	800	14%	1.55	16.20%		
6	1000	16%	2.1	18.40%		
	计算结果					
方案	债券的市场价值/万元	权益资本价值/万元	公司价值/万元	负债比率	加权平均资本成本	
1	0					
2	200					
3	400					
4	600					
5	800					
6	1000					
	决策结果					
最大公司价值		对应方案		最优负债金额/万元		
最小综合资本成本率		对应方案		最优负债金额/万元		

图 4-31　计算模型

③ 在单元格 D12 中输入"=B12+C12"，在单元格 D13 中输入"=B13+C13"，以此类推，分别在单元格 D14、D15、D16、D17 中输入对应的公式。选中单元格区域 D12:D17 并单击右键，设置小数位数为 0。

④ 在单元格 E12 中输入"=B12/D12"，在单元格 E13 中输入"=B13/D13"以此类推，分别在单元格 E14、E15、E16、E17 中输入对应的公式。选中单元格区域 E12:E17 并单击右键，设置小数位数为 2。

⑤ 在单元格 F12 中输入"=C3*B3/D12*(1−G3)+E3*C12/D12"，在单元格 F13 中输入"=C4*B4/D13*(1−G3)+E4*C13/D13"，在单元格 F14 中输入"=C5*B5/D14*(1−G3)+E5*C14/D14"，以此类推，在单元格 F15、F16、F17 中输入对应的公式。选中 F12:F17 并单击右键，设置小数位数为 2。

⑥ 在单元格 B20 中输入"=MAX(D12:D17)"，在单元格 B21 中输入"=MIN(F12:F17)"，在单元格 D20 中输入"=MATCH(B20,D12:D17,0)"，在单元格 D21 中输入"=MATCH(B21,F12:F17,0)"，在单元格 F20 中输入"=INDEX(B12:B17,D20)"，在单元格 F21 中输入"=INDEX(B12:B17,D21)"。

计算结果如图 4-32 所示。

图 4-32 中的表格：

	已知条件					
方案	债券的市场价值/万元	债券资本成本率	估计股票β值	股权资本成本率	息税前利润/万元	500
1	0	0	1.2	14.80%	所得税税率	25%
2	200	10%	1.25	15%	普通股股数/万股	100%
3	400	10%	1.3	15.20%	股票账面价值/万元	2000
4	600	12%	1.4	15.60%		
5	800	14%	1.55	16.20%		
6	1000	16%	2.1	18.40%		
	计算结果					
方案	债券的市场价值/万元	权益资本价值/万元	公司价值/万元	负债比率	加权平均资本成本率	
1	0	2534	2534	0	14.80%	
2	200	2400	2600	0.077	14.42%	
3	400	2270	2670	0.150	14.05%	
4	600	2058	2658	0.226	14.11%	
5	800	1796	2596	0.308	14.44%	
6	1000	1386	2386	0.419	15.72%	
	决策结果					
最大公司价值	2670	对应方案	3	最优负债金额/万元	400	
最小综合资本成本率	14.05%	对应方案	3	最优负债金额/万元	400	

图 4-32　计算结果

视频演示

4.5.3 每股利润分析法

每股利润分析法是指通过计算各种可能的筹资组合方案的普通股每股利润并加以比较，选择普通股每股利润最大的组合作为最优筹资方案的筹资决策方法。每股利润分析法是通过每股利润的变化来判断资本结构是否合理。运用每股利润分析法进行筹资决策的具体步骤如下：

① 计算不同筹资方案下每股利润无差异点。当 A 方案普通股每股利润与 B 方案普通股利润相等时，计算出的息税前利润即为每股利润无差异点。

② 将无差别点与预期的息税前利润进行比较，据以选择最优筹资方案。当预期的息税前利润大于无差异点税前利润时，采用负债筹资方式；当预期的息税前利润小于无差异点税前利润时，采用普通股筹资方式。

例题 4.14 某公司现有资本 1 000 万元，其中普通股 400 万股（面值 1 元），留存收益 200 万元，银行借款 400 万元，年利率为 10%，所得税税率为 25%。现准备扩大经营，增资 600 万元，筹资方案有三种。

方案一：全部发行普通股。增发 400 万股普通股，每股面值 1 元，发行价为 1.5 元。

方案二：全部发行债券。发行 600 万元债券，年利率为 15%。

方案三：同时发行普通股与债券。增发 200 万股普通股，每股面值 1 元，发行价为 1.5 元；发行债券 300 万元，年利率为 12%。

要求：建立模型，分析确定哪种方案下普通股股东每股收益最大。

解 操作步骤如下。

① 打开一个新的 Excel 工作簿，在工作表的单元格区域 A1:F7 输入已知条件，并在单元格 A9:F22 设计计算结果区域的格式，如图 4-33 所示。

	A	B	C	D	E	F
1			已知条件			
2	现有资本/万元	1000	方案一		方案三	
3	普通股股数/万股	400	股票筹资额/万元	600	股票筹资额/万元	300
4	留存收益/万元	200	新增股数/万股	400	债券筹资额/万元	300
5	银行借款/万元	400	方案二		新增股数/万股	200
6	银行借款年利率	10%	债券筹资额/万元	600	债券的年利率	12%
7	所得税税率	25%	债券的年利率	15%		
8						
9			计算结果			
10	预计息税前利润/万元	180		280	380	480	580
11	方案一每股利润/(元/股)					
12	方案二每股利润/(元/股)					
13	方案三每股利润/(元/股)					
14			无差别点的计算			
15	方案一每股利润-方案二每股利润				（目标单元格）	
16	无差异点息税前利润/万元				无差异点每股利润/(元/股)	
17						
18	方案一每股利润-方案三每股利润				（目标单元格）	
19	无差异点息税前利润/万元				无差异点每股利润/(元/股)	
20						
21	方案二每股利润-方案三每股利润				（目标单元格）	
22	无差异点息税前利润/万元				无差异点每股利润/(元/股)	

图 4-33 计算模型

② 在单元格 B11 中输入"=(B10-$B$5*$B$6)*(1-$B$7)/($B$3+$D$4)"，并将其复制到单元格 C11:F11；在单元格 B12 中输入"=(B10-$B$5*$B$6-D$6*$D$7)*(1-$B$7)/$B$3"，将其复制到单元格 C12:F12；在单元格 B13 中输入"=(B10-$B$5*$B$6-$F$4*$F$6)*(1-$B$7)/

($F$5+$B$3)”，并将其复制到单元格 C13:F13。

③ 在单元格 C15 中输入“=(C16−B5*B6)*(1−B7)/(B3+D4)−(C16−B5*B6−D6*D7)*(1−B7)/B3”。在“数据”选项卡中选择“预测”功能组中的“模拟分析”，然后在下拉菜单中单击【单变量求解】命令，并在系统弹出的单变量求解对话框中，将目标单元格设置为“$C$15”，将目标值设置为“0”，将可变单元格设置为“$C$16”，单击【确定】按钮后，在单元格 F16 中输入“=(C16−B5*B6)*(1−B7)/(B3+D4)”。

④ 在单元格 C18 中输入“=(C19−B5*B6)*(1−B7)/(B3+D4) −(C19−B5*B6−F4*F6)*(1−B7)/(F5+B3)”。在“数据”选项卡中选择“预测”功能组中的“模拟分析”，然后在下拉菜单中单击【单变量求解】命令，并在系统弹出的单变量求解对话框中，将目标单元格设置为“$C$18”，将目标值设置为“0”，将可变单元格设置为“$C$19”，单击【确定】按钮后，在单元格 F19 中输入“=(C19−B5*B6)*(1−B7)/(B3+D4)”。

⑤ 在单元格 C21 中输入“=(C22−B5*B6−D6*D7)*(1−B7)/(B3)−(C22−B5*B6−F4*F6)*(1−B7)/(F5+B3)”。在“数据”选项卡中选择“预测”功能组中的“模拟分析”，然后在下拉菜单中单击【单变量求解】命令，并在系统弹出的单变量求解对话框中，将目标单元格设置为“$C$21”，将目标值设置为“0”，将可变单元格设置为“$C$22”，单击【确定】按钮后，在单元格 F22 中输入“=(C22−B5*B6−D6*D7)*(1−B7)/B3”。计算结果如图 4−34 所示。

	A	B	C	D	E	F
1			已知条件			
2	现有资本/万元	1000	方案一		方案三	
3	普通股股数/万股	400	股票筹资额/万元	600	股票筹资额/万元	300
4	留存收益/万元	200	新增股数/万股	400	债券筹资额/万元	300
5	银行借款/万元	400	方案二		新增股数/万股	200
6	银行借款年利率	10%	债券筹资额/万元	600	债券的年利率	12%
7	所得税税率	25%	债券的年利率	15%		
8						
9			计算结果			
10	预计息税前利润/万元	180	280	380	480	580
11	方案一每股利润/(元/股)	0.131	0.225	0.319	0.413	0.506
12	方案二每股利润/(元/股)	0.094	0.281	0.469	0.656	0.844
13	方案三每股利润/(元/股)	0.130	0.225	0.380	0.505	0.630
14			无差别点的计算			
15	方案一每股利润−方案二每股利润		0		（目标单元格）	
16	无差异点息税前利润/万元	220		无差异点每股利润/(元/股)		0.16875
17						
18	方案一每股利润−方案三每股利润		0		（目标单元格）	
19	无差异点息税前利润/万元	184		无差异点每股利润/(元/股)		0.135
20						
21	方案二每股利润−方案三每股利润		0		（目标单元格）	
22	无差异点息税前利润/万元	238		无差异点每股利润/(元/股)		0.16875

图 4-34 计算结果

⑥ 选取单元格区域 B11:F13，在“插入”选项卡“图表”功能组中单击“插入折线图或面积图”的图标，选择“二维折线图”区域下的“带数据标记的折线图”，可得到初步绘制的图形。

⑦ 右击绘图区，在快捷菜单中执行“选择数据”命令，则系统会弹出【选择数据源】对话框。在对话框的“图例项”列表框中选择“系列 1”，然后单击“图例项”区域下的【编辑】按钮，再在弹出的对话框的“系列名称”栏中输入“方案一”，单击【确定】。按同样的方法将另外两个数据系列的名称设置为“方案二”和“方案三”。

⑧ 在【选择数据源】对话框中，单击右边的“水平（分类）轴标签”下的【编辑】按钮，再在弹出的对话框的轴标签区域栏中输入“=Sheet1!$B$10:$F$10”，如图 4-35 所示，单击【确定】。

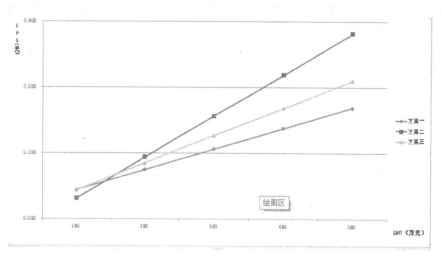

图 4-35 选择数据源

视频演示

⑨ 单击绘图区，单击折线图右上角出现"+"的"图标元素"符号，添加横纵坐标轴标签、图表标题、网格线等，得到最终编辑完成的图，如图 4-36 所示。

图 4-36 折线图

从图 4-36 可以看出，当 EBIT 小于 184 万元时，应采用方案一筹资，股东的每股收益最大；当 EBIT 在 184 万元到 238 万元之间时，应采用方案三筹资；当 EBIT 大于 238 万元时，应采用方案二筹资。可见，EBIT 越大，负债比率高的筹资方案对每股收益的提高越有利。

 课后习题

1. 甲公司向银行进行长期借款和发行债券筹资，其中向银行借入期限 5 年的长期借款 2 500 万元，年利率为 10%，每年付息一次，到期一次还本，手续费率为 0.3%，企业所得税税率为 25%。发行债券的面值为 2 000 万元，期限 5 年，其发行价格为 2 200 万元，票面利率为 10%，每年付息两次，到期一次还本，筹资费用率为 3%，公司的所得税税率为 25%。试建立模型并分别计算税后资本成本率。

2. 某公司发行每股面值 1 元的普通股 2 000 股，每股发行价格为 10 元，筹资费用率为

3%，预计第一年的每股股利为每股 0.6 元，以后每年递增 6%。试建立模型对该普通股资本成本率相对于发行价格和筹资费用率进行双因素敏感性进行分析。

3. 某公司拟筹集长期资金 50 000 万元，采用 4 种融资方式：举借长期借款 1 000 万元，期限 5 年，年利率为 9%，手续费率为 0.2%；发行债券 1 000 万元，期限 10 年，票面利率为 8%，筹资费用率为 3%；发行优先股 1 000 万元，年股利率为 6%，筹资费用率为 3%；发行普通股 2 000 万元，预计第一年股利率为 8%，以后每年增长 5%，筹资费用率为 6%。该公司的所得税税率为 25%，试建立综合资本成本模型。

第 5 章 投资决策模型

课程导入

企业为了在竞争中求得生存、获得发展，扩大生产经营规模和经营范围，或者为了获取更多的利润都需要投资。企业在进行每一项投资前，都应该合理地预计投资方案的收益与风险，做好可行性分析，通过对各种可能的投资方案进行比较，选择最佳方案。

投资主要包括生产性资本投资（也称项目投资）和金融投资。投资本质上是企业用资金换取资产并用所换取的资产创造未来现金流量的过程。

合理的投资决策关系到企业的生存与发展。企业主要投资决策模型包括投资静态指标评价模型、净现值法投资模型、内部收益法投资评价模型、项目投资可行性分析模型等。本章主要讨论项目投资的决策问题。

本章结构

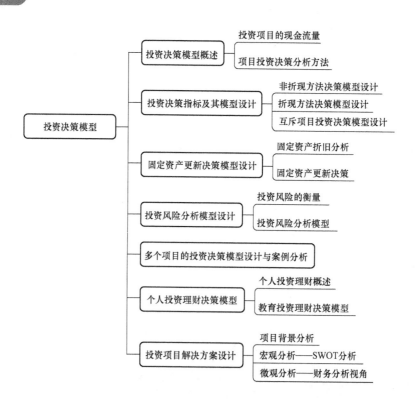

5.1　投资决策模型概述

项目投资是企业进行生产经营活动所需要的资产投资，这种投资行为并不改变资金的控制权归属，它是一种直接投资。

投资决策分析的一般程序如下。

① 估计投资方案的预期现金流量。

② 估计投资方案风险大小。

③ 确定企业资本成本的一般水平。

④ 确定投资方案的收入现值。

⑤ 比较收入现值与所需资本支出。

5.1.1　投资项目的现金流量

投资决策中现金流量是指一个项目投资引起的企业现金支出和现金流入的数量。这里的现金是指广义现金，包括货币资金和非货币资金的变现价值。使用现金流量概念时必须注意3 个基本规则：实际现金流量原则、增量现金流量原则和税后原则。

现金流量包括现金流入量（cash in flow，CIF）、现金流出量（cash out flow，COF）和现金净流量（net cash flow，NCF）3 个具体概念。三者之间的关系可以描述为

$$NCT = CIF - COF \tag{5.1}$$

投资项目现金流量预测通常将项目划分为建设期、经营期和终结期，因此投资项目现金流量一般包括初始现金流量、营业现金流量和终结现金流量，这三者之间的关系可用图 5-1 描述。

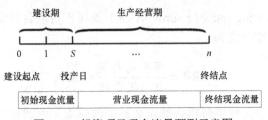

图 5-1　投资项目现金流量预测示意图

1. 初始现金流量

初始现金流量＝旧固定资产变价净收入－（固定资产投资＋营运资金垫支＋其他投资费用）

2. 营业现金流量

营业现金流量＝税后利润＋折旧

＝（收现营业收入－经营成本）×（1－所得税税率）＋折旧

＝（收现营业收入－付现成本）×（1－所得税税率）＋折旧×所得税税率

3. 终结现金流量

终结现金流量＝终结年份固定资产变价收入＋垫支营运资金的收回＋其他收入

5.1.2　项目投资决策分析方法

项目投资决策分析的方法分为非折现方法和折现方法两种。非折现方法包括投资回收期法和会计收益率法，折现方法包括净现值法、现值指数法和内含报酬率法。

1. 投资回收期法

投资回收期（payback period, PP）是指一个项目预期收回初始投资所需要的时间，或者说是指投资引起的现金流入累积到与投资额相等所需要的时间。回收年限越短，投资方案越好。投资回收期分为静态投资回收期和动态投资回收期。

静态投资回收期是指在不考虑货币时间价值的条件下以项目的净收益回收其全部投资所需要的时间。投资回收期可以自项目建设开始年算起，也可以自项目投产开始年算起，但应予注明。静态投资回收期可以根据现金流量表计算，其具体计算又分为以下两种情况。

① 各年的现金净流量均相等，静态投资回收期的计算公式为

$$PP = \frac{原始投资额}{每年现金净流入量} \tag{5.2}$$

② 项目建成投产后各年的现金净流量不相等，采用逐年测试，即在现金流量表中累计现金净流量由负值转向正值之间的年份，其计算公式为

$$PP = 回本前一年 + \frac{该年尚未收回的投资}{本年的现金净流量} \tag{5.3}$$

动态投资回收期是把投资项目各年的现金净流量按基准收益率折成现值后，再来推算投资回收期，这就是它与静态投资回收期的根本区别。动态投资回收期是指现金净流量累计现值等于0时的年份。动态投资回收期弥补了静态投资回收期没有考虑货币时间价值这一缺点。

2. 会计收益率法

会计收益率（accounting rate of return, ARR）是指投资项目经营期各年平均利润与初始投资额的百分比，其计算公式为

$$ARR = \frac{年平均利润}{初始投资额} \times 100\% \tag{5.4}$$

会计收益率如果大于或等于投资者要求的投资报酬率，则项目可行。会计收益率法的优点是简便、易懂，能促使企业尽快回收资金；缺点是：没有考虑货币时间价值，影响投资决策的正确性，缺乏说服力，基准的确定存在主观随意性。

以上介绍的投资回收期法和会计收益率法均属于非折现方法，单独使用时不一定能做出正确决策，所以一般将其作为辅助方法使用。

3. 净现值法

净现值（net present value, NPV）是指未来现金流入量现值与未来现金流出量现值的差额。按照这种方法，所有未来现金流入量与流出量都要按照预定的贴现率折算它们的现值，然后计算它们的净现值。

如果净现值为零，表示项目的现金流量刚好能够偿还投入的资本和支付必要的资本报酬；如果净现值为正，即贴现后现金流入大于贴现后现金流出，投资项目是可接受的；如果净现

值为负，则项目不可接受。其计算公式为

$$\mathrm{NPV} = \sum_{t=0}^{n} \frac{I_t}{(1+i)^t} - \sum_{t=0}^{n} \frac{O_t}{(1+i)^t} \tag{5.5}$$

式中：n——投资涉及的年限；

　　　I_t——第 t 年的现金流入量；

　　　O_t——第 t 年的现金流出量；

　　　i——预定的贴现率。

4. 现值指数法

根据净现值的含义，可以计算现值指数（profitability index，PI）来进行项目投资的评价，即现值指数法。现值指数是未来现金流入量现值与现金流出量现值的比率，其计算公式为

$$\mathrm{PI} = \frac{\displaystyle\sum_{t=0}^{n} \frac{I_t}{(1+i)^t}}{\displaystyle\sum_{t=0}^{n} \frac{O_t}{(1+i)^t}} \tag{5.6}$$

显然，现值指数大于 1，说明其收益超过成本，即投资报酬率超过预定的贴现率；现值指数小于 1，说明其收益低于成本，即投资报酬率小于预定的贴现率；现值指数等于 1，说明其收益等于成本，即投资报酬率等于预定的贴现率。

5. 内含报酬率法

内含报酬率（internal rate of return，IRR）是指能够使项目预计现金流入量现值等于现金流出量现值的贴现率，或者说是使项目净现值等于零的贴现率。它是通过内含报酬率的计算，并将其与公司的资本成本率进行比较，进而确定项目优劣的一种投资决策分析方法。其计算公式为

$$\sum_{t=0}^{n} \frac{I_t}{(1+\mathrm{IRR})^t} = \sum_{t=0}^{n} \frac{O_t}{(1+\mathrm{IRR})^t} \tag{5.7}$$

公式中只有一个未知数 IRR，即能使净现值为零的贴现率。如果每年的现金流量都相等，那么可以用年金现值系数求出 IRR。但在项目投资预算中，现金流量通常是不均匀的，在这种情况下，只能用试错法，即用一些贴现率试代进去，直到等式成立，能使公式成立的贴现率就是 IRR。对于一个寿命很长的项目而言，用试错法求内含报酬率是非常耗时的。

净现值法、内含报酬率法和现值指数法在评价独立项目时得出的结论是一致的，但在对互斥项目进行评价时，可能得出不同的结论。

5.2　投资决策指标及其模型设计

5.2.1　非折现方法决策模型设计

例题 **5.1**　某企业现有 A、B、C 三个投资方案，资本成本率为 8%，有关数据如图 5-2 所示。

要求：用投资回收期法和会计收益率法建立投资决策模型，并选定最佳投资方案。

	A	B	C	D
1		投资方案资料		
				单位：元
2	期间/年	净现金流量		
3		A方案	B方案	C方案
4	0	-30000	-12000	-15000
5	1	16000	2200	5600
6	2	18000	6000	5600
7	3		8000	5600

图 5-2　投资方案净现金流量①

解　用投资回收期法和会计收益率法建立投资决策模型，就是要建立 PP 和 ARR 的计算表，将需要决策的投资方案的净现金流量数据录入决策分析表，根据 PP 和 ARR 的结果选定最佳投资方案。

需要用到的函数如下。

SUM 函数

语法：SUM(number1,number2,...)，其中 Number1,Number2,... 为需要求和的参数。

功能：返回数列的总和。

COUNTIF 函数

语法：COUNTIF(range,criteria)，其中 range 为需要计算其中满足条件的单元格数目的单元格区域，criteria 为确定哪些单元格将被计算在内的条件，其形式可以为数字、表达式或文本。

功能：返回符合条件的项目个数。

AVERAGE 函数

语法：AVERAGE(number1,[number2],...)。AVERAGE 函数具有下列参数：Number1 为必需参数，是要计算平均值的第一个数字、单元格引用或单元格区域；Number2,... 为可选参数，是要计算平均值的其他数字、单元格引用或单元格区域，最多可包含 255 个。

功能：返回数列的平均数。

具体分析过程如下，计算结果如图 5-3 和图 5-4 所示。

	A	B	C	D
1		投资方案资料		
				单位：元
2	期间/年	净现金流量		
3		A方案	B方案	C方案
4	0	-30000	-12000	-15000
5	1	16000	2200	5600
6	2	18000	6000	5600
7	3		8000	5600
8	计算PP	累计净现金流量		
9		A方案	B方案	C方案
10	0	-30000	-12000	-15000
11	1	-14000	-9800	-9400
12	2	4000	-3800	-3800
13	3	4000	4200	1800
14	投资年（整数）	1	2	2
15	PP	1.78	2.48	2.68
16	修正的PP	0.78	0.48	0.68

图 5-3　投资回收期法计算结果

	A	B	C	D
1		投资方案资料		
				单位：元
2	期间/年	净收益		
3		A方案	B方案	C方案
4	1	1000	-1800	600
5	2	3000	2000	600
6	3		4000	600
7	计算ARR	A方案	B方案	C方案
8	初始投资额	30000	12000	15000
9	ARR	6.67%	11.67%	4.00%

图 5-4　会计收益率法计算结果

---

① 本章涉及的模型设计及数据的格式均设置为数值型，小数位数为 2 位。

1. PP 决策设计过程

（1）创建表格并输入已知数据

新建工作簿，将其命名为"投资决策分析"，命名 Sheet1 工作表为"PP"，在工作表中设置投资项目名称、项目各期现金净流量、累计净现金流量、期数、投资年、PP 和修正的 PP 等行列标识，输入已知数据。

（2）计算累计净现金流量

A 方案各期累计净现金流量利用 SUM（B4）、SUM（B4:B5）、SUM（B4:B6）、SUM（B4:B7）计算得到，然后将这 4 个公式复制到 B 方案和 C 方案的相应单元格区域。

（3）计算投资年

投资年是指从第 1 年开始计算，累计净现金流量小于或等于零的年数。A 方案的投资年计算，选择单元格 B14，输入"=COUNTIF(B11:B13,"<=0")"，然后将此公式复制到 B 方案和 C 方案的相应单元格区域。

（4）计算 PP

A 方案 PP 的计算，选择单元格 B15，输入"=B14−B11/B6"。同理，B 方案 PP 的计算，选择单元格 C15，输入"=C14−C12/C7"；C 方案 PP 的计算，选择单元格 D15，输入"=D14−D12/D7"。

（5）计算修正的 PP

A 方案修正 PP 的计算，选择单元格 B16，输入"=B15−B14"，然后将此公式复制到 B 方案和 C 方案的相应单元格区域。

2. ARR 决策设计过程

（1）创建表格并输入已知数据

新建工作簿，命名 Sheet2 工作表为"ARR"，在工作表中设置投资项目名称、项目各期净收益、期数、初始投资额和 ARR 等行列标识，输入已知数据。

（2）计算 ARR

A 方案 ARR 的计算，选择单元格 B9，输入"=AVERAGE(B4:B6)/B8"，将单元格数据格式设定为百分比格式，然后将此公式复制到 B 方案和 C 方案的相应单元格区域。

结论：从计算结果来看，A 方案 PP 指标最小，但企业的资本成本率为 8%，而 A 方案的 ARR 为 6.67%，低于资本成本率，故不可行；同理，C 方案也不可行。因此，综合 PP 和 ARR 分析，只有 B 方案是可行的。

5.2.2　折现方法决策模型设计

1. NPV 和 PI 决策设计过程

例题 5.2　某企业现有 A、B 两个投资方案，有关数据如图 5–5 所示。企业的资本成本率为 14%，要求：用 NPV 计算并选择最佳方案。

解　需要用到的函数如下。

NPV 函数

语法：NPV(rate,value1,value2,...)，其中 rate 为某一期间的贴现率，是一个固定值；value1， value2, … 为参数，代表支出及收入。

功能：返回项目投资的 NPV。

ABS 函数

语法：ABS(number)，其中 number 为需要计算其绝对值的数。

功能：返回数字的绝对值。

期间/年	A方案		B方案	
	净流量	现值	净流量	现值
0	-10000	-10000	-8000	-8000
1	-8000	-7017.54	-5000	-4385.96
2	8000		5000	
3	8000		7000	
4	8000		8000	
5	8000		6500	
6	8000		5000	
合计		24091.80		18962.61
折现方法	A方案		B方案	
NPV	7074.25	7074.25	6576.64	6576.64
PI	1.4157		1.5310	

表标题：投资方案资料　单位：元

图 5-5　数据及计算结果

视频演示

（1）创建表格并输入已知数据

打开工作簿"投资决策分析"，命名 Sheet3 工作表为"NPV"，在工作表中设置投资项目名称、项目各期净收益、期数、初始投资额和 NPV 等行列标识，输入已知数据。

（2）建立现值公式，计算投资方案各期对应的现值

选择单元格 C4，输入"=NPV(0,B4)"；选择单元格 C5，输入"=NPV(14%,B5)"；选择单元格 C11，输入"=NPV(14%,0,B6:B10)"，将这 3 个公式一次性复制到 B 方案的相应单元格区域。

（3）建立 NPV 公式，计算各投资方案的 NPV

选择单元格 B13，输入"=NPV(14%,B5:B10)+B4"，结果即为 A 方案的 NPV；或者选择单元格 C13，输入"=SUM(C4:C11)"，结果也是 A 方案的 NPV。同理，将以上公式复制到 B 方案的相应单元格，即可计算得到 B 方案的 NPV。

（4）建立 PI 公式，计算各投资方案的 PI

计算 A 方案的 PI，选择单元格 B14，输入"=ABS(C11/(C4+C5))"；计算 B 方案的 PI，选择单元格 D14，输入"=ABS(E11/(E4+E5))"。

结论：从计算结果来看，A 方案的 NPV 为 7 074.25 元，B 方案的 NPV 为 6 576.64 元，两个方案的 NPV 均大于零，都可行。但 B 方案低于 A 方案，故从 NPV 结果来看 A 方案较优。

在该例中，A 方案与 B 方案的原始投资额并不相等，单纯比较 NPV 便失去了基础。因此，需要用 PI 加以比较分析，A 方案的 PI 为 1.415 7，B 方案的 PI 为 1.531 0，都大于 1，说明两个方案均可行，且 B 方案优于 A 方案。

2. IRR 决策设计过程

例题 5.3　某企业有 A、B 两个投资方案，有关数据如图 5-6 所示，要求：用 IRR 比较两个投资方案。

解 需要用到的函数如下。

IRR 函数

语法：IRR(values,[guess])，其中 values 为必需参数，是数组或单元格的引用，反映投资项目的各期净流量；guess 为可选参数，是函数 IRR 计算结果的估计值，通常设定为 10%。

功能：返回项目投资的 IRR。

① 新建工作表，命名为"IRR"。

② 建立 IRR 公式，计算投资方案不同年份回收时的 IRR。

	A	B	C
1	投资方案资料		
			单位：元
2	期间/年	现金净流量	
3		A方案	B方案
4	0	-200000	-300000
5	1	5000	60000
6	2	75000	70000
7	3	80000	90000
8	4	65000	85000
9	5	70000	88000
10	6	40000	80000
11	7	50000	70000

图 5-6 投资方案资料

	A	B	C
1	投资方案资料		
			单位：元
2	期间/年	现金净流量	
3		A方案	B方案
4	0	-200000	-300000
5	1	5000	60000
6	2	75000	70000
7	3	80000	90000
8	4	65000	85000
9	5	70000	88000
10	6	40000	80000
11	7	50000	70000
12	分析评价(IRR)		
13	年份	IRR(A)	IRR(B)
14	2	-37.50%	-40.67%
15	3	-8.60%	-13.24%
16	4	4.15%	0.63%
17	5	12.38%	9.10%
18	6	15.48%	13.97%
19	7	18.23%	16.85%

图 5-7 计算结果

选择单元格 B14，输入"=IRR(B4:B6,0.1)"，即得到 2 年内回收时的 A 方案的 IRR；

选择单元格 B15，输入"=IRR(B4:B7,0.1)"，即得到 3 年内回收时的 A 方案的 IRR；

选择单元格 B16，输入"=IRR(B4:B8,0.1)"，即得到 4 年内回收时的 A 方案的 IRR；

选择单元格 B17，输入"=IRR(B4:B9,0.1)"，即得到 5 年内回收时的 A 方案的 IRR；

选择单元格 B18，输入"=IRR(B4:B10,0.1)"，即得到 6 年内回收时的 A 方案的 IRR；

选择单元格 B19，输入"=IRR(B4:B11,0.1)"，即得到 7 年内回收时的 A 方案的 IRR；

选择 B14:B19 单元格区域，拖动右下方的填充柄，将公式复制到 B 方案的相应单元格区域，即得到 B 方案各年回收时的 IRR。计算结果如图 5-7 所示。

结论：从计算结果来看，A 方案优于 B 方案。

独立项目是指一组相互独立、互不影响的项目，项目的取舍只取决于项目本身的经济价值。因此，对于独立项目的决策分析，可运用 NPV、PI、IRR 以及 PP、ARR 等任意一个合理的决策模型进行分析，只要运用得当，一般都能得出合理的决策结果。

想一想、做一做：设计独立方案的投资决策模型。

5.2.3 互斥项目投资决策模型设计

互斥项目是指在一组项目中，采用其中某一项目意味着放弃其他项目。在现实投资决策中，互斥项目间的决策更为常见。项目的取舍就需要在项目之间进行比选，从中选择最佳投资方案。

选择最优方案的基本方法包括：排列顺序法、增量收益分析法、总费用现值法和年均费用法。

1. 排列顺序法

运用排列顺序法比选，即将全部待选项目分别根据它们各自的 NPV、PI 或 IRR 按降序排列，然后进行项目挑选。

例题 5.4 某企业有 A、B、C 三个投资方案，投资规模相同，如图 5-8 所示。要求：用排列顺序法选出最优方案（企业的资本成本率为 10%）。

解 需要用到的函数为 PI=NPV(rate, values)/ABS(number)，该函数的功能是返回项目投资的 PI。

	A	B	C	D	E
		投资方案资料			
1					单位：万元
2	期间/年		现金净流量		资本成本率
3		A方案	B方案	C方案	
4	0	-6000	-6000	-6000	10%
5	1	2500	1600	1000	
6	2	2000	1600	1600	
7	3	1500	1600	1700	
8	4	1000	1600	1800	
9	5	1000	1600	1900	
10	NPV	356.53	65.26	-82.19	
11	PI	1.059	1.011	0.986	
12	IRR	12.79%	10.42%	9.51%	
13		排列顺序分析评价			
14	投资方案	NPV	PI	IRR	
15	C	-82.19	0.986	9.51%	
16	B	65.26	1.011	10.42%	
17	A	356.53	1.059	12.79%	

图 5-8　数据及计算结果

视频演示

（1）创建表格并输入已知数据

新建工作簿，将其命名为"互斥项目投资决策分析"，命名 Sheet1 工作表为"排列顺序法"，在工作表中设置投资项目现金流量和分析评价等行列标识，输入已知数据。

（2）建立 NPV 公式，计算各投资方案的 NPV

选择单元格 B10，输入"=NPV($E$4,B5:B9)+B4"，拖动填充柄到 C10 和 D10 单元格中，显示结果即为 B 方案和 C 方案的 NPV。

（3）建立 PI 公式，计算各投资方案的 PI

选择单元格 B11，输入"=NPV($E$4,B5:B9)/ABS(B4)"，拖动填充柄到 C11 和 D11 单元格中，显示结果即为 B 方案和 C 方案的 PI。

（4）建立 IRR 公式，计算各投资方案的 IRR

选择单元格 B12，输入"=IRR(B4:B9)"，拖动填充柄到 C12 和 D12 单元格中，显示结果即为 B 方案和 C 方案的 IRR。

（5）将各方案投资指标按升序排序，确定最优方案

企业的资本成本率为 10%，三个指标均显示三个投资方案都可行，指标结果较大者为最优方案。选中数据区域进行升序处理，即可确定最优方案。

结论： 从排序结果来看，A 方案为最优方案。

对于备选项目初始投资额相等且项目周期也相同的互斥项目，确定最优方案采用排列顺序法即可，NPV、PI 或 IRR 的排列顺序一般是一致的。

2. 增量收益分析法

对于投资规模不同或重置型投资项目，可运用增量原理进行分析，即根据增量 NPV、增量 PI 或增量 IRR 等进行项目比选。判断标准为：如果增量 NPV>0、增量 PI>1 或增量 IRR>资本成本率，则增量投资在经济上是可行的。

例题 5.5　某企业现有两个投资方案（见图 5-9），但只能投资其中一个。要求：采用增量收益分析法进行决策。

解　需要用到的函数如下。

IF 函数

语法：IF (logical_test,value_if_true,value_if_false)，其中 logical_test 表示计算结果为 TRUE 或 FALSE 的任意值或表达式；value_if_true 表示 logical_test 为 TRUE 时返回的值，可以是字符串；value_if_false 表示 logical_test 为 FALSE 时返回的值，可以是字符串。

功能：指定要执行的逻辑检测，可以对值和期待值进行逻辑比较。

（1）新建工作表，录入已知数据

新建工作表，命名为"增量收益分析法"，录入投资方案的已知数据。

（2）新建增量投资方案

增量投资方案通常用投资规模大的方案的各期净现金流量减去投资规模小的方案的各期净现金流量。在重置投资项目中，通常用新的投资方案的各期净现金流量减去旧的投资方案的各期净现金流量。

选择单元格 D4，输入"=C4-B4"，拖动填充柄至 D5:D9 单元格区域。

投资方案资料

单位：万元

期间/年	现金净流量			贴现率
	A方案	B方案	B-A方案	
0	-26900	-55960	-29060	12%
1	10000	20000	10000	
2	10000	20000	10000	
3	10000	20000	10000	
4	10000	20000	10000	
5	10000	20000	10000	
增量收益分析评价				
指标	A方案	B方案	B-A方案	最优方案
NPV	9147.76	16135.52	6987.76	B方案
PI	1.340	1.288	1.240	B方案
IRR	24.99%	23.09%	21.32%	B方案

图 5-9　数据及计算结果

视频演示

（3）建立投资评价指标公式，计算各方案的 NPV、PI 和 IRR

选择单元格 B12，输入"=NPV($E$4,B5:B9)+B4"，将此公式复制到 B 方案和增量投资方案相应单元格区域，计算 NPV。

选择单元格 B13，输入"=NPV($E$4,B5:B9)/ABS(B4)"，将此公式复制到 B 方案和增量投资方案相应单元格区域，计算 PI。

选择单元格 B14，输入"=IRR(B4:B9)"，将此公式复制到 B 方案和增量投资方案相应单元格区域，计算 IRR。

（4）建立最优方案决策公式，确定最优方案

选择单元格 E12，输入"=IF(D12>0,$C$11,$B$11)"，输出结果为 NPV 标准下的最优方案。

选择单元格 E13，输入"=IF(D13>1,$C$11,$B$11)"，输出结果为 PI 标准下的最优方案。

选择单元格 E14，输入"=IF(D14>E4,$C$11,$B$11)"，输出结果为 IRR 标准下的最优方案。

结论：从分析结果来看，B 方案为最优投资方案。

3. 总费用现值法

总费用现值法是通过计算各备选项目中全部费用的现值来进行项目比选的一种方法，适用于收入相同、计算期相同的项目之间的比选。该方法的决策规则是总费用现值小的项目最优。

例题 5.6 如图 5-10 所示，新旧设备的使用年限相同，要求：根据实际现金流量分别计算新旧设备的费用现值（已知贴现率为 14%）。

解 需要用到的函数如下。

PV 函数

语法：PV(rate,nper,pmt,fv,type)，其中 rate 为各期利率；nper 为总投资（或贷款）期，即该项投资（或贷款）的付款期总数；pmt 为各期所应支付的金额，其数值在整个年金期间保持不变；fv 为未来值或在最后一次支付后希望得到的现金余额，如果省略 fv，则假设其值为零（即一笔贷款的未来值为零）。

功能：返回投资的现值。现值为一系列未来付款的当前值的累计和。

重置投资项目现金流量

单位：元

项目	现金净流量		
	旧设备	新设备	贴现率
初始投资			14%
设备购置支出	0	-110000	
旧设备出售收入	0	40000	
旧设备出售损失减税	0	2500	
现金流出合计	0	-67500	
经营现金流量（1~5年）			
税后经营付现成本	-60000	-37500	
折旧减税	2500	5000	
现金流出合计	-57500	-32500	
终结现金流量（第5年）	0	10000	
总费用现值分析评价			
分析项目	旧设备	新设备	最优方案
总费用现值	197402.16	173881.44	新设备

图 5-10 数据及计算结果

视频演示

（1）新建工作表，录入已知数据

新建工作表，命名为"总费用现值法"，设置现金净流量、项目等行列标识，录入已知数据。

（2）建立总费用现值公式，计算各投资项目的总费用现值

选择单元格 B16，输入"=PV($D$4,5,B12)-B8"，显示结果即为坚持使用旧设备的总费用现值；选择单元格 C16，输入"=PV($D$4,5,C12,C13)-C8"，显示结果即为选用新设备的总费用现值。

（3）建立最优方案决策公式，确定最优投资方案

比较两个方案的总费用现值，结果小的项目是最优投资方案。

选择单元格 D16，输入"=IF(B16<C16,$B$15,$C$15)"，显示结果即为最优方案。

结论：从分析结果来看，新设备的总费用现值较低，因此购买新设备为最优投资方案。

4. 年均费用法

年均费用法适用于收入相同但计算期不同的项目比选。该方法的决策规则是年均费用小的项目最优。

分析重置投资项目，当新旧设备使用年限不同时，需站在"局外人"的角度分析，即旧设备需要考虑购置费用。

例题 5.7　益阳公司目前使用的 A 型设备是 5 年前购置的，原始购价为 20 000 元，使用年限为 11 年，预计还可使用 6 年，每年付现成本为 4 800 元，期末残值为 800 元。目前市场上有一种较为先进的 B 型设备，价值为 23 000 元，预计使用 10 年，年付现成本为 3 200 元，期末无残值。此时如果以 A 型设备与 B 型设备相交换，可作价 6 000 元，公司要求的贴现率为 14%，那么该公司是继续使用旧设备还是以 B 型设备代替 A 型设备？（假设不考虑所得税因素）

解　需要用到的函数如下。

PMT 函数

语法：PMT(rate,nper,pv,fv,type)，其中 rate 为必需参数，表示贷款利率；nper 为必需参数，表示该项贷款的付款总数；pv 为必需参数，表示现值或一系列未来付款额现在所值的总额，也叫本金；fv 为可选参数，表示未来值或在最后一次付款后希望得到的现金余额，如果省略 fv，则假定其值为 0，即贷款的未来值是 0。

功能：用于根据固定付款额和固定利率计算贷款的付款额。

（1）建立工作表，录入已知数据

新建工作表，命名为"年均费用法"，建立项目、现金净流量、贴现率和年均费用分析评价等行列标识。

（2）建立总费用现值公式，计算不同方案的总费用现值

选择单元格 B15，输入"=B8+PV(D4,6,-B11)-PV(D4,6,,B12)"，显示结果即为继续使用旧设备的总费用现值。

选择单元格 C15，输入"=C8+PV(D4,10,-C11)"，显示结果即为购入新设备的总费用现值。

（3）建立年均费用公式，计算不同投资方案的年均费用

选择单元格 B16，输入"=PMT($D$4,6,B15)"，显示结果即为继续使用旧设备的年均费用。

选择单元格 C16，输入"=PMT($D$4,10,C15)"，显示结果即为购入新设备的年均费用。

需要注意的是，"贴现率"使用绝对地址，即固定单元格。

（4）确定最优投资方案

选择单元格 D16，输入"=IF(B16<C16,$B$14,$C$14)"。

结论：从分析结果（见图 5-11）来看，继续使用旧设备为最优方案。

想一想、做一做：设计互斥方案的投资决策模型。

	A	B	C	D
1	重置投资项目现金流量			
				单位：元
2	项目	现金净流量		贴现率
3		旧设备	新设备	
4	初始投资			14%
5	设备购置支出	-6000	-23000	
6	旧设备出售收入	0	0	
7	旧设备出售损失减税	0	0	
8	现金流出合计	-6000	-23000	
9	经营现金流量	1~6年	1~10年	
10	税后经营付现成本	-4800	-3200	
11	现金流出合计	-4800	-3200	
12	终结现金流量	800	0	
13	年均费用分析评价			
14	分析项目	旧设备	新设备	最优方案
15	总费用现值	-24301.13	-39691.57	
16	年均费用	6249.22	7609.41	旧设备

图 5-11　数据及计算结果

视频演示

5.3　固定资产更新决策模型设计

固定资产更新决策是对继续使用旧设备还是购置新设备进行选择。

5.3.1　固定资产折旧分析

进行固定资产投资，通常需要计算投资项目的现金流量，为此需要了解固定资产折旧的概念及其计算方法。

在生产和经营的过程中，固定资产会发生有形和无形的损耗，并以折旧的形式表现出来。尽管折旧费用不是现金流量，但所得税是企业的一种现金流出，它的大小取决于利润的大小和所得税税率的高低，而折旧费用的高低会影响利润的大小，也就是说固定资产折旧会间接产生抵税的效果，因此在固定资产投资分析中必须考虑折旧因素的影响。

计算固定资产折旧可以采用不同的方法，主要包括直线折旧法和加速折旧法两大类，其中直线折旧法包括年限折旧法和工作量法，加速折旧法包括余额递减法、双倍余额递减法和年数总和法。不同的折旧方法，其折旧速度是不同的，即按照不同的折旧方法所计算出来的各期的折旧额不同。

Excel 提供了多种折旧计算函数（见表 5-1）。

表 5-1　固定资产折旧方法和 Excel 函数

折旧方法	公式	Excel 函数
平均年限法	年折旧额 = $\dfrac{\text{固定资产原值-预计净残值}}{\text{预计使用年限}}$	SLN (cost, salvage, life)
工作量法	单位工作量折旧额 = $\dfrac{\text{固定资产原值-预计净残值}}{\text{预计总工作量}}$ 某期折旧额 = 工作量 × 单位工作量折旧额	SLN (cost, salvage, workload)

续表

折旧方法	公式	Excel 函数
余额递减法	$年折旧率 = 1 - \sqrt[n]{\dfrac{固定资产预计净残值}{固定资产原值}}$ 某期折旧额 = 期初固定资产净值 × 年折旧率	DB (cost, salvage, life, period, month)
双倍余额递减法	$年折旧额 = 期初固定资产账面净值 \times \dfrac{2}{预计使用年限}$	DDB (cost, salvage, life, period, factor) VDB (cost, salvage, life, start_period, end_period, factor,no_switch)
年数总和法	$年折旧率 = \dfrac{(折旧年限 - 已使用年限) + 1}{折旧年限 \times (折旧年限 + 1) / 2}$ 年折旧额 = (固定资产原值 - 预计残值) × 年折旧率	SYD (cost, salvage, life, per)

例题 5.8 某公司购置了 1 台设备,有关资料如图 5-12 所示。要求:建立不同的折旧分析模型分析该固定资产折旧额的变动。

解 具体操作步骤如下。

	A	B	C	D	E
1	固定资产原始数据				
2	固定资产原值/万元	50			
3	预计净残值/万元	2			
4	预计使用年限/年	5			
6	固定资产折旧方法比较				
7	折旧年限	平均年限法	余额递减法	双倍余额递减法	年数总和法
8					单位: 万元
9	1	9.6	23.75	20.00	16.00
10	2	9.6	12.47	12.00	12.80
11	3	9.6	6.55	7.20	9.60
12	4	9.6	3.44	4.40	6.40
13	5	9.6	1.80	4.40	3.20
14	合计	48.00	48.01	48.00	48.00

图 5-12 数据及计算结果

视频演示

(1)新建工作簿,录入已知数据

新建工作簿,命名为"固定资产折旧分析"。新建工作表,命名为"折旧方法的比较";设置固定资产原始数据、固定资产折旧方法比较等行列标识,录入分析固定资产的已知数据。

(2)建立平均年限法公式

选择单元格 B9,输入"=SLN($B$2,$B$3,$B$4)",拖动填充柄到 B10:B13 单元格区域中。

(3)建立余额递减法公式

选择单元格 C9,输入"=DB($B$2,$B$3,$B$4,A9,12)",拖动填充柄到 C10:C13 单元格区域中。

(4)建立双倍余额递减法公式

选择单元格 D9,输入"=DDB($B$2,$B$3,$B$4,A9,2)",拖动填充柄到 D10:D11 单元格区域中。

在单元格 D12 中,输入"=(B2-B3-D9-D10-D11)/2",在单元格 D13 中,输入"=D12",即可得到按双倍余额递减法计算的各年折旧额。

（5）建立年数总和法公式

选择单元格 E9，输入 "=SYD($B$2,$B$3,$B$4,A9)"，拖动填充柄到 E10:E13 单元格区域中。

需要注意的是，"折旧年限"使用相对地址，即不固定单元格，其余各项使用绝对地址，即固定单元格。

结论： 从图 5-12 中可以看出，采用平均年限法计算的折旧额每年都相等，而其他折旧方法计算的折旧额则呈现先多后少的规律，即逐年递减。但无论采用哪种方法，固定资产折旧总额都是一样的，都是固定资产原值扣除预计净残值的余额。

将图 5-12 中计算的折旧额绘制成图 5-13，可以更直观地看出各种折旧方法的差异和特点。

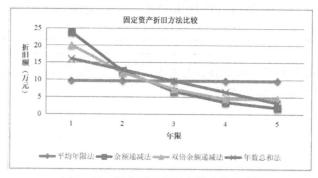

图 5-13 固定资产折旧方法的比较分析

视频演示

① 选择图 5-12 中的数据区域 B9:E13。

② 选择工具栏上的【插入】菜单，选择图表类型为"折线图"。

③ 设置图表布局类型，输入标题"固定资产折旧方法比较"，"X 轴"输入"年限"，"Y 轴"输入"折旧额（万元）"，单击【完成】，即可得到相应的折线图。

结论： 从比较结果来看，不同折旧方法计算的折旧额在不同期间差异明显，企业可以根据自身情况采用合适的折旧方法。

5.3.2 固定资产更新决策

固定资产更新决策主要包括两方面内容：一是确定是否更新；二是确定选择什么样的固定资产进行更新。同时，在更新设备时还需要考虑，新设备的经济寿命与旧设备的剩余寿命相等和不等两种情况。

固定资产更新决策属于互斥项目投资决策，具体分析流程如图 5-14 所示。

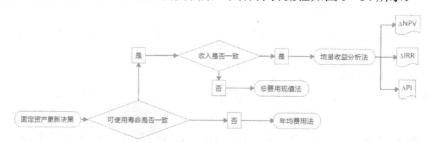

图 5-14 固定资产更新决策流程

1. 现金流量分析

（1）初始现金流量分析

在分析新设备投资项目初始现金流量时，需要区分购置新设备的同时是否处置旧设备。如果处置，则需要考虑处置折价收入和折旧所得税效应。

如果折价收入大于该资产账面净值，则需要缴纳所得税（差额×所得税税率），多缴纳的所得税构成现金流出量；如果折价收入小于该资产账面净值，则可以抵减所得税（差额×所得税税率），少缴纳的所得税构成现金流入量。初始现金流量的计算公式为

$$初始现金流量=处置旧资产收入\pm所得税效应-新设备投资-其他费用$$

（2）营业现金流量分析

营业现金流量的计算公式为

$$
\begin{aligned}
营业现金流量&=税后利润+折旧\\
&=（收现营业收入-经营成本）\times（1-T）+折旧\\
&=（收现营业收入-付现成本）\times（1-T）+折旧\times T
\end{aligned}
$$

其中，T 表示企业适用的所得税税率。

（3）终结现金流量分析

终结现金流量的计算公式为

$$终结现金流量=处置资产收入\pm所得税效应+垫支营运资本-其他费用$$

根据现金流量的计算公式，首先，建立现金流量表结构与框架，表示与现金流量计算有关变量之间的钩稽关系；其次，采用不同的方法进行分析计算。

2. 固定资产更新决策模型

1）新旧设备尚可使用年限相同

例题5.9 捷达公司考虑用一台新设备替换旧设备，以减少成本、增加收益。旧设备采用平均年限法计提折旧，新设备采用年数总和法计提折旧。所得税税率为25%，资本成本率为10%，固定资产决策的基本信息见表 5-2。两个投资项目周期一致，要求：建立增量收益模型分析该公司是否应该更新固定资产。

表5-2 固定资产决策的基本信息 单位：元

项目	旧设备	新设备
原值	50 000	70 000
可用年限	10	4
已用年限	6	0
尚可使用年限	4	4
税法规定残值	0	7 000
目前变现收入	20 000	70 000
每年可获得的收入	40 000	60 000
每年付现成本	20 000	18 000
折旧方法	平均年限法	年数总和法
所得税税率	25%	
资本成本率	10%	

解 需要用到的函数如下。

SLN 函数

语法：SLN(cost,salvage,life)，其中 cost 为必需参数，表示资产原值；salvage 为必需参数，表示折旧末期的值（有时也称为资产残值）；life 为必需参数，表示资产的折旧期数（有时也称作资产的使用寿命）。

功能：返回固定资产的每期折旧费。

SYD 函数

语法：SYD(cost,salvage,life,per)，其中 cost 为必需参数，表示资产原值；salvage 为必需参数，表示折旧末期的值（有时也称为资产残值）；life 为必需参数，表示资产的折旧期数（有时也称作资产的使用寿命）；per 为必需参数，表示期间，必须与 life 使用相同的单位。

功能：返回某项固定资产按年数总和法计算的每期折旧金额。

	A	B	C	D	E	F
1	固定资产更新决策模型					
						单位：元
2	一、旧设备					
3	剩余使用年限/年	0	1	2	3	4
4	初始投资	0				
5	销售收入		40000	40000	40000	40000
6	付现成本		20000	20000	20000	20000
7	折旧额		5000	5000	5000	5000
8	利润总额		15000	15000	15000	15000
9	所得税		3750	3750	3750	3750
10	税后利润		11250	11250	11250	11250
11	现金净流量		16250	16250	16250	16250
12	二、新设备					
13	剩余使用年限/年	0	1	2	3	4
14	初始投资	-70000				
15	处置旧资产的变价	20000				
16	旧资产账面净值	20000				
17	所得税效应	0				
18	销售收入		60000	60000	60000	60000
19	付现成本		18000	18000	18000	18000
20	折旧额		25200	18900	12600	6300
21	利润总额		16800	23100	29400	35700
22	所得税		4200	5775	7350	8925
23	税后利润		12600	17325	22050	26775
24	终结现金流量					7000
25	现金净流量	-50000	37800	36225	34650	40075
26	增量现金净流量	-50000	21550	19975	18400	23825
27	增量收益分析					
28	指标	结果		决策结果		
29	增量NPV	16196.16		投资新设备		
30	增量PI	1.32		投资新设备		
31	增量IRR	24%		投资新设备		

图 5-15 固定资产更新决策模型

视频演示

1）新建工作簿，录入已知数据

新建工作簿，命名为"固定资产更新决策模型"（见图 5-15）；新建工作表，并命名为"固定资产基本信息"，录入分析固定资产的已知数据。

2）计算现金净流量

新建工作表，命名为"更新决策模型"。根据现金净流量分析的方法，即"营业现金流量＝税后利润＋折旧"，计算项目投资期间的现金净流量。

（1）计算初始现金净流量

旧设备的初始投资是沉没成本，属于无关现金流量，因此只有投资新设备才存在初始现金净流量的测算。

根据"初始现金流量=新设备投资+旧设备变价收入±所得税效应"可知，所得税效应的确定是计算初始现金净流量的关键。选择单元格 B17，输入"=(B15−B16)*固定资产基本信息!$B$12"；选择单元格 B25，输入"=B14+B15+B17"，即可得到新设备投资项目的初始现金流量。

（2）计算营业现金净流量

① 计算折旧额。选择单元格 C7，输入"=SLN(固定资产基本信息!$B$3, 固定资产基本信息!$B$7,固定资产基本信息!$B$4)"，拖动填充柄到 D7:F7 单元格区域。

选择单元格 C20，输入"=SYD(固定资产基本信息!$C$3, 固定资产基本信息!$C$7,固定资产基本信息!$C$6,C13)"，拖动填充柄到 D20:F20 单元格区域。

② 计算营业现金流量。根据"营业现金净流量=税后利润+折旧"设计，选择单元格 C11，输入"=C10+C7"，拖动填充柄到 D11:F11 单元格区域。同理，选择单元格 C25，输入"=C23+C20"，拖动填充柄到 D25:E25 单元格区域。

③ 计算终结现金流量。选择单元格 F26，输入"=F25−F11"。

④ 计算增量现金流量。选择单元格 B26，输入"=B25−B11"，拖动填充柄到 C25:F25 单元格区域，即可得到增量现金流量。

⑤ 计算投资评价指标，确定最优方案。选择单元格 B29，输入"=NPV(固定资产基本信息!B13,C26:F26)+B26"，即可得到"增量 NPV"。

选择单元格 B30，输入"=NPV(固定资产基本信息!B14,C26:F26)/ABS(B26)"，即可得到"增量 PI"。

选择单元格 B31，输入"=IRR(B26:F26)"，即可得到"增量 IRR"。

选择单元格 D29，输入"=IF(B29>0,"投资新设备","延用旧设备")"，即可根据 NPV 标准来决策最优方案。

选择单元格 D30，输入"=IF(B30>1,"投资新设备","延用旧设备")"，即可根据 PI 标准来决策最优方案。

选择单元格 D31，输入"=IF(B31>固定资产基本信息!B13,"投资新设备","延用旧设备")"，即可根据 IRR 标准来决策最优方案。

结论：从分析结果来看，投资新设备是最优方案。

2）新旧设备尚可使用年限不同

在多数情况下，新设备的使用年限都长于旧设备，对于寿命不同的互斥项目，不能直接用评价指标进行分析。此时为了使投资项目可比，要设法使其在相同的寿命期内进行比较，可以采用最小公倍寿命法和年均净现值法。年均净现值法的决策规则是选取年均净现值较大的投资项目，下面主要介绍年均净现值法的模型设计。

例题 5.10　捷达公司考虑用一台新设备替换旧设备，以减少成本、增加收益。新旧设备均采用平均年限法折旧，新设备的使用年限为 8 年，每年获得销售收入 45 000 元，期末无残值。所得税税率为 25%，资本成本率为 10%，固定资产决策的基本信息见表 5−3。要求：建立年均净现值法模型分析该公司是继续使用旧设备还是购置新设备。

表 5-3　固定资产决策的基本信息　　　　　　　　　　　单位：元

项目	旧设备	新设备
原值	50 000	70 000
可用年限	10	8
已用年限	6	0
尚可使用年限	4	8
税法规定残值	0	0
目前变现收入	20 000	70 000
每年可获得的收入	40 000	45 000
每年付现成本	20 000	18 000
折旧方法	平均年限法	平均年限法
所得税税率	25%	
资本成本率	10%	

解　具体操作步骤如下。

1）新建工作簿，录入已知数据

新建工作簿，命名为"固定资产更新决策模型（尚可使用年限不同）"（见图 5-16）；新建工作表，命名为"固定资产基本信息"，录入分析固定资产的已知数据。

2）计算现金净流量

新建工作表，命名为"更新决策模型"。根据现金净流量分析的方法，即"营业现金流量＝税后利润＋折旧"，计算项目投资期间的现金净流量。

（1）计算初始现金净流量

旧设备的变价收入是机会成本，属于相关现金流量。选择单元格 I4，输入"＝－固定资产基本信息!B23"。选择单元格 I15，输入"＝固定资产基本信息!C18"，即可得到新设备和旧设备投资项目的初始现金流量。

固定资产更新决策模型（尚可使用年限不同）

单位：元

一、旧设备

剩余使用年限/年	0	1	2	3	4
初始投资	-20000				
销售收入		40000	40000	40000	40000
付现成本		20000	20000	20000	20000
折旧额		5000	5000	5000	5000
利润总额		15000	15000	15000	15000
所得税		3750	3750	3750	3750
税后利润		11250	11250	11250	11250
终结现金流量					0
现金净流量	-20000	16250	16250	16250	16250

二、新设备

剩余使用年限/年	0	1	2	3	4	5	6	7	8
初始投资	-70000								
销售收入		45000	45000	45000	45000	45000	45000	45000	45000
付现成本		18000	18000	18000	18000	18000	18000	18000	18000
折旧额		8750	8750	8750	8750	8750	8750	8750	8750
利润总额		18250	18250	18250	18250	18250	18250	18250	18250
所得税		4562.5	4562.5	4562.5	4562.5	4562.5	4562.5	4562.5	4562.5
税后利润		13687.5	13687.5	13687.5	13687.5	13687.5	13687.5	13687.5	13687.5
终结现金流量									0
现金净流量	-70000	22437.5	22437.5	22437.5	22437.5	22437.5	22437.5	22437.5	22437.5

年均净现值分析

指标	旧设备	新设备	决策结果
NPV	31510.31	49702.41	
(P/A, 10%, 1)	3.17	5.33	沿用旧设备
年均净现值	9940.58	9316.42	

图 5-16　固定资产更新决策模型

视频演示

（2）计算营业现金净流量

① 计算折旧额。

选择单元格 J7，输入"=SLN(固定资产基本信息!$B$18,固定资产基本信息!$B$22,固定资产基本信息!$B$19)"，拖动填充柄到 K7:M7 单元格区域。

选择单元格 J18，输入"=SLN(固定资产基本信息!$C$18,固定资产基本信息!$C$22,固定资产基本信息!$C$19)"，拖动填充柄到 K18:Q18 单元格区域。

② 计算营业现金流量。

单元格选择 J12，输入"=J10+J7"，拖动填充柄到 K11:M11 单元格区域。

同理，选择单元格 J23，输入"=J21+J18"，拖动填充柄到 K23:Q23 单元格区域。

③ 计算净现值（NPV）。

选择单元格 I26，输入"=NPV(固定资产基本信息!$B$28,J12:M12)+I12"，即可得到旧设备的 NPV。

选择单元格 J26，输入"=NPV(固定资产基本信息!$B$28,J23:Q23)+I23"，即可得到新设备的 NPV。

④ 计算一元年金现值系数。

选择单元格 I27，输入"=ABS(PV(固定资产基本信息!$B$28,固定资产基本信息!B21,1))"。

选择单元格 J27，输入"=ABS(PV(固定资产基本信息!$B$28,固定资产基本信息!C21,1))"。

⑤ 计算年均净现值，确定最优方案。

选择单元格 I28，输入"=I26/I27"，即可得到旧设备的年均净现值。

选择单元格 J28，输入"=J26/J27"，即可得到新设备的年均净现值。

选择单元格 K26，输入"=IF(J28>I28,"投资新设备","延用旧设备")"，即可根据年均净现值确定最优方案。

结论： 从分析结果来看，延用旧设备是最优方案。

想一想、做一做： 设计固定资产更新的投资决策模型。

5.4　投资风险分析模型设计

资金的时间价值是在无风险条件下进行投资所要求的最低报酬率，没有考虑投资的风险问题。但事实上企业的投资活动都不可避免地存在不确定性，包括费用、收益及投资期间的物价风险、利率风险、政治风险等，进而造成未来现金流量的波动。当企业未来现金流量面临的不确定性较大，足以影响投资方案的决策时，就需要分析投资风险。

5.4.1　投资风险的衡量

衡量投资风险的常用方法有风险调整贴现率法和肯定当量法。本节以风险调整贴现率法为例，讨论运用投资决策函数建立风险分析模型的基本方法。影响风险调整贴现率的因素如图 5-17 所示。

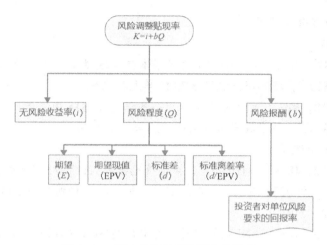

图 5-17 影响风险调整贴现率的因素

5.4.2 投资风险分析模型

运用调整后的贴现率计算投资项目 NPV 的折现率，然后按照 NPV 标准评价投资项目的可行性：若 NPV 为正值，项目可行；反之，不可行。

例题 5.11 某企业有 3 个投资机会分别用方案 A、方案 B 和方案 C 表示，企业要求的最低必要报酬率为 8%，3 个方案的有关资料如图 5-18 上半部分所示。要求：建立投资风险分析模型进行决策。

解 需要用到的函数如下。

SUMPRODUCT 函数

语法：SUMPRODUCT(array1,array2,array3,...)，其中 array1,array2,array3,...为数组，数组参数必须具有相同的维数，否则返回错误值。SUMPRODUCT 函数将非数值型的数组元素作为 0 处理。

功能：返回对应的数组元素的乘积和。

SQRT 函数

语法：SQRT(number)，其中 number 为要计算平方根的数。

功能：返回正平方根。

MAX 函数

语法：MAX(number1,number2,...)，其中 number1,number2,... 表示要从中找出最大值的数字参数。参数可以是为数字、空白单元格、逻辑值或数字的文本表达式。

功能：返回一组值中的最大值。

MATCH 函数

语法：MATCH(lookup_value,lookup_array,match_type)，其中 lookup_value 为需要在数据表中查找的数值；lookup_array 表示可能包含所要查找的数值的连续单元格区域；lookup_array 为数组或数组引用；match_type 为数字−1、0 或 1，通常为 0。

功能：返回指定数组中元素的相应位置。

INDEX 函数

语法：INDEX(row_num,column_num)，其中 row_num 为必需参数，表示选择数组中的某行，函数从该行返回数值，如果省略 row_num，则需要 column_num；column_num 为可选参数，表示选择数组中的某列，函数从该列返回数值，如果省略 column_num，则需要 row_num。

功能：使用索引从引用或数组中选择值。

t/年	方案A		方案B		方案C	
	税后现金流量（CFAT）	概率	税后现金流量（CFAT）	概率	税后现金流量（CFAT）	概率
0	-10000		-4000		-4000	
1	6000	0.2				
	4000	0.55				
	2000	0.25				
2	8000	0.2				
	7000	0.6				
	5000	0.2				
3	6000	0.3	3000	0.2	6000	0.1
	4000	0.4	8000	0.6	8000	0.8
	3000	0.3	15000	0.2	13000	0.1
无风险收益率		8%	风险程度	0.5	资本成本率	8%
投资风险分析						
t/年	方案A		方案B		方案C	
	E(CFAT)	d	E(CFAT)	d	E(CFAT)	d
1	3900	1337.91	0	0	0	0
2	6800	979.80	0	0	0	0
3	4300	1187.43	8400	3826.23	8300	1676.31
各类值	EPV	12854.49	EPV	6668.19	EPV	6588.81
	D	1768.84	D	3037.38	D	1330.71
	Q	0.14	Q	0.46	Q	0.20
	K	14.88%	K	30.78%	K	18.10%
决策标准	NPV	1383.51	NPV	-244.19	NPV	1039.04
最优方案	方案A					

图 5-18 投资风险分析模型

视频演示

（1）新建工作簿，建立数据分析区

新建工作簿，命名为"投资风险分析模型"，设计如图 5-18 下半部分所示的数据分析区。

（2）计算各投资项目的现金流量期望 E（CFAT）

选择单元格 B17，输入"=SUMPRODUCT(B4:B6,C4:C6)"，然后将公式复制到 D17 和 F17 单元格。

选择单元格 B18，输入"=SUMPRODUCT(B7:B9,C7:C9)"，然后将公式复制到 D18 和 F18 单元格。

选择单元格 B19，输入"=SUMPRODUCT(B10:B12,C10:C12)"，然后将公式复制到 D19 和 F19 单元格。

（3）计算各投资项目的各期现金流量的标准差（d）

选择单元格 C17，输入"=SQRT(SUMSQ(B4-B17)*C4+SUMSQ(B5-B17)*C5+SUMSQ(B6-B17)*C6)"，然后将公式复制到 E17 和 G17 单元格。

选择单元格 C18，输入"=SQRT(SUMSQ(B7-B18)*C7+SUMSQ(B8-B18)*C8+SUMSQ(B9-B18)*C9)"，然后将公式复制到 E18 和 G18 单元格。

选择单元格 C19，输入"=SQRT(SUMSQ(B10-B19)*C10+SUMSQ(B11-B19)*C11+SUMSQ(B12-B19)*C12)"，然后将公式复制到 E19 和 G19 单元格。

（4）计算各投资项目的期望现值（EPV）、各期现金流量的综合标准差（D）、标准离差率（Q）和风险调整贴现率（K）

选择单元格 C20，输入"=NPV($G$13,B17:B19)"，然后将公式复制到 E20 和 G20 单元格。

选择单元格 C21，输入 "=SQRT(SUMSQ(PV($G$13,$A$17,,C17),PV($G$13,$A$18,,C18),PV($G$13,$A$19,,C19)))"，然后将公式复制到 E21 和 G21 单元格。

选择单元格 C22，输入 "=C21/C20"，然后将公式复制到 E22 和 G22 单元格。

选择单元格 C23，输入 "$C$13+$E$13*C22"，然后将公式复制到 E23 和 G23 单元格。

（5）根据风险调整贴现率 K，计算各项目的 NPV

选择单元格 C24，输入 "=NPV(C23,B17:B19)+B3"，然后将公式复制到 E24 和 G24 单元格。

（6）根据 NPV 标准分析最优方案

选择单元格 B25，输入 "=INDEX(B15:G15,MATCH(MAX(C24,E24,G24),B24:G24,0))。

结论：从分析结果来看，方案 A 是最优方案。

想一想、做一做：设计投资风险分析模型。

5.5 多个项目的投资决策模型设计与案例分析

一般来讲，企业每年都要面临复杂的投资项目选择，即在资本供应量受限的情况下，如何在多个可行项目中做最优选择。而且除了资本限制条件外，还存在技术、市场关系等多种限制。因此，在进行复杂的多项目投资决策方案设计时，不仅要用到投资决策基本函数，而且可以建立 0-1 规划模型加以分析。

例题 5.12 山西亦博公司是一家高新技术股份有限公司，2019—2021 年效益非常好。董事会拟在 2021 年后进行重要投资，经战略规划部、投资部、财务部初步评估，目前有 6 个备选项目通过了单个项目评估，投资期都为两期，即分别在 2022 年和 2023 年年初进行投资。

按照公司的长期财务计划，这两期的总投资限额分别为 8 亿元和 5 亿元，每个项目的净现值已由财务部和投资部计算出来，相关数据如表 5-4 所示。

表 5-4　山西亦博公司拟投资项目及净现值　　　　　　　　单位：百万元

项目	投资额		净现值（NPV）
	2022 年	2023 年	
1. 嵌入式软件 I	120	120	180
2. 嵌入式软件 II	170	60	100
3. 嵌入式软件 III	300	160	240
4. 手机	180	230	300
5. 导航仪	200	140	210
6. 控制器	600	80	400
资本限制	800	500	

另外，由于技术或市场原因，项目 1、项目 2 和项目 3 为三选一项目，项目 2 为项目 4 的预备项目，项目 5 和项目 6 为互斥项目。

要求：从财务视角给出投资组合方案。

解：为这类问题设计分析模型，不仅包含每个投资项目的 NPV 计算，还包括项目的选择与规划，即 0－1 规划模型的设计。具体步骤如下。

（1）添加"规划求解"工具

在使用"规划求解"前，必须先建立"规划求解"，具体步骤如下。

首先，单击【文件】，打开处于下方的【选项】，然后选择"加载项"，如图 5－19 所示。在"加载项"中单击"转到"，弹出【加载宏】对话框，选择"规划求解加载项"，单击【确定】，如图 5－20 所示。此时在"数据"选项卡下便出现了"规划求解"，如图 5－21 所示。

图 5－19　"加载项"打开界面

图 5－20　"加载宏"打开界面

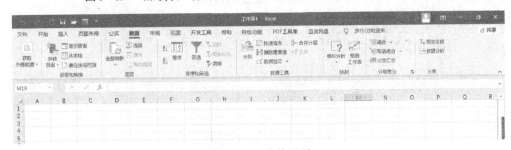

图 5－21　菜单界面

（2）设计变量

设 $X_i(i=1, 2, 3, \cdots, 6)$ 表示 6 个项目选择权变量，如果选择该项目，则 $X_i=1$，否则 $X_i=0$。同时，设 Y 为使投资总净现值最大的目标值，则 Y 与 X_i 的数学关系为

$$Y = \sum_{i=1}^{6}(\text{NPV}_i \cdot X_i)$$

目标函数为

$$\max\{Y\}$$

约束条件如下。

① 设 I_i（$i=1$，2，3，…，6）为当年 6 个项目的投资额，I_0 为当年资本限额，则

$$\begin{cases} \sum_{i=1}^{6} I_i X_i \leqslant I_0 \\ X_i = 0 \text{ 或 } 1 \end{cases}$$

② 项目 1、项目 2 和项目 3 为三选一项目，即 $X_1 + X_2 + X_3 = 1$。

③ 项目 2 为项目 4 的预备项目，即若项目 4 上马，项目 2 亦必上马，故 $X_4 \leqslant X_2$，或者 $X_4 - X_2 \leqslant 0$。

④ 项目 5 和项目 6 为互斥项目，即 $X_5 + X_6 \leqslant 1$。

下面根据上述分析，运用规划求解工具设计模型。

① 在基础数据区输入已知数据，如图 5-22 所示。

图 5-22　输入基础数据

② 建立 0-1 整数规划模型区，如图 5-23 所示，其中：

图 5-23　0-1 整数规划模型

E9 = SUMPRODUCT(C6:H6,C12:H12)；C12:H12 为最优求解区，即规划求解的结果显示区域；

C13 = IF(C12=1,"选择","不选择")，D13:H13 输入内容与单元格 C13 相同，可以用填充柄填充，反映项目选择结果；

E16 = SUMPRODUCT(C4:H4,$C$12:$H$12)；

E17 = SUMPRODUCT(C5:H5,$C$12:$H$12)，也可以将 E16 的内容用填充柄填充至 E17。

E18 = SUM(C12:E12)；

E19 = F12-D12；

E20 = G12+H12。

③ 对规划求解工具进行设置，如图 5-24 所示。

图 5-24 规划求解工具设置

④ 求解。应用规划求解工具求解，可得到最优解，如图 5-25 所示。

A	B	C	D	E	F	G	H
0-1整数规划模型区							
		投资总净现值最大		610			
项目		项目1	项目2	项目3	项目4	项目5	项目6
结果		0	1	0	1	1	0
项目选择		不选择	选择	不选择	选择	选择	不选择
约束条件	1	0-1变量约束					
	2	2022年实际投资额		550	<=	800	
	3	2023年实际投资额		430	<=	500	
	4	项目1、2、3为三选一		1	=	1	
	5	项目2为项目4的预备项目		0	<=	0	
	6	项目5和项目6为互斥项目		1	<=	1	

图 5-25 求解结果

结论： 从求解结果可知，最优解为：在现行的约束条件下，选择项目 2、项目 4 和项目 5，可使山西亦博公司投资项目总净现值实现最大。

假如公司投资项目资金有所变化，2022 年资本限额增加至 10 亿元，2023 年资本限额下降至 4 亿元，此时约束条件发生变化，应用规划求解工具求解的结果将发生变化，即应选择项目 2、项目 4 和项目 6，如图 5-26 所示。

	A	B	C	D	E	F	G	H
1	基础数据区							
2			山西亦博备选项目投资额和净现值				单位: 百万元	
3	项目		项目1	项目2	项目3	项目4	项目5	项目6
4	投资额	2022年	120	170	300	180	200	600
5		2023年	120	60	160	230	140	80
6	净现值		180	100	240	300	210	400
7								
8	0-1整数规划模型区							
9			投资总净现值最大		800			
10								
11	项目		项目1	项目2	项目3	项目4	项目5	项目6
12	结果		0	1	0	1	0	1
13	项目选择		不选择	选择	不选择	选择	不选择	选择
14								
15	约束条件	1	0-1变量约束					
16		2	2022年实际投资额		950	<=	1000	
17		3	2023年实际投资额		370	<=	400	
18		4	项目1、2、3为三选一项目		1	=	1	
19		5	项目2为项目4的预备项目		0	<=	0	
20		6	项目5和项目6为互斥项目		1	<=	1	

图5-26 新约束条件下的求解结果

视频演示

想一想、做一做：设计多个项目的投资决策模型。

5.6 个人投资理财决策模型

个人投资理财规划是指根据自己的财务状况，建立合理的个人财务规划，并适当参与投资活动，逐步实现自己的梦想。

5.6.1 个人投资理财概述

近几年，我国个人投资理财市场迅速发展，银行、保险、证券、基金、信托都为个人投资理财提供了广阔的空间。个人投资理财规划一般包括：保险规划、换房规划、子女教育规划、股票基金投资规划、子女创业基金规划等，这些规划都需要用到投资决策的方法和技术。

个人投资理财的一般步骤如图5-27所示。

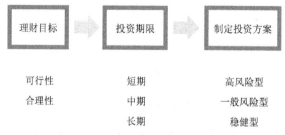

图5-27 个人投资理财的一般步骤

5.6.2 教育投资理财决策模型

教育投资是家庭的主要投资之一。本节以教育投资理财案例为背景，讨论教育投资理财决策模型的设计思路。

例题 5.13 李先生有一个正在读高中的孩子，成绩优异，明年将高中毕业，孩子希望能到国外大学读本科和研究生。为了实现孩子的这个理想，他的教育投资理财目标是：为孩子准备一笔教育投资资金，以保证孩子在国外 4 年大学与 3 年研究生的学习费用。经过对国外目标大学进行咨询后得知，每年平均费用如表 5-5 所示。

表 5-5　国外目标大学本科与研究生每年平均费用

学年	大一	大二	大三	大四	研一	研二	研三
费用/千元	200	180	180	210	150	150	160

目前可供投资的产品包括高风险的股票、小盘基金、债券型基金、可转换债券、银行储蓄等。李先生的偏好是投资风险小的产品，因此 H 银行理财人员为他推荐了投资组合方案：一部分资金在年初存入银行，每年可以获得一部分利息收入；另一部分资金在上大学的第一年初购买风险比较小、收益比较高的债券，每年可以获得固定的回报。

设 F 为教育投资准备资金，X_i（$i=1$，2，3）为第一年购买的三种债券份数，C_i（$i=1$，2，3，4，5，6，7）为每年年初存入银行的资金。

目标函数为

$$\min F$$

约束条件：每年净现金流量=每年的平均费用，具体如下。

第一年：现金流入为初始准备的教育投资资金，现金流出为购买债券及其存入银行的资金（相关数据见图 5-28 上半部分），即

$$F - 1.05X_1 - X_2 - 1.15X_3 - C_1 = 200$$

第二年：现金流入为债券的回报以及扣除第一年存款后的资金（本息和），现金流出为第二年存入银行的资金，即

$$6\%X_1 + 6.5\%X_2 + 7\%X_3 + 1.02C_1 - C_2 = 180$$

同理可得，

第三年：$6\%X_1 + 6.5\%X_2 + 7\%X_3 + 1.02C_2 - C_3 = 180$

第四年：$6\%X_1 + 6.5\%X_2 + 7\%X_3 + 1.02C_3 - C_4 = 210$

第五年：$(1+6\%)X_1 + 6.5\%X_2 + 7\%X_3 + 1.02C_4 - C_5 = 150$

第六年：$(1+6.5\%)X_2 + 7\%X_3 + 1.02C_5 - C_6 = 150$

第七年：$(1+7\%)X_3 + 1.02C_6 - C_7 = 160$

同时，三只债券购买份数为整数，即 X_i（$i=1$，2，3）为整数。

最后，非负约束，即 F，X_i（$i=1$，2，3），C_i（$i=1$，2，3，4，5，6，7）≥ 0。

① 在基础数据区输入已知数据，包括学费和债券的相关信息。

② 设计 Excel 求解规划区，如图 5-28 下半部分所示。

	A	B	C	D	E	F	G	H	I	J	K
1											
2		教育投资理财决策模型									
3											
4		学年费用									
5	学年	大一	大二	大三	大四	研一	研二	研三			
6	费用/千元	200	180	180	210	150	150	160			
7											
8											
9	理财产品	债券1	债券2	债券3	银行存款复利						
10	购买价格/千元	1.05	1.00	1.15	1.02						
11	回报率	6.00%	6.50%	7.00%							
12	到期年限	4	5	6							
13											
14	求解规划区										
15											
16	教育投资准备基金/千元	购买债券1	购买债券2	购买债券3	第1期存款	第2期存款	第3期存款	第4期存款	第5期存款	第6期存款	第7期存款
17											
18	理财现金流量分析区										
19											
20	投资期限	第1年初	第2年初	第3年初	第4年初	第5年初	第6年初	第7年初			
21	学年	大一	大二	大三	大四	研一	研二	研三			
22	现金流入										
23	教育投资准备基金										
24	债券1回报										
25	债券2回报										
26	债券3回报										
27	银行本息										
28	现金流入小计										
29	现金流出										
30	购买债券										
31	存入银行资金										
32	现金流出小计										
33	现金净流量										
34	关系	=	=	=	=	=	=	=			
35	约束条件/千元										

图 5-28 教育投资理财决策模型

教育投资准备资金：A17 单元格；

债券 1、2、3 最优购买金额：B17:D17 单元；

各期最优存款区：E17:K17。

③ 应用规划求解工具建立相关要素。

B23＝A17；

C24＝$B$17*$B$11，然后将该单元格内容利用填充柄填充至 D24:F24；

C25＝$C$17*$C$11，然后将该单元格内容利用填充柄填充至 D25:G25；

C26＝$D$17*$D$11，然后将该单元格内容利用填充柄填充至 D26:H26；

C27＝E17*$E$10，然后将该单元格内容利用填充柄填充至 D27:H27；

B28＝SUM（B23:B27），然后将该单元格内容利用填充柄填充至 C28:H28；

B30＝SUMPRODUCT（B10:D10，B17:D17）；

B31＝E17，然后将该单元格内容利用填充柄填充至 C31:H31；

B32＝SUM（B30:B31），然后将该单元格内容利用填充柄填充至 C32:H32；

B33＝B28－B32，然后将该单元格内容利用填充柄填充至 C33:H33；

B35＝B6，然后将该单元格内容利用填充柄填充至 C35:H35；

④ 设置规划求解约束条件，如图 5-29 所示。

图 5-29　规划求解约束条件

视频演示

⑤ 应用规划求解工具求解①，可得到最优解，如图 5-30 所示。

	A	B	C	D	E	F	G	H	I	J	K
1				教育投资理财决策模型							
2											
3											
4				学年费用							
5	学年	大一	大二	大三	大四	研一	研二	研三			
6	费用/千元	200	180	180	210	150	150	160			
7											
8											
9	理财产品	债券1	债券2	债券3	银行存款复利						
10	购买价格/千元	1.05	1.00	1.15	1.02						
11	回报率	6.00%	6.50%	7.00%							
12	到期年限	4	5	6							
13											
14	求解规划区										
15											
16	教育投资准备基金/千元	购买债券1	购买债券2	购买债券3	第1期存款	第2期存款	第3期存款	第4期存款	第5期存款	第6期存款	第7期存款
17	1090	124	288	0	472	328	180	0	0	157	0
18	理财现金流量分析区										
19											
20	投资期限	第1年初	第2年初	第3年初	第4年初	第5年初	第6年初	第7年初			
21	学年	大一	大二	大三	大四	研一	研二	研三			
22	现金流入										
23	教育投资准备基金	1090									
24	债券1回报		7	7	7	131					
25	债券2回报		19	19	19	19	307				
26	债券3回报		0	0	0	0	0	0			
27	银行本息		481	334	184	0	0	160			
28	现金流入小计	1090	508	360	210	150	307	160			
29	现金流出										
30	购买债券	418									
31	存入银行资金	472	328	180	0	0	157	0			
32	现金流出小计	890	328	180	0	0	157	0			
33	现金净流量	200	180	180	210	150	150	160			
34	关系	=	=	=	=	=	=	=			
35	约束条件/千元	200	180	180	210	150	150	160			

图 5-30　求解结果

---

① 该类规划求解的运算时间一般较长。

结论： 从结果来看，李先生最优的教育投资理财计划是：购买债券1和债券2的金额分别是12.4万元、28.8万元；在满足支付每学年费用的条件下，第一年准备最少的教育投资资金为109万元。

想一想、做一做： 设计个人投资理财决策模型。

5.7 投资项目解决方案设计

本节以一个具体投资项目为例，介绍投资项目解决方案的设计思路。

5.7.1 项目背景分析

城市绿化不仅可以美化生活环境，而且有利于改善城市小气候，消除环境污染，清洁空气，防风防沙，减弱噪声污染等。据有关资料介绍，只有当城市的绿化覆盖率超过60%时，植物才能真正起到绿色卫士的作用，而我国城市的绿化水平远远达不到这一标准。

随着我国经济的迅猛发展，人民生活水平日益提高，人们对于居住的生态环境的要求也越来越高。但由于大中城市人口密度大、楼房密度大、楼间距窄、城市空地少，仅靠种植一些树、开辟几个城市公园、建立少数绿化小区等传统的平面绿化措施是难以大幅提高绿化水平的。屋顶绿化、墙体立面绿化的出现将极大地拓展城市绿化的空间，改善人们的居住环境，美化城市整体景观。

屋顶被称为城市建筑的"第五面"，屋顶绿化是在有限的城市空间提高绿化率最有效的方法，有利于保护生态、调节气候、净化空气、降低室温和城市热岛效应、节水节能。同时，其经济效益同样不容忽视。

墙体立面也是城市绿化可利用的重要资源。利用先进的科技对墙体进行绿化，不仅可以增加城市绿化的立体层次感、改善环境质量、保护建筑物，而且可以突破传统墙体蔓生植物的限制，开发出墙面绿色广告发布平台等新的使用价值。

将单调的建筑变成一片葱绿已经成为世界潮流。德国、日本等发达国家对屋顶绿化非常重视，并通过立法来促进其发展。为了丰富城市的绿化景观，提高绿化的生态功能，增加城市的绿化容量，国内一些大城市开始重视城市立体绿化的问题，这为城市建筑立体绿化产业的发展带来了契机。

5.7.2 宏观分析——SWOT分析

在进行宏观分析时首先应该进行竞争力分析，包括竞争产品、竞争对手、竞争影响力等方面的分析；然后进行SWOT分析，即应用SWOT分析方法就项目的优势、劣势、机会和威胁进行分析，从宏观上把握项目的可行性（见表5-6）。

1. 优势

财务管理人员与业务经理合作可以分析投资该项目的优势，如公司拥有先进的技术、享有专利权保护、有一流的科技专家、有优秀的管理团队等，可以通过市场细分，按照区域、城市、渠道进行分析，发现公司的优势。

2. 劣势

公司与竞争对手相比有哪些劣势，如在人员、技术、流程、产品等方面。

3. 机会

就项目来看，政策法规的影响带来了很好的机遇。城市建筑立体绿化市场属于园林绿化市场中的一个新领域，受到了政府主管部门、企事业单位、房产开发商、业主和物业管理部门等的广泛关注，一些城市已经开始进行试验和小范围的推广。例如，北京市出台了《北京地区城市屋顶绿化指导书》，深圳市颁布了《深圳市屋顶美化绿化实施办法》，上海市编制了《屋顶绿化三年实施计划》等。这些都为城市立体绿化市场的启动提供了契机。

4. 威胁

除机会外，该项目的投资会带来哪些威胁和风险，财务部门和业务部门应该一起认真分析，达成共识。

表5-6 项目 SWOT 分析

	机会： 市场需求潜力大； 政府对环保的扶持； 竞争有限； 国内同类企业有明显技术缺陷，难以满足市场需求； 绿色奥运的推动	威胁： 新技术的研发和实践应用； 房地产市场萎缩； 政策法规对城市绿化工程要求趋于严格和规范，对行业标准要求提高； 国外优势竞争者的进入
优势： 公司拥有先进的技术； 公司技术享有专利权保护； 有一流的科技专家； 有优秀的管理团队	迅速扩大经营规模，抢占市场份额； 整合同类企业，扩大企业规模	加大科技投入，提高技术水平； 与国外企业实行强强联合； 拓展业务领域，寻找新的利润增长点
劣势： 企业规模小，资金匮乏； 缺乏大规模工程建设的经验； 还没有建立起营销网络； 缺少技术熟练、经验丰富的工程人员	寻求外部资源，获得资金支持； 迅速组建有丰富建设经验的工程队伍； 通过多种手段建立营销网络	利用小规模工程逐步积累经验和资金实力； 集中力量于样板工程，树立形象； 与大企业合作，寻求资金、技术支持

5.7.3 微观分析——财务分析视角

任何一个投资项目除从宏观视角进行分析外，还必须从财务视角进行分析，用具体的数据告诉管理者投资项目的可行性。财务分析需要通过大量的数据进行测算，并且各种假设因人员不同而不同。因此，需要用 Excel 建立投资决策模型，根据各种因素的变化进行实时调整，以满足动态决策的需求。具体方案如图 5-31 所示。

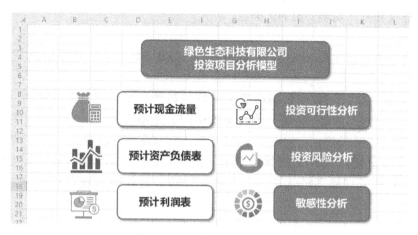

图 5-31　投资项目解决方案

1. 资金来源与运用

公司初期需要投入资金 600 万元，其中 100 万元用于购买施工机器及办公设备，500 万元用于流动资金。为满足初期公司对流动资金的需要，公司拟向金融机构借入 1 年期短期借款 100 万元（利率为 5.31%）作为流动资金。所借资金主要用于生产中所需的直接原材料、直接人工、制造费用及其他各类期间费用等。

2. 投资可行性分析

主要假设：公司原材料供应商的信誉足够好，原材料在一个星期内到货，能够保证施工质量，租赁的办公室在中关村科技园区，支付租金即可运营。投资项目可行性分析模型如图 5-32 所示。

投资项目可行性分析模型

单位：元

年份	初期	第1年	第2年	第3年	第4年	第5年
固定资产投资	-1000000.00			-400000.00		
流动资金	-5000000.00					
现销收入		17280000.00	32168000.00	57038400.00	112474400.00	224548800.00
成本支出		13243500.00	23110240.00	38318800.00	69595240.00	130854432.00
税收		505535.00	963412.00	1667040.00	9992932.70	20489227.40
营业现金净流量		3530965.00	8094348.00	17052560.00	32886227.30	73205140.60
NFC	-6000000.00	3530965.00	8094348.00	16652560.00	32886227.30	73205140.60
累计现金净流量	-6000000.00	-2469035.00	5625313.00	22277873.00	55164100.30	128369240.90
NPV	99268962.31		PP(年)	1.31		
IRR	139.88%					

图 5-32　投资项目可行性分析模型

银行短期借款利率为 5.31%，长期借款利率为 5.76%，因此将贴现率 i 确定为 6%，此时 NPV=99 268 962.31 元，远大于 0，表明项目计算期内盈利能力很好，投资项目可行。另外，内含报酬率达到 139.88%，远大于贴现率，主要是因为公司提供的施工方案优质优价，使得销售利润率较高，而且前 5 年市场增长性很好。根据累计现金净流量、投资额等数据计算，投资回收期（PP）为 1.31 年，投资方案可行。

3. 投资风险分析

对项目的风险有以下两种处置方法。

① 调整风险报酬率法（见图 5-33）。通过 Excel 可以对风险报酬率进行调整。可以看到，当风险报酬率为 8% 时调整后的净现值为 91 431 471.44 元，净现值远远大于 0，项目可行。

② 调整现金流量法（见图 5-34）。在风险报酬率为 6% 的情况下，对每期净现金流量调整后，净现值变为 55 536 482.83 元，内含报酬率变为 111.95%。

图 5-33　投资风险分析模型（调整风险报酬率法）

图 5-34　投资风险分析模型（调整现金流量法）

4. 敏感性分析

对销售收入和经营成本按提高 10% 和降低 10% 的单因素变化做敏感性分析，计算净现值和内含报酬率，其模型如图 5-35 所示。

图 5-35 投资项目敏感性分析模型

从图 5-35 可以看出，此项目对销售收入的提高和降低最为敏感，经营成本次之。在其他因素不变，公司销售收入降低 10% 的情况下，IRR 为 140.94%；在其他因素不变，公司经营成本提高 10% 的情况下，IRR 为 50.71%，均高于无风险贴现率 6%，说明公司能承担风险，项目极具可靠性。

一个投资项目的决策涉及很多因素，总体来讲可以分为两类：定性因素，如政治、环境、竞争策略等；定量因素，如 NPV、IRR 等。只有将定量因素和定性因素相结合，才能进行科学的决策。

想一想、做一做：设计投资项目解决方案。

思政链接 企业多元化经营"陷阱"——鱼与熊掌难兼得

思政目标：凡事预则立，不预则废；端正态度，依法办事，实事求是；关注社会及个人不同发展阶段的主要矛盾，优先解决主要矛盾。

 课后习题

1. 某企业一台固定资产的原始成本为 55 000 元，预计净残值 5 000 元，使用期限为 10 年。应用 Excel 提供的 SLN 函数、SYD 函数、DDB 函数与 VDB 函数计算各年的折旧额，并绘制分析图。

2. 已知贴现率为 10%，有三种投资机会，有关数据如表 5-7 所示。

表 5-7　各方案相关数据

单位：元

期间	A 方案现金净流量	B 方案现金净流量	C 方案现金净流量
0	（20 000）	（9 000）	（12 000）
1	11 800	12 000	4 600
2	13 240	6 000	4 600
3		6 000	4 600
合计	5 040	4 200	1 800

要求：应用 NPV 函数和 IRR 函数分别计算三种方案的净现值、内含报酬率、现值指数。

3. 光华公司原有一台 4 年前购入的机床，设备成本为 200 000 元，估计尚可使用 6 年。假定期满无残值，已提折旧 80 000 元（按直线折旧法），账面折余价值为 120 000 元。使用该设备每年可获得营业收入 298 000 元，每年支付的直接材料和直接人工为 226 000 元。该公司为提高产品的产量和质量，准备另外购置一台全自动机床，约需价款 300 000 元，估计可使用 6 年，期满有残值 15 000 元。购入新机床时，旧机床可作价 70 000 元。使用新设备每年可增加营业收入 50 000 元，同时每年节约直接材料和直接人工 20 000 元。

要求：建立固定资产更新决策模型，在该公司资本成本率为 12%、新设备采用不同折旧方法（直线法、年数总和法）的条件下，根据净现值法和内含报酬率法对该公司的设备更新方案做出决策。

4. 小组讨论——投资项目决策分析

（1）公司概况

某钢铁公司主要生产薄板、中厚板等，行销全国并出口 20 多个国家和地区。为适应经济全球化和科技信息化的客观形势，打造企业核心竞争力，把企业做大做强，该钢铁公司在积极推进管理、制度创新的同时，大力实施科技兴企战略，坚持用高新技术和先进适应技术改造传统产业，加快新型钢板重点项目建设步伐，大力促进装备升级和产品换代，努力将该公司建设成为一个充满活力、装备先进、管理科学、效益一流、环境优美、竞争力强的现代化钢铁企业，为我国国民经济发展做出更大贡献。

（2）行业分析

需求催动我国钢铁工业高速发展。2003 年，我国共有 13 家钢铁企业（集团），在推动钢铁需求增长的因素中，固定资产投资的高速增长起着非常重要的作用，特别是房地产投资是近年来拉动钢材需求高速增长的主要动力。

对未来钢铁需求的预测。世界各国经济发展表明，随着人均 GDP 的增长，对钢材的消费量将呈现快速发展的趋势，我国也不例外。对 1 000 美元（人均 GDP 和人均城乡居民储蓄存款）的突破预示着我国经济的发展已使部分人口从温饱型向小康型发展。对钢材的需求将是长期的和高水平的。进入 21 世纪以来，我国人均钢消费量呈快速上升的趋势，表明我国对钢的消费需求和消费能力在增长。从下游方面对今年我国钢铁生产影响较大的主要是需求。

由表 5-8 可见，随着我国国民经济结构的变化和工业化程度的进步，钢材的消费与国民经济增长的相关系数在逐年增大。

表 5-8　我国钢材消费与国民经济增长关系的历史数据

年份	钢材消费量/万 t	国内生产总值		钢材消费强度/（kg/美元）
		以人民币计/亿元	折合美元/亿美元	
1997	10 847	74 462.6	9 030.6	0.12
1998	11 623	78 345.2	9 473.4	0.123
1999	13 194	81 910.9	9 905	0.133
2000	14 167	89 404	10 811	0.131
2001	16 700	95 933	11 600	0.144
2002	20 900	103 610	12528	0.167

（3）预测结论

某研究院用数学模型预测 2005 年全国实际钢材消费量约为 2.4 亿 t，2010 年约为 2.8 亿 t；某大学用数学模型预测 2005 年全国钢材消费量约为 2.5 亿 t，2010 年约为 3.4 亿 t；用市场调研法，得出 2005 年全国钢材实际消费量约为 2.5 亿 t，2010 年约为 3.1 亿 t。如果用表观消费量测算，预测数相应都高一些。从市场拉动的角度分析，预测 2005 年全国钢材实际需求（即扣除重复材）为 2.5 亿～2.6 亿 t，2010 年钢材实际消费约 3.1 亿 t。折合成钢需求：2005 年为 2.7 亿 t，2010 年为 3.3 亿 t。

（4）投资来源与支出预测

经估算，本项目总投资为 439 017 万元，其中固定资产投资 428 138 万元（静态投资 417 599 万元，建设期利息 10 539 万元），铺底流动资金 10 879 万元。在固定资产投资中，建筑工程费用为 57 649 万元，安装工程费用为 22 392 万元，设备购置费用为 269 705 万元，其他费用为 62 909 万元。请准备相关资料：还贷期内现金流入量资料、贷期内现金流出量资料、现金净流量资料等。

（5）管理者对该项目进行投资决策分析的要求

静态评价指标：静态回收期　　PP =

　　　　　　　平均报酬率　　ARR =

动态评价指标：净现值　　　　NPV =

　　　　　　　内含报酬率　　IRR =

（6）项目利润及财务效益评价

敏感性分析：项目最敏感的因素为销售价格。当销售价格上升或者下降时，IRR、NPV和静态投资回收期为多少？项目对成本敏感性较强，当钢板成本下降或者上升 5%、10%、15%时（见表 5-9），IRR、NPV 和静态投资回收期为多少？公司管理层掌握这些信息对项目投资决策至关重要。

表 5-9　投资项目的敏感性分析

项目基准	IRR	NPV	静态投资回收期
销售价格上升 5%、10%、15%			
销售价格下降 5%、10%、15%			
钢板成本下降 1%、5%、10%			
钢板成本上升 1%、5%、10%			

要求：小组撰写投资决策分析报告，并制作 PPT 进行演讲。

第6章 证券投资分析与决策模型

> **课程导入**
>
> 　　企业在进行证券投资时，需要对投资标的的价值进行分析决策，本章利用 Excel 对债券投资、股票投资中的典型问题进行建模。

> **本章结构**

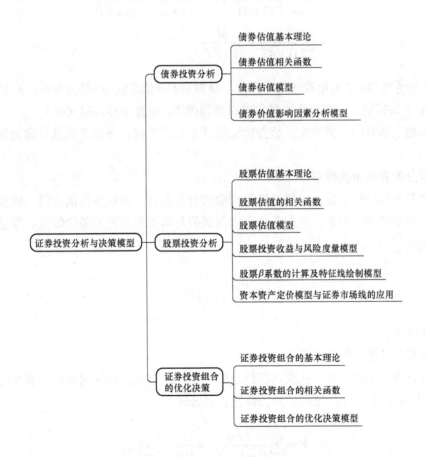

6.1 债券投资分析

6.1.1 债券估值基本理论

1. 债券估值的基本原理

债券是筹资者为了筹集资金而向债权人发行的有价证券，承诺按一定利率到期支付利息和偿还本金的一种书面凭证。债券投资不仅可以获取固定的利息收入，还可以在市场买卖中赚取差价。债券作为投资工具的特征有：收益高于银行存款、流动性强、安全性高等。一般来说，债券的期限较长，投资价值取决于债券的价格、市场利率、期限、付息方式等因素。债券的价值等于投资者购买债券后所获取的全部现金流按照投资者要求的必要报酬率作为折现率所求得的现值之和。债券价值可以用公式表示为

$$V = \frac{I}{1+k} + \frac{I}{(1+k)^2} + \cdots + \frac{I}{(1+k)^n} + \frac{M}{(1+k)^n}$$
$$= \sum_{t=1}^{n} \frac{I}{(1+k)^t} + \frac{M}{(1+k)^n} \tag{6.1}$$

其中：V 为债券价格；I 为债券的每年利息，债券利息=债券面值×票面利率；M 为债券到期值（面值）；k 为折现率，即投资者要求的必要报酬率；n 为债券期限（年）。

根据市场上债券的不同类型，债券价值的计算公式不同，下面介绍几种常见的债券估值模型。

（1）零息债券的价值模型

零息债券又称折价债券，一般以低于面值的价格发行，到期按面值偿还。投资者购买这种债券后，得不到任何利息，只能获得收回的面值与购买价之间的差价收入。零息债券的价值计算公式为

$$V = \frac{M}{(1+k)^n} \tag{6.2}$$

符号含义同前文。

（2）定期付息债券的价值模型

定期付息债券是指一年一次或多次付息的债券。债券每次付的利息等于债券的面值乘以票面利率再除以付息次数。定期债券的价值计算公式为

$$V = \sum_{t=1}^{mn} \frac{I/m}{(1+k/m)^t} + \frac{M}{(1+k/m)^{mn}} \tag{6.3}$$

其中：n 为债券期限（年）；m 为债券付息次数。其他符号含义同前文。

（3）永续债的价值模型

永续债没有到期日，每年支付固定利息，相当于永续年金。永续债的价值计算公式为

$$V = \frac{I}{k} \tag{6.4}$$

符号含义同前文。

2. 影响债券价值的因素

除票面面值、票面利率外，还有一些影响债券价值的因素。

（1）市场利率

在有效的市场中，市场利率与投资者要求的必要报酬率相同，故市场利率也可以理解为投资者要求的预期收益率。根据债券价值的一般模型可以知道，市场利率的变动将导致债券价值的变动，两者呈反向变动。

（2）利息支付方式

一般来说，债券都是按年付息，到期偿还本金。但有一些债券利息按半年支付、按季支付等，随着复利次数增加，债券的价值也会增加。

（3）债券到期日

不论债券是溢价发行、平价发行还是折价发行，在市场利率不变的情况下，随着债券到期日的临近，债券价值会逐渐接近于面值。

思政链接 6.1 信用风险对债券价值的影响

思政目标：正确认识经济运行规律，了解我国债券市场的现状及法律法规，正确看待债券作为金融投资工具存在的风险，树立理性投资观念，学会利用专业知识分析复杂问题。

6.1.2　债券估值相关函数

债券估值需要用到 PV、PRICE 等函数，这里介绍 PRICE 函数。

语法：PRICE(settlement,maturity,rate,yld,redemption,frequency,[basis])。

功能：用来计算定期付息的面值为 100 元的有价证券的价格。

参数：settlement，必需，有价证券的结算日。有价证券结算日是指在发行日之后有价证券卖给购买者的日期。maturity，必需，有价证券的到期日。到期日是指有价证券有效期截止时的日期。rate，必需，有价证券的年息票利率。yld，必需，有价证券的年收益率。redemption，必需，面值为 100 元的有价证券的清偿价值。frequency，必需，年付息次数。如果按年支付，frequency=1；如果按半年期支付，frequency=2；如果按季支付，frequency=4。basis，可选，要使用的日计数基准参数类型。日计数基准的取值情况如表 6-1 所示。根据中国人民银行文件的要求，我国目前国债计算选择 1，即"实际天数/实际天数"，意思是：计息天数按照实际天数计算，每个付息周期的天数（即两个付息日之间的天数）也按实际天数计算（美国国债计算也是选择 1）。

表 6-1　PRICE 函数的日计数基准参数类型

basis	日计数基准
0 或者省略	US（NASD）30/360
1	实际天数/实际天数
2	实际天数/360
3	实际天数/365
4	欧洲 30/360

6.1.3　债券估值模型

例题 6.1　某公司准备投资 A、B 两种债券，有关资料如图 6-1 上半部分所示。要求：分别建立利用 PV 函数和 PRICE 函数计算两种债券价值的模型。

解　操作步骤如下。

① 模型结构如图 6-1 下半部分所示。

视频演示

② 在单元格 B13 中输入"=PV(B8/B7,B7*DATEDIF(B5,B6,"Y"),-B3*B4/B7,-B3)"，并将其复制到单元格 C13 中。

③ 在单元格 B14 中输入"=10*PRICE(B5,B6,B4,B8,B3/10,B7,1)"，并将其复制到单元格 C14 中。

计算结果如图 6-2 所示。

	A	B	C
1		已知条件	
2		债券A	债券B
3	面值/元	1000	1000
4	票面利率	8%	12%
5	交易日期	2018/1/1	2018/1/1
6	到期日	2023/1/1	2028/1/1
7	每年付息次数	2	1
8	市场利率	10%	10%
9			
10			
11		计算结果	
12	债券名称	债券A	债券B
13	利用PV函数计算		
14	利用PRICE函数计算		

图 6-1　计算模型

	A	B	C
1		已知条件	
2		债券A	债券B
3	面值/元	1000	1000
4	票面利率	8%	12%
5	交易日期	2018/1/1	2018/1/1
6	到期日	2023/1/1	2028/1/1
7	每年付息次数	2	1
8	市场利率	10%	10%
9			
10			
11		计算结果	
12	债券名称	债券A	债券B
13	利用PV函数计算	922.78	1122.89
14	利用PRICE函数计算	922.78	1122.89

图 6-2　计算结果

6.1.4　债券价值影响因素分析模型

1. 市场利率对债券价值的影响分析模型

例题 6.2　已知条件同例题 6.1，要求：建立模型分析 A、B 两种债券在不同市场利率下的价值变化。

解　操作步骤如下。

① 模型结构如图 6-3 下半部分所示。

	A	B	C
2		债券A	债券B
3	面值/元	1000	1000
4	票面利率	8%	12%
5	交易日期	2018/1/1	2018/1/1
6	到期日	2023/1/1	2028/1/1
7	每年付息次数	2	1
8			
9			
10		计算结果	
11	市场利率	债券价值	
12		债券A	债券B
13	4%		
14	6%		
15	8%		
16	10%		
17	12%		
18	14%		
19	16%		

图 6-3　计算模型

② 在单元格 B13 中输入"=10*PRICE(B$5,B$6,B$4,$A13,B$3/10,B$7,1)",并将其复制到单元格区域 B14:B19、C13:C19 中。

③ 选取单元格区域 A3:C7,选择"公式"选项卡下"定义的名称"功能组,单击"根据所选内容创建",系统弹出【以选定区域创建名称】对话框,勾选"最左列",单击【确定】,完成对单元格 B3:C7 的名称定义。

④ 选取单元格 F2,选择"公式"选项卡下"定义的名称"功能组,单击"用于公式",选择【粘贴名称】命令,系统弹出【粘贴名称】对话框,选择"粘贴列表",在单元格 F2:G6 生成已定义的单元格名称列表(见图 6-4)。

⑤ 选取单元格 B12:C19,单击"插入"选项卡下"图表"功能组中的"折线图",选择"二维折线图"中"带数据标记的折线图"子图表类型,得到初步绘制的图表。

⑥ 右击折线图中横轴数据,选择【选择数据】,出现【选择数据源】对话框,单击"水平(分类)轴标签"下【编辑】按钮,选择单元格 A13:A19,单击【确定】,横轴设置为市场利率。

⑦ 选择"设计"选项卡下"图表布局"功能组,在"添加图表元素"下选择"图表标题"子标题选项"图表上方",给折线图添加名称"市场利率对债券价值的影响分析模型"。

⑧ 选择"设计"选项卡下"图表布局"功能组,在"添加图表元素"下选择"坐标轴标题"子标题选项"主要横坐标轴标题",添加横坐标名称"市场利率",同理添加纵坐标轴名称"债券价值(元)"。也可以利用"快速布局"实现对表格样式的设计。

计算结果如图 6-4 所示。

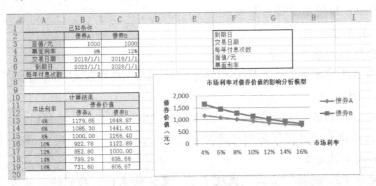

图 6-4　计算结果

视频演示

2. 付息次数对债券价值的影响分析模型

例题 6.3 当债券的付息次数变化时,建立模拟运算模型分析 A、B 两种债券价值的变化。

解 ① 设计模型结构,如图 6-5 下半部分所示。

② 在单元格 B11 输入 "=PV(B6/B7,B5*B7,−B3*B4/B7,−B3)",在单元格 D11 输入 "=PV(C6/C7,C5*C7,−C3*C4/C7,−C3)"。

③ 选取单元格 A11:B16,选择"数据"选项卡"预测"子功能的"模拟分析",选择下拉菜单中"模拟运算表",弹出【模拟运算表】对话框,在"输入引用列的单元格"中输入"$B$7",单击【确定】,完成对 A 债券价值的模拟运算。

④ 选择单元格 C11:D16,选择"数据"选项卡"预测"子功能的"模拟分析",选择下拉菜单中"模拟运算表",弹出【模拟运算表】对话框,在"输入引用列的单元格"中输入"$C$7",单击【确定】,完成对 B 债券价值的模拟运算。

视频演示

计算结果如图 6-6 所示。

	A	B	C	D
1		已知条件		
2		债券A	债券B	
3	面值/元	1000	1000	
4	票面利率	8%	12%	
5	期限/年	5	10	
6	市场利率	10%	10%	
7	每年付息次数	1	1	
8				
9		模拟运算结果		
10	一年付息次数	债券A价值	一年付息次数	债券B价值
11				
12	1		1	
13	2		2	
14	4		4	
15	12		12	
16	365		365	

图 6-5 计算模型

	A	B	C	D
1		已知条件		
2		债券A	债券B	
3	面值/元	1000	1000	
4	票面利率	8%	12%	
5	期限/年	5	10	
6	市场利率	10%	10%	
7	每年付息次数	1	1	
8				
9		模拟运算结果		
10	一年付息次数	债券A价值	一年付息次数	债券B价值
11		924.18		1122.89
12	1	924.18	1	1122.89
13	2	922.78	2	1124.62
14	4	922.05	4	1125.51
15	12	921.56	12	1126.12
16	365	921.31	365	1126.41

图 6-6 计算结果

3. 到期日对债券价值的影响分析模型

例题 6.4 债券 A、B、C 的期限均为 10 年,其他资料如图 6-7 所示。要求:建立模型分析三种债券到期日对债券价值的影响。

解 操作步骤如下。

① 设计模型结构如图 6-7 下半部分所示。

② 在单元格 B11 中输入 "=PV(B$5/B$6,$A11*B$6,−B$3*B$4/B$6,−B$3)",并将其复制到 B12:B21 和 C11:D21 中。

③ 选取单元格 A3:D6,选择"公式"选项卡下"定义的名称"功能组,单击"根据所选内容创建",系统弹出【以选定区域创建名称】对话框,勾选"最左列",单击【确定】,完成对单元格 B3:D6 的名称定义。

④ 选取单元格 F2,选择"公式"选项卡下"定义的名称"功能组,单击"用于公式",选择【粘贴名称】命令,系统弹出【粘贴名称】对话框,选择"粘贴列表",在单元格 F2:G5 生成已定义的单元格名称列表(见图 6-8)。

	A	B	C	D
1		已知条件		
2		债券A	债券B	债券C
3	面值/元	1000	1000	1000
4	票面利率	8%	12%	10%
5	市场利率	10%	10%	10%
6	每年付息次数	2	2	2
7				
8				
9		计算结果		
10	距离到期日的期限/年	债券A价值	债券B价值	债券C价值
11	10			
12	9			
13	8			
14	7			
15	6			
16	5			
17	4			
18	3			
19	2			
20	1			
21	0			

图 6-7　计算模型　　　　　视频演示

⑤选取单元格 B11:D21，单击"插入"选项卡下"图表"功能组中"折线图"，选择"二维折线图"中"带数据标记的折线图"子图表类型，得到初步绘制的图表。

⑥右击折线图中横轴数据，选择【选择数据】，出现【选择数据源】对话框，单击"水平（分类）轴标签"下【编辑】按钮，选择单元格 A11:A21，单击【确定】，横轴设置为"距离到期日的期限（年）"。

⑦选择"设计"选项卡下"图表布局"功能组，在"添加图表元素"下选择"图表标题"子标题选项"图表上方"，给折线图添加名称"到期日对债券价值的影响分析"。

⑧选择"设计"选项卡下"图表布局"功能组，在"添加图表元素"下选择"坐标轴标题"子标题选项"主要横坐标轴标题"，添加横坐标名称"距离到期日的期限（年）"，同理添加纵坐标轴名称"债券价值（元）"。

计算结果如图 6-8 所示。

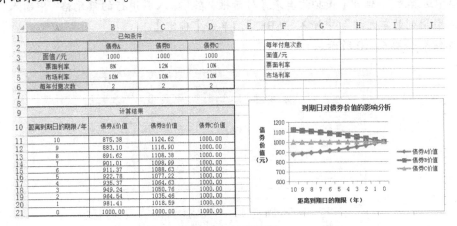

图 6-8　计算结果

4. 双因素敏感性分析模型

例题 6.5　已知某公司债券面值为 1 000 元，票面利率为 8%，期限为 5 年，按年付息、到期还本，市场利率为 10%。要求：建立该债券的双因素敏感性分析模型，分别分析市场利率和付息次数对债券价值的影响、市场利率和到期日对债券价值的影响。

解 操作步骤如下。

① 建立模型如图 6-9 所示。

	A	B
1	已知条件	
2	债券面值/元	1000
3	票面利率	8%
4	期限/年	5
5	市场利率	10%
6	每年付息次数	1

	A	B	C	D	E	F
7						
8	模拟运算结果					
9	市场利率和付息次数对债券价值的影响分析					
10	市场利率	付息次数/次				
11	924.18	1	2	4	12	365
12	2%					
13	4%					
14	6%					
15	8%					
16	10%					
17	12%					
18	14%					
19						
20	模拟运算结果					
21	市场利率和到期日对债券价值的影响分析					
22	市场利率	距离债券到期日/年				
23	924.18	5	4	3	2	1
24	2%					
25	4%					
26	6%					
27	8%					
28	10%					
29	12%					
30	14%					

图 6-9　计算模型

② 在单元格 A11 中输入 "=PV(B5/B6,B4*B6,−B2*B3/B6,−B2)"，同时将其复制到单元格 A23。

③ 选取单元格 A11:F18，选择 "数据" 选项卡 "预测" 子功能 "模拟分析"，选择下拉菜单中 "模拟运算表"，弹出【模拟运算表】对话框，在 "输入引用行的单元格" 中输入 "$B$6"，在 "输入引用列的单元格" 中输入 "$B$5"，单击【确定】。

④ 选取单元格 A23:F30，选择 "数据" 选项卡 "预测" 子功能 "模拟分析"，选择下拉菜单中 "模拟运算表"，弹出【模拟运算表】对话框，在 "输入引用行的单元格" 中输入 "$B$4"，在 "输入引用列的单元格" 中输入 "$B$5"，单击【确定】。

计算结果如图 6-10 所示。

	A	B	C	D	E	F
8	模拟运算结果					
9	市场利率和付息次数对债券价值的影响分析					
10	市场利率	付息次数/次				
11	924.18	1	2	4	12	365
12	2%	1282.81	1284.14	1284.81	1285.26	1285.48
13	4%	1178.07	1179.65	1180.46	1181.00	1181.26
14	6%	1084.25	1085.30	1085.84	1086.21	1086.39
15	8%	1000.00	1000.00	1000.00	1000.00	1000.00
16	10%	924.18	922.78	922.05	921.56	921.31
17	12%	855.81	852.80	851.23	850.15	849.62
18	14%	794.02	789.29	786.81	785.11	784.28
19						
20	模拟运算结果					
21	市场利率和到期日对债券价值的影响分析					
22	市场利率	距离债券到期日/年				
23	924.18	5	4	3	2	1
24	2%	1282.81	1228.46	1173.03	1116.49	1058.82
25	4%	1178.07	1145.20	1111.00	1075.44	1038.46
26	6%	1084.25	1069.30	1053.46	1036.67	1018.87
27	8%	1000.00	1000.00	1000.00	1000.00	1000.00
28	10%	924.18	936.60	950.26	965.29	981.82
29	12%	855.81	878.51	903.93	932.40	964.29
30	14%	794.02	825.18	860.70	901.20	947.37

图 6-10　计算结果

视频演示

5. 带调节按钮的债券价值计算模型

例题 6.6 已知某公司债券面值为 1 000 元，票面利率为 8%，期限为 5 年，按年付息，到期还本，市场利率为 10%。要求：建立一个带有各参数调节按钮的债券价值计算模型，并分别绘制债券价值与市场利率、债券价值与付息次数、债券价值与到期日之间的关系，直观地观察各参数发生变化时债券价值的变化情况。

解 操作步骤如下。

① 建立模型如图 6-11 所示。在单元格 A12:A41 输入 "1%, 2%, …, 30%" 一系列数据（部分数据未显示出来），并且在选取第 24 行之后，选择 "视图" 选项卡 "窗口" 功能组中的【拆分】命令，从而将窗口拆分为上、下两部分，以便查看屏幕下方的信息。

	A	B	C	D	E
1		已知条件		带参数调节按钮的债券价值模型	
2	项目	初始值	变动后数值	参数调节按钮	调节按钮返回值
3	债券面值/元	1000			
4	票面利率	8%			
5	期限/年	5			
6	市场利率	10%			
7	每年付息次数	1			
8	债券价值/元				
9					
10	不同市场利率下的债券价值/元				
11	市场利率				
12	1%				
13	2%				
14	3%				
15	4%				
16	5%				
17	6%				
18	7%				
19	8%				
20	9%				
21	10%				

图 6-11 计算模型

② 在 "开发工具" 选项卡 "控件" 功能组中选择【插入】菜单，选择 "表单控件" 中的 ，再将鼠标对准单元格 D3 左上角，向右下角拖拽出一个数值调节按钮控件。

③ 右击数值调节按钮，在弹出的快捷菜单中选择【设置对象格式】命令，在打开的【设置对象格式】对话框的 "控制" 选项卡中，将 "单元格链接" 设置为 "$E$3"，单击【确定】，完成对单元格 D3 参数调节按钮的设置，如图 6-12 所示。

图 6-12 设置数值调节按钮格式

视频演示

④ 同理，分别在单元格 D4、D5、D6、D7 中插入一个数值调节按钮，并将单元格链接分别设置为$E$4、$E$5、$E$6、$E$7。

⑤ 分别给单元格 E3:E7 赋值为 100、100、10、100、1，在单元格 C3 中输入"=E3*10"，使调节按钮每变动一次，债券面值变动 10 元；在单元格 C4 中输入"=E4/1000"，使调节按钮每变动一次，票面利率变动 0.1%；在单元格 C5 中输入"=E5"，使调节按钮每变动一次，债券期限变动 1 年；在单元格 C6 中输入"=E6/1000"，使调节按钮每变动一次，市场利率变动 0.1%；在单元格 C7 中输入"=E7"，使调节按钮每变动一次，每年付息次数变动一次，如图 6-13 所示。

	A	B	C	D	E
1	已知条件		带参数调节按钮的债券价值模型		
2	项目	初始值	变动后数值	参数调节按钮	调节按钮返回值
3	债券面值/元	1000	1000		100
4	票面利率	8%	10.00%		100
5	期限/年	5	10		10
6	市场利率	10%	10.00%		100
7	每年付息次数/次	1	1		1
8	债券价值/元				

图 6-13　设置数值调节按钮返回值

⑥ 在单元格 B8 中输入"=PV(B6/B7,B5*B7,-B3*B4/B7,-B3)"。

⑦ 在单元格 C8 中输入"=PV(C6/C7,C5*C7,-C3*C4/C7,-C3)"，并复制其到单元格 B11 中。

⑧ 选取单元格 A11:B41，选择"数据"选项卡"预测"子功能"模拟分析"，选择下拉菜单中"模拟运算表"，弹出【模拟运算表】对话框，在"输入引用列的单元格"中输入"$C$6"，单击【确定】，完成单变量模拟运算，得出不同市场利率情况下的债券价值。

⑨ 选取单元格 B12:B41，单击"插入"选项卡下"图表"功能组中"折线图"，选择"二维折线图"中"带数据标记的折线图"子图表类型，得到初步绘制的图表。

⑩ 右击折线图中横轴数据，选择【选择数据】按钮，出现【选择数据源】对话框，单击"水平（分类）轴标签"下【编辑】按钮，选择单元格 A12:A41，单击【确定】，横轴设置为市场利率。

为避免横坐标的标签过于拥挤，设置为每间隔 3 个单位显示 1 个标签格式。右击横坐标标签，选择"设置坐标轴格式"，在右侧选项中选择"坐标轴选项"下的"标签"，在"标签间隔"下单击"指定间隔单位"，设置为"3"，如图 6-14 所示。

同例题 6.2 的步骤⑦⑧，添加图表的标题及横纵坐标轴标签，删除网格线，设置纵坐标轴数据为显示 0 位小数的格式。

这样带有各参数调节按钮的债券价值计算模型就设置好了，单击参数调节按钮，可得到各参数变化后债券的价值，同时绘制的图也会随之改变。图 6-15 是模型的一个计算结果。

▲	A	B	C	D	E	F
1	已知条件		带参数调节按钮的债券价值模型			
2	项目	初始值	变动后数值	参数调节钮	调节按钮返回值	
3	债券面值/元	1000	1000		100	
4	票面利率	8%	9.90%		99	
5	期限/年	5	12		12	
6	市场利率	10%	9.50%		95	
7	每年付息次数/次	1	5		5	
8	债券价值/元	924.18	1,028.49			
9						
10	不同市场利率下的债券价值					
11	市场利率	1028.49				
12	1%	2005.46				
13	2%	1841.33				
14	3%	1693.62				
15	4%	1560.55				
16	5%	1440.56				
17	6%	1332.25				
18	7%	1234.39				
19	8%	1145.87				
20	9%	1065.71				
21	10%	993.05				
22	11%	927.10				
23	12%	867.17				
24	13%	812.66				

图 6-14　设置横坐标轴标签格式　　　　图 6-15　计算结果

6.2　股票投资分析

6.2.1　股票估值基本理论

1. 股票估值的基本原理

股票是股份有限公司签发的证明股东按其所持股份享有权利和承担义务的书面凭证。股票是一种有价证券。股票作为一种投资工具，具有流动性强、风险较大等特点，需要投资者具有较高的专业技能。股票估值的基本原理为：股票的价值等于股票未来现金流量的现值之和。股票价值通常可以利用股利收益模型来进行估计。一般来说，投资者在持有股票时，希望获得股利及在抛售股票时能获得一定的现金收入，即股票价值等于每期预期股利现金流入和出售该股票的资本利得按照投资者必要报酬率折现的现值之和。股票价值可用公式表示为

$$V = \frac{D_1}{1+k} + \frac{D_2}{(1+k)^2} + \cdots + \frac{D_n}{(1+k)^n} + \frac{P_n}{(1+k)^n}$$
$$= \sum_{t=1}^{n} \frac{D_t}{(1+k)^t} + \frac{P_n}{(1+k)^n}$$

（6.5）

其中：V 为股票价格；D_t 为股票在 t 年底预期发放的股利；P_n 为第 n 年底的股票价格；k 为折现率，即投资者要求的必要报酬率；n 为股票预计持有年数。

从理论上来讲，如果投资者永远持有股票，则股票价值等于投资者可以获得的股利现值之和，故以上公式可以简化为

$$V = \sum_{t=1}^{n} \frac{D_t}{(1+k)^t}$$

（6.6）

根据不同的股利增长情况，股票价值的计算公式不同，下面介绍几种主要的股票估值模型。

（1）零增长股利的股票价值模型

零增长股利即公司每年发放的股利均相同，形成一个永续年金。在这种情况下，股票价值的计算公式为

$$V = \frac{D}{k}$$
（6.7）

其中，D 为每年发放的股利；k 为投资者要求的必要报酬率。

（2）固定增长股利的股票价值模型

一般情况下，公司股利会不断增长，假设这一增长率为 g（$k>g$），设上年股利为 D_0，则股票价值的计算公式为

$$V = \frac{D_0 \cdot (1+g)}{k-g} = \frac{D_1}{k-g}$$
（6.8）

其中，D_1 为未来第一年的股利；k 为投资者要求的必要报酬率，必须大于 g，否则无意义。

（3）变率增长股利下的股票价值模型

变率增长是指股利在未来的不同时期按照不同的比率增长，一定时期以后股利按照固定的增长率稳定增长的股票。以两期增长股利为例，其计算公式为

$$V = \sum_{t=1}^{n} \frac{D_0 \cdot (1+g_1)^t}{(1+k)^t} + \frac{D_n \cdot (1+g_2)}{k-g_2} \cdot \frac{1}{(1+k)^n}$$
（6.9）

其中，g_1 为前 n 期超常的股利增长率；g_2 为正常时期稳定的股利增长率；n 为超常增长的时期数；D_n 为超常增长期结束时的股利；其他符号的含义同前文。

2. 股票预期收益率的计算

（1）短期股票投资收益的计算

在市场均衡的情况下，股票的预期报酬率与投资者的必要报酬率相同，即股票预期收益率等于股利收益率和资本利得收益率之和。假设投资者短期持有股票，那么投资者购买股票的现金流出等于持有期内股票获得的股利现金流入和出售股票现金流入按照股票投资的预期收益率折现的现值之和，用公式表示为

$$P_0 = \sum_{t=1}^{n} \frac{D_t}{(1+k)^t} + \frac{P_n}{(1+k)^t}$$
（6.10）

其中，P_0 为投资者购买股票的价格；n 为持有期；D_t 为预计第 t（$t=1$，2，$\cdots$，n）年股票股利；P_n 为第 n 年出售股票的价格；k 为股票投资的预期收益率。

（2）概率模型中的股票预期收益率

在概率模型中，一定时期的股票投资收益率有可能出现几种不同的情况，各种股票投资收益率以相应的概率为权数的加权平均数，叫做股票的预期收益率。其计算公式为

$$\overline{K} = \sum_{i=1}^{n} (K_i \cdot P_i)$$
（6.11）

其中，K_i 为各种概率情况下的股票投资收益率；P_i 为对应结果的发生概率，$\overline{K}$ 为一定期限内股票的预期收益率。其中，所有的概率（P_i）都在 0 和 1 之间，即 $0 \leqslant P_i \leqslant 1$，并且所有概率之

和为 1，即 $\sum\limits_{i=1}^{n} P_i = 1$。

3. 股票投资的风险度量

可以利用统计中的方差、标准差及标准离差率等指标来衡量股票预期收益的风险程度。有关计算公式为

$$\sigma^2 = \sum_{i=1}^{n} P_i (K_i - \overline{K})^2 \tag{6.12}$$

$$\sigma = \sqrt{\sum_{i=1}^{n} P_i (K_i - \overline{K})^2} \tag{6.13}$$

$$V = \frac{\sigma}{\overline{K}} \tag{6.14}$$

其中，股票的各种预期报酬率为随机变量，用 K_i 表示；P_i 表示第 i 种结果出现的概率；σ^2 表示方差；σ 表示标准差；V 表示标准离差率，又称变异系数；其他符号含义如前所述。

4. 股票的 β 系数

股票的 β 系数用来衡量个别股票的系统风险相对于市场组合系统风险的倍数。用公式表示为

$$\beta_i = \frac{\sigma_{im}}{\sigma_m^2} \tag{6.15}$$

$$\sigma_{im} = \sqrt{\frac{\sum_{t=1}^{n} (R_{it} - \overline{R_i})(R_{mt} - \overline{R_m})}{n-1}} \tag{6.16}$$

$$\sigma_i = \sqrt{\frac{\sum_{t=1}^{n} (R_{it} - \overline{R_i})^2}{n-1}} \tag{6.17}$$

$$\sigma_m = \sqrt{\frac{\sum_{t=1}^{n} (R_{mt} - \overline{R_m})^2}{n-1}} \tag{6.18}$$

$$\rho_{im} = \frac{\sigma_{im}}{\sigma_i \sigma_m} \tag{6.19}$$

其中，σ_i 为市场投资组合收益率的标准差；σ_{im} 为 i 股票和市场投资组合收益率之间的协方差；R_{it} 为第 t 期 i 股票的投资收益率；R_{mt} 为第 t 期股票市场投资组合的收益率；$\overline{R_m}$ 为股票市场投资组合的期望收益率；$\overline{R_i}$ 为 i 股票的期望收益率；n 为样本数。

β 系数可以根据一定时期内的历史数据，将个别股票的收益率与股票市场指数收益率进行回归分析来确定。以股票市场指数的收益率为横坐标，以个别股票的收益率为纵坐标，通过回归分析可以绘制一条直线，在计算 β 系数的过程中一般可以直接利用 Excel 中的 SLOPE、INTERCEPT、COVARIANCE.S、CORREL、COUNTA 等函数。

5. 资本资产定价模型与证券市场线

资本资产定价模型用来描述最优投资组合中风险和收益之间的关系。对于个别股票而言，

公式为

$$K_i = R_f + \beta \cdot (R_m - R_f) \tag{6.20}$$

其中，K_i 表示单只股票的必要报酬率；R_f 表示无风险利率，一般用国库券收益率代替；β 表示个别股票的 β 系数；R_m 表示市场投资组合的必要收益率。

证券市场线（SML）用来衡量单一证券的风险和收益之间的关系。如图 6-16 所示，证券的期望收益率与其 β 系数正相关。当 β 系数为 0 时证券收益率为无风险收益率；当 β 系数为 1 时，证券期望收益率就是证券市场组合的期望收益率。一般认为，投资者持有某种证券的期望收益率，与证券的 β 系数正相关，并且一定会落在证券市场线上。

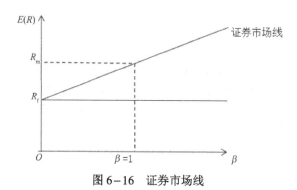

图 6-16　证券市场线

如果持有单只股票的可获得收益率正好等于股票用资本资产定价模型计算的必要收益率，则投资者的预期收益与承担风险相匹配，达到市场均衡状态；如果持有单只股票的可获得收益率大于股票用资本资产定价模型计算的必要收益率，说明该股票价格目前被低估；反之，如果持有单只股票的可获得收益率小于股票用资本资产定价模型计算的必要收益率，则该股票价格目前被高估。

思政链接 6.2 "中国第一股民"——杨百万

思政目标： 树立正确的投资价值观，不盲目炒股，正确看待股票市场的价格波动。

6.2.2　股票估值的相关函数

股票估值需要用到 SUMPRODUCT、SQRT、SLOPE、INTERCEPT、STDEV.S、COVARIANCE.S、CORREL 等函数。

1. SUMPRODUCT 函数

语法：SUMPRODUCT(array1,[array2],[array3],...)。

功能：返回相应数组或者区域乘积的和。

参数：数组 1 与数组 2 的长度相等。

2. SQRT 函数

语法：SQRT(number)。

功能：返回正数值的平方根。

参数：必须为正值。

3. SLOPE 函数

语法：SLOPE(y,x)。

功能：返回根据因变量数据 y 和自变量数据 x 中的数据点拟合的线性回归直线的斜率。

参数：可以是数字，或者是包含数字的名称、数组或引用。

4. INTERCEPT 函数

语法：INTERCEPT(y,x)。

功能：利用现有的 x 值与 y 值计算直线与 y 轴的截距。

参数：可以是数字，或者是包含数字的名称、数组或引用。

5. STDEV.S 函数

语法：STDEV.S(number1,[number2],...)。

功能：基于样本估算标准偏差。

参数：样本总体中的一个样本。

6. COVARIANCE.S 函数

语法：COVARIANCE.S(array1,array2)。

功能：返回样本协方差。

参数：数组 1 与数组 2 的长度相等。

7. CORREL 函数

语法：CORREL(array1,array2)。

功能：返回两个数组之间的相关系数。

参数：数组 1 与数组 2 的长度相等。

6.2.3　股票估值模型

例题 6.7　某公司准备投资 A、B 两种股票，有关资料如图 6-17 上半部分所示。要求：建立一个计算两种股票价值并判断它们是否具有投资价值的模型，并利用参数调节按钮分析影响股票价值的因素。

解　操作步骤如下。

① 模型结构如图 6-17 下半部分所示。

图 6-17　计算模型

② 在单元格 B10 中输入"=B3/B4";在单元格 C10 中输入"=D3*(1+D4)/(D5-D4)",计算股票价值;在单元格 B11 中输入"=IF(B5<B10,"是","否")";在单元格 C11 中输入"=IF(D6<C10,"是","否")",判断股票是否有投资价值。

③ 在"开发工具"选项卡"控件"功能组中选择"插入"下拉菜单,选择"表单控件"中的，再将鼠标对准单元格 C15 左上角,向下拖拽出一个数值调节按钮。

④ 右击数值调节按钮,在弹出的快捷菜单中选择【设置对象格式】命令,在打开的【设置对象格式】对话框的"控制"选项卡中,将"单元格链接"设置为$D$15,单击【确定】,完成对单元格 C15 参数调节按钮的设置。

⑤ 同理,分别在单元格 C16、C17 的位置插入一个数值调节按钮,并将"单元格链接"分别设置为$D$16、$D$17。

⑥ 分别给单元格 D15、D16、D17 赋值为 200、10、100,在单元格 B15 中输入"=D15/100",使调节按钮每变动一次,目前股利变动 0.01 元;在单元格 B16 中输入"=D16/1000",使调节按钮每变动一次,预计每年股利增长率变动 0.1%;在单元格 B17 中输入"=D17/1000",使调节按钮每变动一次,投资者必要报酬率变动 0.1%。

⑦ 在单元格 B18 中输入"=B15*(1+B16)/(B17-B16)",分别调节按钮,即可看到股票价值的变动情况。

图 6-18 为模型的一个计算结果。

	A	B	C	D
1	已知条件			
2	股票A		股票B	
3	预计每年股利/(元/股)	3	目前的股利/(元/股)	2
4	投资者必要报酬率	10%	预计每年股利增长率	5%
5	目前股票价格/(元/股)	35	投资者必要报酬率	10%
6			目前股票价格/(元/股)	35
7				
8	计算结果			
9		股票A	股票B	
10	股票价值/(元/股)	30.00	42.00	
11	判断投资价值	否	是	
12				
13	带调节按钮的股票A、B价值计算模型			
14		调节后数值	参数调节按钮	调节按钮返回值
15	目前股利	2.10		200
16	预计每年股利增长率	4.60%		10
17	投资者必要报酬率	11.00%		100
18	股票价值	34.32		

图 6-18 计算结果

视频演示

例题 6.8 股票 E、F 的有关信息如图 6-19 所示。要求:建立一个计算两种股票价值并判断它们是否具有投资价值的模型。

解 操作步骤如下。

① 设计模型结构如图 6-19 下半部分所示。

② 在单元格 B12 中输入"=$D$3*(1+$D$4)^B$11",并将其复制到单元格 C12:D12。

③ 在单元格 D13 中输入"=D12*(1+D5)/(D6-D5)"。

④ 在单元格 B15 中输入"=NPV(B7,B3:B5)+B6/(1+B7)^3"。

⑤ 在单元格 C15 中输入 "=NPV(D6,B12:D12)+D13/(1+D6)^D11"。

⑥ 在单元格 B16 中输入 "=IF(B8<B15,"是","否")"。

⑦ 在单元格 C16 中输入 "=IF(D7<C15,"是","否")"。

模型计算结果如图 6-20 所示。

视频演示

	A	B	C	D
1			已知条件	
2		股票E		股票F
3	第1年股利/(元/股)	1.50	目前的股利/(元/股)	2
4	第2年股利/(元/股)	2.00	未来3年的股利增长率	15%
5	第3年股利/(元/股)	2.30	3年以后的股利增长率	5%
6	第3年末出售股票价格/(元/股)	26.00	投资者必要收益率	10%
7	投资者必要收益率	10%	目前股票价格/(元/股)	20
8	目前股票价格/(元/股)	30.00		
9				
10			计算结果	
11	股票E 年份			
12	高速期预计每年股利			
13	低速期股票价值			
14		股票E		股票F
15	股票价值/(元/股)			
16	判断投资价值			

图 6-19 计算模型

	A	B	C	D
1			已知条件	
2		股票E		股票F
3	第1年股利/(元/股)	1.50	目前的股利/(元/股)	2
4	第2年股利/(元/股)	2.00	未来3年的股利增长率	15%
5	第3年股利/(元/股)	2.30	3年以后的股利增长率	5%
6	第3年末出售股票价格/(元/股)	25.00	投资者必要收益率	10%
7	投资者必要收益率	10%	目前股票价格/(元/股)	20
8	目前股票价格/(元/股)	30.00		
9				
10			计算结果	
11	股票F 年份	1	2	3
12	高速期预计每年股利	2.30	2.65	3.04
13	低速期股票价值		63.88	
14		股票E		股票F
15	股票价值/(元/股)	24.28		54.55
16	判断投资价值	否		是

图 6-20 计算结果

6.2.4 股票投资收益与风险度量模型

例题 6.9 A、B、C、D 4 种股票的有关资料如图 6-21 上半部分所示，要求：建立一个计算 4 种股票预期收益率和标准差的模型。

解 操作步骤如下。

① 设计模型结构如图 6-21 下半部分所示。

② 在单元格 C10 中输入 "=SUMPRODUCT($B$4:$B$6,C4:C6)"，并将其复制到单元格 D10:F10。

③ 在单元格 C11 中输入 "=SUMPRODUCT($B$4:$B$6,(C4:C6−C$10)^2)"，并将其复制到单元格 D11:F11。

④ 在单元格 C12 中输入 "=SQRT(C$11)"，并将其复制到单元格 D12:F12。

⑤ 在单元格 C13 中输入 "=C12/C10"，并将其复制到单元格 D13:F13。

模型计算结果如图 6-22 所示。

视频演示

	A	B	C	D	E	F
1			已知条件			
2	各种情况及概率		预计收益率			
3			股票A	股票B	股票C	股票D
4	好	0.5	18%	20%	35%	10%
5	一般	0.3	8%	16%	10%	8%
6	坏	0.2	-10%	8%	-20%	6%
7						
8			计算结果			
9	股票名称		股票A	股票B	股票C	股票D
10	期望收益率					
11	方差					
12	标准差					
13	标准离差率					

图 6-21 计算模型

	A	B	C	D	E	F
1			已知条件			
2	各种情况及概率		预计收益率			
3			股票A	股票B	股票C	股票D
4	好	0.5	18%	20%	35%	10%
5	一般	0.3	8%	16%	10%	8%
6	坏	0.2	-10%	8%	-20%	6%
7						
8			计算结果			
9	股票名称		股票A	股票B	股票C	股票D
10	期望收益率		9.40%	16.40%	16.50%	8.60%
11	方差		1.13	0.21	4.50	0.02
12	标准差		10.62	4.54	21.22	1.56
13	标准离差率		1.13	0.28	1.29	0.18

图 6-22 计算结果

6.2.5 股票 β 系数的计算及特征线绘制模型

例题 6.10 根据 A 股票 2017 年每个月最后交易日的收盘价及上证综合指数，建立模型计算 A 股票的 β 系数并绘制特征线。

解 操作步骤如下。

① 根据已知条件建立模型，如图 6-23 所示。

	A	B	C	D	E	F	G	H	I
1			已知条件				计算过程与结果		
2	2017年每月最后交易日	A股票收盘价/（元/股）	当年股利/（元/股）	上证综合指数收盘指数	A股票月收益率	上证综合指数月收益率	A股票偏差的平方	上证综合指数偏差的平方	A股票的偏差/上证综合指数的偏差
3	2017/1/26	6.16	0.00	3159.17					
4	2017/2/28	6.53	0.00	3241.73					
5	2017/3/31	6.15	0.00	3222.51					
6	2017/4/28	5.37	0.00	3154.66					
7	2017/5/31	5.04	0.00	3117.18					
8	2017/6/30	5.25	0.00	3192.43					
9	2017/7/31	6.59	0.00	3273.03					
10	2017/8/31	7.56	0.00	3360.81					
11	2017/9/29	7.49	0.00	3348.94					
12	2017/10/31	6.28	0.00	3393.34					
13	2017/11/30	6.33	0.00	3317.19					
14	2017/12/29	6.05	0.00	3307.17					
15									
16	回归分析的参数估计								
17	计算方法	利用函数计算							
18	斜率								
19	截距								
20	A股票的标准差								
21	上证综合指数的标准差								
22	A股票与上证综合指数的协方差								
23	A股票与上证综合指数的相关系数								

图 6-23 计算模型

② 在单元格 C18 中输入"=SLOPE(E4:E14,F4:F14)"；在单元格 C19 中输入"=INTERCEPT (E4:E14,F4:F14)"；在单元格 C20 中输入"=STDEV.S(E4:E14)"；在单元格 C21 中输入"=STDEV.S (F4:F14)"；在单元格 C22 中输入"=COVARIANCE.S(E4:E14,F4:F14)"；在单元格 C23 中输入"=CORREL(E4:E14,F4:F14)"，完成对 A 股票 β 系数及相关参数的计算，如图 6-24 所示。

	A	B	C	D	E	F	G	H	I
1			已知条件				计算过程与结果		
2	2017年每月最后交易日	A股票收盘价/（元/股）	当年股利/（元/股）	上证综合指数收盘指数	A股票月收益率	上证综合指数月收益率	A股票偏差的平方 $(R_{it}-\bar{R_i})^2$	上证综合指数偏差的平方 $(R_{mt}-\bar{R_m})^2$	A股票的偏差/上证综合指数的偏差 $(R_{it}-\bar{R_i})(R_{mt}-\bar{R_m})$
3	2017/1/26	6.16	0.00	3159.17					
4	2017/2/28	6.53	0.00	3241.73	6.01%	2.61%	0.00308	0.00047	0.00121
5	2017/3/31	6.15	0.00	3222.51	-5.82%	-0.59%	0.00394	0.00011	0.00064
6	2017/4/28	5.37	0.00	3154.66	-12.68%	-2.11%	0.01727	0.00064	0.00334
7	2017/5/31	5.04	0.00	3117.18	-6.15%	-1.19%	0.00436	0.00028	0.00107
8	2017/6/30	5.25	0.00	3192.43	4.17%	2.41%	0.00137	0.00039	0.00073
9	2017/7/31	6.59	0.00	3273.03	25.52%	2.52%	0.06282	0.00044	0.00524
10	2017/8/31	7.56	0.00	3360.81	14.72%	2.68%	0.02033	0.00051	0.00321
11	2017/9/29	7.49	0.00	3348.94	-0.93%	-0.35%	0.00019	0.00008	0.00011
12	2017/10/31	6.28	0.00	3393.34	-16.15%	1.33%	0.02761	0.00008	-0.00148
13	2017/11/30	6.33	0.00	3317.19	0.80%	-2.24%	0.00001	0.00072	-0.00009
14	2017/12/29	6.05	0.00	3307.17	-4.42%	-0.30%	0.00238	0.00005	0.00036
15									
16	回归分析的参数估计								
17	计算方法	利用函数计算							
18	斜率	3.83824							
19	截距	-0.01206							
20	A股票的标准差	0.11974							
21	上证综合指数的标准差	0.01890							
22	A股票与上证综合指数的协方差	0.00143							
23	A股票与上证综合指数的相关系数	0.61957							

图 6-24 计算结果

③选中单元格 E4:F14，在"插入"选项卡下"图表"功能组中单击【散点图】，然后在下拉列表中选择"仅带数据标记的散点图"子图表类型，初步完成图形的绘制，如图 6-25 所示。

④右击绘图区，选择【选择数据】命令，系统弹出【选择数据源】对话框，如图 6-26 所示。

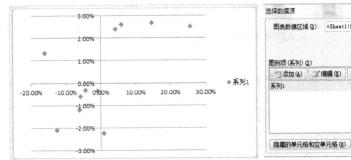

图 6-25　初步绘制的散点图　　　　图 6-26　【选择数据源】对话框

⑤在【选择数据源】对话框中，单击"图例项"下方的【编辑】按钮，系统打开【编辑数据系列】对话框，在该对话框的"X 轴系列值"中输入"=Sheet1!$F$4:$F$14"，在"Y 轴系列值"中输入"=Sheet1!$E$4:$E$14"，如图 6-27 所示。

⑥单击【确定】按钮，返回【选择数据源】对话框，再单击【确定】按钮，得到横纵坐标调换后的图。其中，横坐标代表上证综合指数收益率，纵坐标代表 A 股票收益率，如图 6-28 所示。

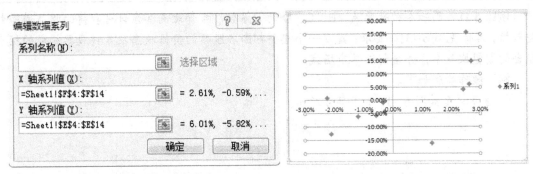

图 6-27　【编辑数据系列】对话框　　　图 6-28　调整数据后的散点图

⑦右击图表中的散点，在快捷菜单中单击【添加趋势线】命令，系统弹出"设置趋势线格式"选项，在"趋势线选项"中选择默认选中的【线性】按钮，单击【显示公式】复选框和【显示 R 平方值】复选框，如图 6-29 所示。

⑧单击【关闭】按钮，得到带有趋势线的散点图。再进一步编辑图，最终完成的图如图 6-30 所示。

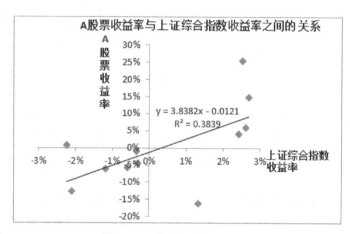

图 6-29 【设置趋势线格式】选项

图 6-30 带趋势线的散点图

6.2.6 资本资产定价模型与证券市场线的应用

例题 6.11 已知 4 种股票 A、B、C、D 的 β 系数、投资比例和预计可获得的收益率等相关数据，具体见图 6-31。要求：建立一个模型判断各股票的价格状态及 4 种股票构成的投资组合的期望收益率，并绘制证券市场线。

解 操作步骤如下。

① 建立模型如图 6-31 下半部分所示。

	A	B	C	D	E	F
2	股票	投资比例	β	预计可获得的收益率	无风险收益率	市场投资组合收益率
3	A	35%	1.20	12%		
4	B	15%	0.80	7%		
5	C	40%	1.80	14%		
6	D	10%	2.00	17%	3%	10%
7						
8		计算结果				模拟运算表
9	股票	期望收益率	价格状态		β 组	期望收益率
10	A					
11	B					
12	C					
13	D					
14		投资组合				
15		β 组				
16		期望收益率				

图 6-31 计算模型

② 在单元格 B10 中输入 "=\$E\$6+C3*(\$F\$6−\$E\$6)"，将其复制到单元格 B11:B13。

③ 在单元格 C10 中输入 "=IF(D3=B10,"均衡状态",IF(D3>B10,"被低估","被高估"))"，将其复制到单元格 C11:C13。

④ 在单元格 C15 中输入 "=SUMPRODUCT(B3:B6,C3:C6)"。

⑤ 在单元格 C16 中输入 "=E6+C15*(F6−E6)"。

⑥ 在单元格 E10:E16 中输入一系列 β 模拟数据，在单元格 F10 中输入 "=\$E\$6+E10*(\$F\$6−\$E\$6)"，并将其复制到单元格 F11:F16 中。

⑦ 选择单元格 E10:F16，在 "插入" 选项卡下 "图表" 功能组中单击【散点图】，然后在下拉列表中选择 "带平滑线和数据标记的散点图" 子图表类型，初步完成图形的绘制。再进一步编辑图表，删除网格线、添加图表标题及横纵坐标轴标签，将纵坐标轴 "主要刻度单位" 设为 0.05，横坐标轴 "主要刻度单位" 设为 0.5。

模型计算结果如图 6−32 所示。

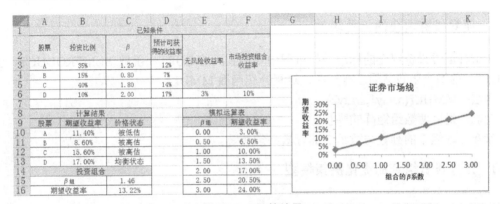

图 6−32　计算结果

6.3　证券投资组合的优化决策

6.3.1　证券投资组合的基本理论

1. 证券投资组合的收益

证券投资组合的收益等于投资组合中个别证券预期收益率按照各证券在投资组合中的权重系数所计算的加权平均数。用公式表示为

$$R_{\mathrm{p}} = \sum_{i=1}^{n}(w_i \cdot \overline{R_i})$$

$$\overline{R_i} = \sum_{t=1}^{m}(P_t \cdot R_{it})$$

$$\sum_{t=1}^{m} P_t = 1$$

（6.21）

其中，R_p 为投资组合的期望收益率；$\overline{R_i}$ 为第 i 种证券的平均期望收益率；w_i 为第 i 种证券在投资组合中的权重；n 为投资组合中证券的种数；R_{it} 为 i 证券在第 t 种情况下的预期收益率；m 为发生可能情况的种数；P_t 为发生第 t 种情况的概率。

2. 证券投资组合的风险

证券投资组合的风险可以用方差、标准差、标准离差率来衡量。证券投资组合的风险既与个别证券的标准差有关，也与各证券之间的协方差或相关系数有关。有关公式为

$$\sigma_p^2 = \sum_{i=1}^{n}\sum_{j=1}^{n}(w_i \cdot w_j \cdot \sigma_{ij})$$
$$\sigma_{ij} = \sum_{t=1}^{m}[P_t \cdot (R_{it} - \overline{R_i}) \cdot (R_{jt} - \overline{R_j})] \tag{6.22}$$

其中，σ_p^2 为投资组合的方差；σ_{ij} 为证券 i 与证券 j 期望收益率之间的协方差，其他符号含义同上。

6.3.2 证券投资组合的相关函数

在求解证券投资组合的标准差的过程中要用到函数 SQRT、函数 SUMPRODUCT、函数 MMULT，前两个函数前面已有介绍，这里介绍函数 MMULT。

语法：MMULT(array1,array2)。

功能：返回两数组矩阵的乘积。

参数：数组 1 的列数与数组 2 的行数必须相等。

6.3.3 证券投资组合的优化决策模型

例题 6.12 三种经济形势出现的概率和 A、B、C、D 4 种股票在三种经济形势下预计获得的收益率见图 6-33。投资决策目标为：投资组合的预期收益率不低于 10%，投资组合的标准差不高于 8%。要求：建立一个模型，在两种约束条件下求解最优投资组合。

解 操作步骤如下。

① 建立如图 6-33 下半部分所示的模型。

	A	B	C	D	E	F	G	H	I
1	已知条件								
2	经济形势	经济形势出现的概率	预期获得的收益率						
3			A	B	C	D			
4	好	0.4	8.00%	15.00%	30.00%	15.00%			
5	一般	0.5	6.00%	8.00%	10.00%	12.00%			
6	坏	0.1	3.00%	-2.00%	-20.00%	2.00%			
7	计算结果								
8			A	B	C	D			
9	期望收益率								
10	方差								
11	标准差								
12	标准离差率								
13	协方差		A	B	C	D			
14	A								
15	B								
16	C								
17	D								
18	投资组合的约束条件								
19	条件一	预期收益率不低于	10%						
20	条件二	投资组合的标准差不高于	8%						
21	规划求解结果								
22	投资决策的两种情况		可变单元格区域				投资比重合计	投资组合	
23			A	B	C	D		期望收益率	标准差
24	投资比重	情况1							
25		情况2							

图 6-33 计算模型

② 在单元格 C9 中输入 "=SUMPRODUCT($B$4:$B$6,C4:C$6)"; 在单元格 C10 中输入 "=SUMPRODUCT($B$4:$B$6,(C4:C6−C9)^2)"; 在单元格 C11 中输入 "=SQRT(C10)"; 在单元格 C12 中输入 "=C11/C9"; 选取单元格 C9:C12, 将其复制到 D9:F12。

③ 在单元格 C14 中输入 "=SUMPRODUCT($C$4:$C$6−$C$9,C4:C6−C9,$B$4:$B$6)"; 在单元格 C15 中输入 "=SUMPRODUCT($D$4:$D$6−D$9,C4:C6−C9,$B$4:$B$6)"; 在单元格 C16 中输入 "=SUMPRODUCT($E$4:$E$6−$E$9,C4:C6−C9,$B$4:$B$6)"; 在单元格 C17 中输入 "=SUMPRODUCT($F$4:$F$6−$F$9,C4:C6−C9,$B$4:$B$6)"; 选取单元格 C14:C17, 将其复制到 D14:F17; 在单元格 G24 中输入 "=SUM(C24:F24)", 将其复制到单元格 G25; 在单元格 H24 中输入 "=SUMPRODUCT($C$9:$F$9,C24:F24)", 将其复制到单元格 H25。

④ 在单元格 I24 中输入 "=SQRT(SUMPRODUCT(MMULT(C24:F24,$C$14:$F$17),C24:F24))", 将其复制到单元格 I25。

⑤ 单元格 C24:F25 为空, 用来存放规划求解的结果。选择"数据"选项卡下"分析"功能的"规划求解"选项, 弹出如图 6−34 所示的对话框。

⑥ 在【规划求解参数】对话框中, 在"设置目标"中输入"$I$24", 在"到"区域选择"最小值", 在"通过更改可变单元格"中输入"$C$24:$F$24", 在"遵守约束"区域单击【添加】按钮, 出现【添加约束】对话框, 依次添加四个约束条件, "$C$24:$F$24<=1" "$C$24:$F$24>=0" "$G$24=1" "$H$24>=$C$19", 设置完成的【规划求解参数】对话框如图 6−35 所示, 单击【求解】, 再在返回的【规划求解结果】中选择【确定】。

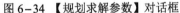

图 6−34 【规划求解参数】对话框　　　图 6−35 【规划求解参数】设置（情况 1）

⑦ 打开"数据"选项卡下"分析"功能的【规划求解】命令, 打开【规划求解参数】对话框, 在"设置目标"中输入"$H$25", 在"到"区域选择"最大值", 在"通过更改可变单元格"中输入"$C$25:$F$25", 在"遵守约束"区域单击【添加】按钮, 出现【添加约束】对话框, 依次添加 4 个约束条件: "$C$25:$F$25<=1" "$C$25:$F$25>=0" "$G$25=1" "$I$25<=$C$20", 设置完成的【规划求解参数】对话框如图 6−36 所示, 单击【求解】, 再在返回的【规划求解结果】中选择【确定】。

图 6-36 【规划求解参数】设置（情况 2）

视频演示

模型计算结果如图 6-37 所示。由模型的计算结果可以看出，为了实现证券组合的收益率不低于 10%的目标，应将全部资产投资于 39%的 A 股票和 61%的 D 股票，这时投资组合的风险最低；同理，为了实现证券组合标准差不高于 8%的目标，应将全部资产投资于 39%的 C 股票和 61%的 D 股票，这时候投资组合的收益最高。

		A	B	C	D				
1			已知条件						
2	经济形势	经济形势出现的概率	预期获得的收益率						
3			A	B	C	D			
4	好	0.4	8.00%	15.00%	30.00%	15.00%			
5	一般	0.5	6.00%	8.00%	10.00%	12.00%			
6	坏	0.1	3.00%	-2.00%	-20.00%	2.00%			
7			计算结果						
8			A	B	C	D			
9	期望收益率		6.50%	9.80%	15.00%	12.20%			
10	方差		0.00023	0.00264	0.02250	0.00136			
11	标准差		0.01500	0.05134	0.15000	0.03682			
12	标准离差率		0.23077	0.52390	1.00000	0.30184			
13	协方差		A	B	C	D			
14		A	0.00023	0.00077	0.00225	0.00053			
15		B	0.00077	0.00264	0.00770	0.00180			
16		C	0.00225	0.00770	0.02250	0.00530			
17		D	0.00053	0.00180	0.00530	0.00136			
18	投资组合的约束条件								
19	条件一	预期收益率不低于	10%						
20	条件二	投资组合的标准差不高于	8%						
21			规划求解结果						
22	投资决策的两种情况		可变单元格区域				投资比重合计	投资组合	
23			A	B	C	D		期望收益率	标准差
24	投资比重	情况1	0.39	0.00	0.00	0.61	100.00%	10.00%	2.82%
25		情况2	0.00	0.00	0.39	0.61	100.00%	13.28%	8.00%

图 6-37 计算结果

课后习题

1. 某公司 2021 年 7 月 1 日购买 W 公司 2018 年 7 月 1 日发行的面值为 10 万元、票面利率为 8%、期限为 5 年、每半年付息一次的债券。

（1）若此时市场利率为 10%，计算该债券价值。

（2）若该债券此时市价为 94 000 元，则此价格对购买者有无吸引力？此时的到期收益率为多少？

2. 某公司发行债券，面值为 1 000 元，票面利率为 10%，期限为 10 年，每年末付息一次。请建立模型分析市场利率对债券发行价格的影响。

3. 甲公司进行普通股投资，当时要求的必要报酬率为 16%。

（1）X 股票为固定增长股，增长率为 6%，预计一年后每股股利为 1.5 元。

（2）Y 股票未来三年股利为零增长，每股股利为 1.5 元，预计从第四年起转为正常增长，增长率为 6%。

要求：计算 X、Y 股票的价值，并进行比较。

4. 有甲、乙两只股票，其预期收益状况如表 6-2 所示。

表 6-2 预期收益

经济情况	概率	A 股票收益率	B 股票收益率
繁荣	0.4	30%	50%
一般	0.5	20%	30%
萧条	0.1	−10%	−20%

已知甲、乙股票的 β 系数分别为 1.5 和 1.8，市场组合的收益率为 10%，无风险收益率为 4%。假设资本资产定价模型成立。

要求：

（1）分别计算甲、乙股票收益率的期望值、标准差和标准离差率，并比较其风险大小；

（2）假设投资者将全部资金按照 30% 和 70% 的比例分别购买甲、乙股票构成投资组合，计算投资组合的 β 系数和必要收益率；

（3）利用规划求解功能，计算投资组合收益率不低于 30%、标准差不高于 15% 的最优组合。

第7章 营运资本管理模型

课程导入

　　一个企业要维持正常的运转就必须拥有适量的营运资本，因此营运资本管理是企业财务管理的重要组成部分。本章利用 Excel 的规划求解、排序和分类汇总等工具，对现金管理、应收账款管理和存货管理中的典型问题建模并进行决策分析。

本章结构

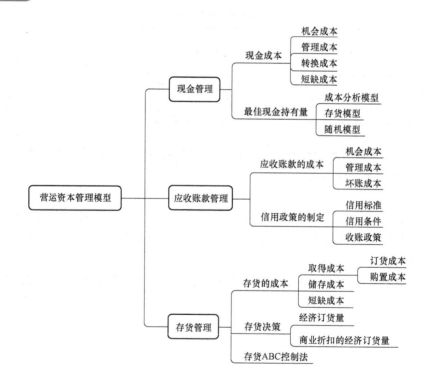

7.1 营运资本管理概述

　　营运资本又称循环资本，是指一个企业维持日常经营所需要的资金。营运资本有广义和狭义之分，广义的营运资本是指企业生产经营活动中占用在流动资产上的资金，指一个企业流动资产的总额；狭义的营运资本也称净营运资金，是指流动资产与流动负债之间的差额，它与流动比率、速动比率等结合，可用来衡量企业资产的流动性。广义的营运资本管理既包括流动资产的管理，也包括流动负债的管理。

7.2　现　金　管　理

现金是可以立即投入流动的交换媒介。它的首要特点是普遍的可接受性，即可以立即用来购买商品、货物、劳务或偿还债务。因此，现金是企业流动性最强的资产，但盈利性也最弱。属于现金的项目有企业的库存现金、各种形式的银行存款和银行本票、银行汇票等。

现金和有价证券是企业流动性最强的资产。一方面，其流动性最强，代表着企业直接的支付能力和应变能力；另一方面，其收益性最弱。在公司的日常经营中，持有一定的现金余额对于保证公司日常经营活动的顺利进行并对意外事件有一定的预防能力是非常重要的。但是现金持有量也不是越多越好，因为持有过多的现金会带来巨大的机会成本。现金管理的过程就是管理人员在现金的流动性与收益性之间权衡的过程，既要维护适度的流动性，又要尽可能地提高其收益性。因此，在现金管理过程中需要用到相关的决策模型，控制现金的持有量，降低资金成本。现金管理的内容主要包括合理确定现金持有量及对日常的现金收支进行控制。

7.2.1　现金的持有成本

现金的持有成本是指企业为了持有一定数量的现金而发生的费用或者现金发生短缺时所付出的代价。与现金有关的成本通常由以下 4 部分构成。

1. 机会成本

机会成本是指企业因持有现金而丧失的再投资收益。其计算公式为

$$机会成本 = 现金持有量 \times 有价证券利率（或报酬率）$$

比如，公司持有现金 20 000 元就只能放弃 2 000 元的证券投资收益（假设证券收益率为 10%）。机会成本随着企业现金持有量的增加成正比例上升。现金持有量越大，机会成本越高。现金持有量过多所造成的机会成本大幅度提高，对企业是极为不利的。

2. 管理成本

管理成本是指企业因持有一定数量的现金而发生的管理费用，如现金管理人员的工资、保管现金发生的安全措施费用等。管理成本是一种固定成本，在一定范围内与现金持有量之间无明显的比例关系。

3. 短缺成本

短缺成本是指企业在发生现金短缺的情况下所造成的损失，如丧失购买机会（甚至因供应不足，造成停工损失）、造成信用损失和得不到折扣的好处等。现金短缺与现金持有量成反比，现金短缺成本随现金持有量的增加而下降，随现金持有量的减少而上升。

4. 转换成本

转换成本是指企业用现金购入有价证券及用有价证券换取现金时付出的交易费用，即现金同有价证券之间相互转换的成本，如委托买卖佣金、委托手续费、证券过户费、印花税、

实物交割费等。转换成本可以分为两类：一类是与委托金额相关的费用，如委托买卖佣金和印花税，这些费用通常是按照委托成交金额计算的，属于变动转换成本；另一类是与委托金额无关，只与转换次数有关的费用，如委托手续费、过户费等。转换成本与现金持有量的关系是：当全年资金需要量一定时，现金持有量越少，证券变现的次数越多，相应的转换成本就越大；反之，就越小。

7.2.2 最佳现金持有量

现金是变现能力最强的资产，可以用来满足企业生产经营开支的各种需要，还可以用于企业还本付息和履行纳税义务。然而，现金属于非盈利资产，即使是银行存款，其利率也非常低。现金持有量过多，会降低企业的收益水平。因此，企业必须合理地确定现金持有量，使现金不但在数量上而且在时间上相互衔接，以便在保证企业正常生产经营活动的同时，尽量减少企业闲置的现金数量，提高资金收益率。最佳现金持有量是对企业正常生产经营活动最有利的现金余额。下面介绍几种确定最佳现金持有量的模型。

1. 成本分析模型

成本分析模型是通过分析持有现金的有关成本费用，寻找使总成本最低的现金持有量。采用这种模型确定现金最佳持有量时，假定只持有一定量现金而产生的机会成本、管理成本及短缺成本，而不考虑转换成本，这3种成本费用合计最小时的现金余额就是最佳现金持有量。其计算公式为

$$最佳现金持有量=\min\{机会成本+管理成本+短缺成本\}$$

运用该模型确定最佳现金持有量的具体步骤如下。

① 根据不同现金持有量测算并确定有关成本数值。

② 按照不同现金持有量及其有关成本资料编制最佳现金持有量测算表。

③ 在测算表中找出总成本最低时的现金持有量，即最佳现金持有量。

下面举例说明如何采用成本分析模型确定最佳现金持有量。

例题 7.1 某企业有甲、乙、丙、丁4种现金持有方案，有关成本费用资料如图7-1所示。要求：确定最佳现金持有量方案。

解 ① 建立基础数据表格，如图7-1所示。

② 选中 B11:E12，在单元格 B11 中输入 "="，选中 B4:E5，同时按住 Shift+Ctrl+ Enter 键。

③ 选中 B13:E13，在单元格 B13 中输入 "="，选中 B4:E4，输入 "*"，选中 B5:E5，同时按住 Shift+Ctrl+Enter 键。

④ 选中 B14:E15，在单元格 B14 中输入 "="，选中 B6:E7，同时按住 Shift+Ctrl+ Enter 键。

⑤ 在单元格 B16 中输入 "=SUM(B13:B15)"。

⑥ 在单元格 C16 中输入 "=SUM(C13:C15)"。

⑦ 在单元格 D16 中输入 "=SUM(D13:D15)"。

⑧ 在单元格 E16 中输入 "=SUM(E13:E15)"。

视频演示

⑨ 在单元格 B17 中输入 "=MIN(B16:E16)"。

⑩ 在单元格 B18 中输入 "=INDEX(B3:E3,MATCH(B17,B16:E16,0))"。

计算结果如图7-2所示。

图 7-1 成本费用资料

基础数据			(单位:元)	
项目	方案			
	甲	乙	丙	丁
现金持有量	10000	20000	30000	40000
机会成本率	10%	10%	10%	10%
管理成本	1500	1500	1500	1500
短缺成本	5000	2500	800	0
计算分析区				
项目	方案			
	甲	乙	丙	丁
现金持有量				
机会成本率				
机会成本				
管理成本				
短缺成本				
总成本				
最低的总成本				
最佳现金持有量(方案)				

图 7-1　成本费用资料

基础数据			(单位:元)	
项目	方案			
	甲	乙	丙	丁
现金持有量	10000	20000	30000	40000
机会成本率	10%	10%	10%	10%
管理成本	1500	1500	1500	1500
短缺成本	5000	2500	800	0
计算分析区				
项目	方案			
	甲	乙	丙	丁
现金持有量	10000	20000	30000	40000
机会成本率	10%	10%	10%	10%
机会成本	1000	2000	3000	4000
管理成本	1500	1500	1500	1500
短缺成本	5000	2500	800	0
总成本	7500	6000	5300	5500
最低的总成本			5300	
最佳现金持有量(方案)			丙	

图 7-2　计算结果

2. 存货模型

存货模型又称鲍莫尔模型(Baumol model),它是 1952 年由美国经济学家 William J. Baumol 第一次提出的,他认为公司现金持有量与存货的持有量有相似之处,存货经济订货批量模型可用于确定目标现金持有量,并以此为出发点,建立了鲍莫尔模型。存货模型的着眼点也是现金持有的有关总成本最低,在这些成本中,固定费用因其相对稳定,同现金持有量的多少关系不大,因此在存货模型中将其视为与决策无关的成本而不予考虑。同时,由于现金是否会发生短缺、短缺多少、短缺的概率多大及各种短缺情形发生时可能的损失如何,都存在很大的不确定性和无法计量性,因此在利用存货模型计算现金最佳持有量时,对短缺成本也不予考虑。在存货模型中,只对机会成本和转换成本予以考虑。能够使现金管理的机会成本与转换成本之和保持最低的现金持有量,即为最佳现金持有量。

持有现金的机会成本与现金持有量成正比,现金余额越大,持有现金的机会成本就越大。相反地,现金余额越小,有价证券的转换次数也越少,其转换成本也就越小。当持有现金的机会成本与转换成本相等时,现金管理的总成本最低,此时的现金持有量为最佳现金持有量。

运用存货模型确定最佳现金持有量时的假设前提是:

① 公司所需要的现金可通过证券变现取得,且证券变现的不确定性很小;

② 公司预算期内现金流入量稳定并且可以比较准确地预测其数量;

③ 现金的支出过程比较稳定,波动较小,而且当现金余额降至零时,均可通过部分证券变现得以补足,即没有短缺成本;

④ 证券的利率或报酬率及每次固定性交易费用可以获悉;

⑤ 不考虑管理费用。

如果这些条件基本得到满足,公司便可以利用存货模型来确定现金的最佳持有量。

设 T 为一定时期内现金需要总量,F 为每次转换有价证券的固定成本,Q 为最佳现金持有量,K 为有价证券利息率,TC 为现金管理相关总成本,则

$$现金管理相关总成本 = 持有机会成本 + 转换成本$$

$$TC = \frac{Q}{2} \cdot K + \frac{T}{Q} \cdot F$$

当现金管理总成本最低时，现金持有量为最佳现金持有量。TC 最小值的确定，可用求导数的方法得到，所以最佳现金持有量为

$$Q^* = \sqrt{\frac{2TF}{K}}$$

当现金管理总相关成本（TC）最低时，Q 就变成最佳现金持有量。对上式求导并令其为零时可得如下公式：

$$TC(Q^*) = \sqrt{2TFK}$$

$$最佳转换次数(N^*) = \frac{T}{Q^*}$$

$$最佳转换间隔期(t^*) = \frac{一定时期}{N^*}$$

例题 7.2 某企业现金收支状况比较稳定，预计全年（按 360 天计算）需要现金 150 000 元，现金与有价证券转换成本为每次 300 元，有价证券的年利率为 10%。要求：计算该企业的最佳现金持有量及相关成本。

解 ① 建立基础数据表格，如图 7-3 所示，假设最佳现金持有量的原始值为 "100"。

② 在单元格 B7 中输入 "=B8+B9"。

③ 在单元格 B8 中输入 "=B3*B2/B6"。

④ 在单元格 B9 中输入 "=B6/2*B4"。

⑤ 在单元格 B10 中输入 "=B2/B6"。

⑥ 在单元格 B11 中输入 "=360/B10"，计算结果如图 7-4 所示。

	A	B
1	基础数据区	
2	全年现金需求量/元	150000
3	有价证券转换成本/(元/次)	300
4	有价证券年利率	10%
5	计算分析区	
6	最佳现金持有量/元	
7	最低总成本/元	
8	最佳持有量下的转换成本/元	
9	最佳持有量下的机会成本/元	
10	证券交易次数/次	
11	证券交易间隔期/天	

图 7-3 基础数据

	A	B
1	基础数据区	
2	全年现金需求量/元	150000
3	有价证券转换成本/(元/次)	300
4	有价证券年利率	10%
5	计算分析区	
6	最佳现金持有量/元	60000
7	最低总成本/元	3750
8	最佳持有量下的转换成本/元	750
9	最佳持有量下的机会成本/元	3000
10	证券交易次数/次	2.5
11	证券交易间隔期/天	144

图 7-4 计算结果

⑦ 在 "数据" 选项卡的 "分析" 中选择【规划求解】命令，打开【规划求解参数】对话框，如图 7-5 所示，在 "设置目标" 中输入 "$B$7"，在 "到" 中选择 "最小值" 选项，在 "通过更改可变单元格" 输入 "$B$6"，在 "遵守约束" 中添加 "$B$6>=0"，在 "选择求解方法" 中，选择 "非线性"，单击【求解】按钮，这时系统会弹出【规划求解结果】对话框，单击【确定】按钮。

模型结果如图 7-6 所示。

视频演示

	A	B
1	基础数据区	
2	全年现金需求量/元	150000
3	有价证券转换成本/(元/次)	300
4	有价证券年利率	10%
5	计算分析区	
6	最佳现金持有量/元	30000
7	最低总成本/元	3000
8	最佳持有量下的转换成本/元	1500
9	最佳持有量下的机会成本/元	1500
10	证券交易次数/次	5
11	证券交易间隔期/天	72

图 7-5　【规划求解参数】对话框　　　　图 7-6　模型结果

3. 随机模型

随机模型是在现金需求量难以预知的情况下进行现金持有量控制的模型。企业可以根据历史经验和现实需要，测算出一个现金持有量的控制范围，即制定出现金持有量的上限和下限，将现金持有量控制在上、下限之内（见图 7-7）。

① 当现金持有量达到控制上限时，用现金购入有价证券，使现金持有量下降。

② 当现金持有量降到控制下限时，则抛售有价证券换回现金，使现金持有量回升。

③ 若现金持有量在上、下限之内，便不必进行现金与有价证券的转换，保持它们各自的现有存量。

随机模型建立在企业的现金未来需求总量和收支不可预测的前提下，因此计算出来的现金持有量比较保守。

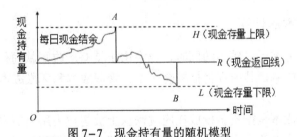

图 7-7　现金持有量的随机模型

图 7-7 中的上限（H）、现金返回线（R）可按下列公式计算：

$$R = \left(\frac{3b \times \delta^2}{4i}\right)^{\frac{1}{3}} + L, H = 3R - 2L$$

其中，b 表示每次有价证券的固定转换成本；i 表示有价证券的日利息率；δ 表示预期每日现金余额波动的标准差（可根据历史资料测算）。

而下限 L 的确定，则要受企业每日的最低现金需要、管理人员的风险承受倾向等的影响。

例题 7.3 某公司采用随机模型进行现金管理，相关数据如图 7-8 所示。要求：计算该公司的现金存量上限和返回线。

解 ① 建立基础数据表格，如图 7-8 所示。

② 在单元格 B9 中输入 "=POWER(3*B5*POWER(B7,2)/(4*B4),1/3)+B6"。

③ 在单元格 B10 中输入 "=3*B9-2*B6"。

视频演示

计算结果如图 7-9 所示。

	A	B
1	基础数据	
2	项目	数据
3	有价证券的年利率	9%
4	有价证券的日利率	0.03%
5	每次有价证券的固定转换成本	150
6	现金存量下限	15000
7	现金余额波动的标准差	2500
8	数据分析区	
9	现金返回线	
10	现金存量上限	

图 7-8 基础数据

	A	B
1	基础数据	
2	项目	数据
3	有价证券的年利率	9%
4	有价证券的日利率	0.03%
5	每次有价证券的固定转换成本	150
6	现金存量下限	15000
7	现金余额波动的标准差	2500
8	数据分析区	
9	现金返回线	29115.54
10	现金存量上限	57346.62

图 7-9 计算结果

7.3 应收账款管理

应收账款是指因对外销售产品、材料、供应劳务及其他原因，应向购货单位或接受劳务的单位及其他单位收取的款项，包括应收销售款、其他应收款、应收票据等。应收账款的产生与商业信用的提供密切相关。应收账款管理的目的是：正确衡量信用成本和信用风险，合理确定信用政策，及时收回账款，保证流动资产的真实性。

7.3.1 应收账款成本的计算

企业在采用赊销方式促进销售的同时，也会由于持有应收账款而付出一定的代价，这种代价就是应收账款的成本，其内容包括机会成本、管理成本和坏账成本。

1. 机会成本

应收账款的机会成本是指资金投放在应收账款上被客户占用而丧失的其他收入，如投资收益。应收账款机会成本的大小通常与企业维持赊销业务所需要的资金数量、资金成本率或有价证券利息率有关。机会成本的计算过程如下。

应收账款周转率=日历天数（360 天）/应收账款周转期
应收账款平均余额=赊销收入净额/应收账款周转率

$$维持赊销业务所需要的资金＝应收账款平均余额×变动成本/销售收入$$
$$＝应收账款平均余额×变动成本率$$
$$应收账款机会成本＝维持赊销业务需要资金×资金成本率$$

2. 管理成本

应收账款的管理成本是指与应收账款管理有关的费用，包括调查客户信用情况的费用、收集各种信息的费用、账簿记录费用和收账费用等。在应收账款一定数额范围内，管理成本一般为固定成本。

3. 坏账成本

应收账款是基于商业信用而产生的，其坏账成本是指应收账款收不回来而给企业造成的经济损失。存在应收账款就难以避免坏账的发生，企业可按有关规定以应收账款的一定比例提取坏账准备。坏账成本一般与应收账款的数额大小、拖欠时间有关。

7.3.2　信用政策的制定

信用政策即应收账款的管理政策，是企业为了实现应收账款管理目标而制定的赊销与收账政策，包括信用标准、信用条件和收账政策 3 个方面的内容。通过制定信用政策，指导和协调各机构业务活动，从客户的资信调查、付款方式的选择、信用限额的确定，到款项回收等环节实行全面监督和控制，以保障应收账款的安全、及时回收。

1. 信用标准

信用标准是客户获得企业商业信用所应具备的基本条件，通常以预期的坏账损失率表示。企业制定信用标准的高低，与客户的信用状况有着密切的关系，通常用"5C"信用评级系统确定，即客户的信用状况由客户的信用品质、偿付能力、资本、抵押品和经济条件 5 个方面决定。

2. 信用条件

信用标准是企业评价客户等级，决定给予或拒绝给予客户信用优惠的依据，一旦企业决定给予客户信用优惠，就需要考虑具体的信用条件。所谓信用条件，是指企业要求客户支付赊销款项的条件，主要包括信用额度、信用期限、现金折扣和折扣期限。信用额度就是允许客户赊欠的最高限额。信用期限是指企业允许客户从购货到延期付款的最长时间限定。现金折扣是企业为了鼓励客户在信用期限内尽早付款而给予的低于定价的优惠。折扣期限是在信用期限内，客户可以得到现金折扣的时间限定，它的长短和折扣率的高低如果定得不适当就不能发挥现金折扣应有的作用。企业应根据行业特点及所售产品的特点，权衡现金折扣利弊，制定出合理的折扣期限和折扣率。

3. 收账政策

收账政策是指企业向客户收取过期账款所制定和采用的程序及方法。积极的收账政策会减少企业应收账款的机会成本和坏账损失，但同时也会增加收账费用；反之，消极的收账政策虽然可以减少收账费用，但会增加企业应收账款的机会成本和坏账损失。因此，企业制定收账政策时，必须将应收账款机会成本和坏账损失与收账费用进行比较，以确定合理的收账政策。

例题 7.4　某企业原信用条件是"n/30"，该企业还准备了两个新信用条件的备选方案，各种备选方案的有关资料如图 7-10 所示，试分析哪种信用方案对企业更有利。

解　①建立计算分析区，如图 7-11 所示。

图 7-10 有关资料 图 7-11 计算分析区

② 选中 B15:D15，在单元格 B15 中输入"=B4:D4*(1-B10)"，同时按住"Shift+Ctrl+Enter"键。

③ 在单元格 B16 中输入"=B4/$B$11*B8*$B$10*$B$9"，向右水平拖动单元格 B16 填充 C16:D16。

④ 在单元格 B17 中输入"=B4*B6"，向右水平拖动单元格 B17 填充 C17:D17。

⑤ 选中 B18:D18，在单元格 B18 中输入"="，选中 B7:D7，同时按住"Shift+Ctrl+Enter"键。

⑥ 在单元格 B19 中输入"=SUM(B16:B18)"，向右水平拖动单元格 B19 填充 C19:D19。

⑦ 在单元格 B20 中输入"=B15-B19"，向右水平拖动单元格 B20 填充 C20:D20。

⑧ 在单元格 B21 中输入"=MAX(B20:D20)"。

⑨ 在单元格 B22 中输入"=INDEX(B14:D14,MATCH(B21,B20:D20))"。

计算结果如图 7-12 所示。

计算分析（单位：万元）			
信用标准变化	A	B	C
信用收益	96.60	105.00	112
机会成本	1.47	3.21	5.13
坏账成本	5.52	9.00	16.00
管理费用	2.80	4.20	6
信用成本	9.79	16.41	27.13
信用净收益	86.81	88.59	84.87
最佳收益		88.59	
决策		B	

图 7-12 计算结果

视频演示

例题 7.5 接例题 7.4，如果企业选择了 B 方案，但为了加速应收账款的回收，决定将信用条件改为"2/10，1/20，n/60"（D 方案），估计约有 60%的客户（按赊销额计算）会利用 2%的折扣，15%的客户将利用 1%的折扣，坏账损失降至 2%，收账费用降为 3 万元，如图 7-13 所示。试分析哪种信用方案对企业更有利。

图 7-13 基础数据

解　① 建立计算分析区，如图 7-14 所示。

② 在单元格 B13 中输入"=F9"。

③ 在单元格 C13 中输入"=C3*(F3*G3+F4*G4)"。

④ 在单元格 B14 中输入"=B3*(1-B8)"。

⑤ 在单元格 C14 中输入"=C3*(1-B8)-C13"。

⑥ 在单元格 B15 中输入"=E9"。

⑦ 在单元格 C15 中输入"=E3*G3+E4*G4+E5*G5"。

⑧ 在单元格 B16 中输入"=B3/$B$9*B15*$B$8*$B$7"，向右水平拖动单元格 B16 填充 C16。

⑨ 在单元格 B17 中输入"=B3*B6"，向右水平拖动单元格 B17 填充 C17。

⑩ 选中 B18:C18，在单元格 B18 中输入"="，选中 B5:C5，同时按住"Shift+Ctrl+Enter"键。

⑪ 在单元格 B19 中输入"=SUM（B16:B18）"，向右水平拖动单元格 B19 填充 C19。

⑫ 在单元格 B20 中输入"=B14-B19"，向右水平拖动单元格 B20 填充 C20。

⑬ 在单元格 B21 中输入"=IF(MAX(B20:C20)<=0,"不可行",IF(B20=C20,"一样",IF(B20>C20,"B","D")))"。

分析决策结果如图 7-15 所示。

视频演示

11	计算分析（单位：万元）		
12	信用标准变化	B	D
13	现金折扣		
14	信用收益		
15	平均收账期		
16	机会成本		
17	坏账成本		
18	管理费用		
19	信用成本		
20	信用净收益		
21	决策		

图 7-14　计算分析区

11	计算分析（单位：万元）		
12	信用标准变化	B	D
13	现金折扣	0	4.05
14	信用收益	105.00	100.95
15	平均收账期	60	24
16	机会成本	3.21	1.28
17	坏账成本	9.00	6.00
18	管理费用	4.20	3.00
19	信用成本	16.41	10.28
20	信用净收益	88.59	90.67
21	决策		D

图 7-15　分析决策结果

思政链接 科学信用管理

思政目标： 正确认识企业信用管理，树立诚信意识，传承诚实守信美德；正确认识诚信经营与企业长远发展之间的密切关系。

7.4　存货管理

存货是指企业在日常生产经营过程中为生产或销售而储备的物资。企业持有充足的存货，不仅有利于生产过程的顺利进行，节约采购费用与生产时间，而且能够迅速满足客户各种订货的需要，避免因存货不足带来的机会损失。然而，存货的增加必然要占用更多的资金，从而使企业付出更大的持有成本（即存货的机会成本），而且存货的储存费用与管理费用也会增加，进而影响企业获利能力的提高。因此，如何在存货的功能（收益）与成本之间进行利弊权衡，在充分发挥存货功能的同时降低成本、增加收益，实现它们的最佳组合成为存货管理的基本目标。

7.4.1 存货的成本

1. 取得成本

取得成本是指为取得某种存货而支出的成本，通常用 TC_a 来表示。取得成本又分为订货成本和购置成本。

（1）订货成本

订货成本是指取得订单的成本，如办公费、差旅费、邮资、电报电话费等。订货成本中有一部分与订货次数无关，如常设采购机构的基本开支等，称为订货的固定成本，用 F_1 表示；另一部分与订货次数有关，如差旅费、邮资等，称为订货的变动成本。每次订货的变动成本用 K 表示；订货次数等于存货年需要量（D）与每次进货量（Q）之商。订货成本的计算公式为

$$订货成本 = F_1 + \frac{D}{Q}K$$

（2）购置成本

购置成本是指存货本身的价值，经常用数量与单价的乘积来确定。年需要量用 D 表示，单价用 U 表示，于是购置成本为 DU。

订货成本加上购置成本，就等于存货的取得成本。其公式为

$$取得成本 = 订货成本 + 购置成本 = 订货固定成本 + 订货变动成本 + 购置成本$$

$$TC_a = F_1 + \frac{D}{Q}K + DU$$

2. 储存成本

储存成本是指为保持存货而发生的成本，包括存货占用资金所应计的利息（若企业用现有现金购买存货，便失去了现金存放银行或投资于证券本应取得的利息，视为"放弃利息"；若企业借款购买存货，便要支付利息费用，视为"付出利息"）、仓库费用、保险费用、存货破损和变质损失等，通常用 TC_c 表示。储存成本也分为固定成本和变动成本。固定成本与存货数量的多少无关，如仓库折旧、仓库职工的固定月工资等，常用 F_2 表示。变动成本与存货的数量有关，如存货资金的应计利息、存货的破损和变质损失、存货的保险费用等，单位成本用 K_c 来表示。用公式表示的储存成本为

$$储存成本 = 储存固定成本 + 储存变动成本$$

$$TC_c = F_2 + K_c\frac{Q}{2}$$

3. 缺货成本

缺货成本是指由于存货供应中断而造成的损失，包括材料供应中断造成的停工损失、产成品库存缺货造成的拖欠发货损失和丧失销售机会的损失（还应包括需要主观估计的商誉损失）；如果生产企业以紧急采购代用材料解决库存材料中断之急，那么缺货成本表现为紧急额

外购入成本（紧急额外购入的开支会大于正常采购的开支）。缺货成本用 TC_S 表示。

如果以 TC 来表示储备存货的总成本，则它的计算公式为

$$TC = TC_a + TC_C + TC_S = F_1 + \frac{D}{Q}K + DU + F_2 + K_C\frac{Q}{2} + TC_S$$

企业存货最优，即是使上式 TC 值最小。

7.4.2　存货决策

存货的决策涉及 4 项内容：决定进货项目、选择供应单位、决定进货时间和决定进货批量。决定进货项目和选择供应单位是销售部门、采购部门和生产部门的职责。财务部门要做的是决定进货时间和决定进货批量（分别用 T 和 Q 表示）。按照存货管理的目的，需要确定合理的进货批量和进货时间，使存货的总成本最低，这个批量叫做经济订货量。有了经济订货量，就可以很容易地找出最适宜的进货时间。与存货总成本有关的变量（即影响总成本的因素）很多，为了解决比较复杂的问题，有必要简化或舍弃一些变量，先研究解决简单的问题，然后再扩展到复杂的问题。这需要设立一些假设，在此基础上建立经济订货量的基本模型。

1. 经济订货量

经济订货量基本模型需要设立的假设条件有：

① 企业能够及时补充存货，即需要订货时便可立即取得存货；

② 能集中到货，而不是陆续入库；

③ 不允许缺货，即无缺货成本，TC_S 为零，这是因为良好的存货管理本来就不应该出现缺货成本；

④ 需求量稳定且能预测，即 D 为已知常量；

⑤ 存货单价不变，不考虑现金折扣，即 U 为已知常量；

⑥ 企业现金充足，不会因现金短缺而影响进货；

⑦ 所需存货市场供应充足，不会因买不到需要的存货而影响其他。

设立上述假设后，存货总成本的计算公式可以简化为

$$TC = F_1 + \frac{D}{Q}K + DU + F_2 + \frac{Q}{2}K_C$$

当 F_1、K、U、F_2、K_C 为常数量时，TC 的大小取决于 Q。为了求出 TC 的极小值，对其求导，可得出下列公式：

$$经济订货量\left(Q^*\right) = \sqrt{(2DK / K_C)}$$

这一公式称为经济订货量基本模型，求出的每次订货量可使 TC 达到最小值。这个基本模型还可以演变为其他形式：

$$最佳订货次数\left(N^*\right) = D / Q^*$$

$$最小成本\left(T^*\right) = \sqrt{2DKK_C}$$

$$最佳订货周期\left(t^*\right) = 一定时期 / N^*$$

$$经济订货量占用资金(I)=(Q/2)\times U$$

2. 商业折扣的经济进货量

为了鼓励客户购买更多的商品，销售企业通常会给予不同程度的价格优惠，即实行商业折扣或称价格折扣。购买越多，所获得的价格优惠越大。此时，进货企业对经济订货量的确定，除了要考虑进货费用与储存成本外，还应考虑存货的进价成本，因为此时的存货进价成本已经与进货数量的大小有了直接的联系，属于决策的相关成本。即在经济订货量基本模型其他假设条件均具备的前提下，存在数量折扣时的存货相关总成本可按下式计算：

$$存货相关总成本=存货进价+相关进货费用+相关储存成本$$

$$TC = \frac{D}{Q} \cdot K + DU + \frac{Q}{2} \cdot K_c$$

其中，U 为存货的单价。

商业折扣条件下的经济订货量可以按以下步骤确定。

① 计算不考虑商业折扣条件的经济订货量，作为进货量的第一选择，并计算出相关存货总成本。

② 以销售企业提供的价格折扣的下限作为第二、第三或更多的选择，并按照这些进货数量和相应价格分别计算出相关存货总成本。

③ 对比不同进货数量下的存货总成本，找出总成本最小的方案，该进货批量即为有商业折扣的经济订货量。

例题 7.6 某种材料全年共需 24 000 件，每次订货成本为 30 000 元，每件材料每个月的储存费为 10 元。购买 3 999 件以下该材料，每件买价为 100 元，购买 4 000 件以上该材料，每件买价为 95 元。要求：计算该种材料的最佳采购量。

解 ① 建立基础数据表格，如图 7-16 所示。

	A	B	C	D	E
1	基础数据				
2	折扣条件	4000			
3	原价	100			
4	折扣价	95			
5	年总需用量	24000			
6	每次订货成本	30000			
7	每件每月储存成本	10			
8	数据分析区				
9	无折扣时最佳采购量				
10	无折扣时最低相关成本				
11	项目	无折扣时		存在折扣时	
12		0	4000	4200	5000
13	年采购成本				
14	年订货成本				
15	年储存成本				
16	总成本				
17	最低的总成本				
18	最佳采购量				

图 7-16 基础数据

② 在单元格 D9 中输入 "=SQRT（2*B5*B6/（B7*12））"。

③ 在单元格 D10 中输入 "=SQRT（2*B5*B6*B7*12）"。

④ 在单元格 B12 中输入"=D9"。

⑤ 在单元格 C12:E12 中分别输入"4000、4200、5000",在单元格 B13 中输入"=B5*B3"。

⑥ 在单元格 C13 中输入"=$B$5*$B$4",向右水平拖动单元格填充 D13:E13。

⑦ 在单元格 B14 中输入"=$B$5/B12*$B$6",向右水平拖动单元格填充 C14:E14。

⑨ 在单元格 B15 中输入"=B12/2*$B$7*12",向右水平拖动单元格填充 C15:E15。

⑩ 在单元格 B16 中输入"=SUM(B13:B15)",向右水平拖动单元格填充 C16:E16。

⑪ 在单元格 B17 中输入"=MIN(B16:E16)"。

⑫ 在单元格 B18 中输入"=INDEX(B12:E12,MATCH(B17,B16:E16))"。

计算结果如图 7-17 所示。

	A	B	C	D	E
1	基础数据				
2	折扣条件	4000			
3	原价	100			
4	折扣价	95			
5	年总需用量	24000			
6	每次订货成本	30000			
7	每件每月储存成本	10			
8	数据分析区				
9	无折扣时最佳采购量			3464	
10	无折扣时最低相关成本			415692	
11	项目	无折扣时	存在折扣时		
12		3464	4000	4200	5000
13	年采购成本	2400000	2280000	2280000	2280000
14	年订货成本	207846	180000	171429	144000
15	年储存成本	207846	240000	252000	300000
16	总成本	2815692	2700000	2703429	2724000
17	最低的总成本	2700000			
18	最佳采购量	4000			

图 7-17　计算结果

视频演示

7.4.3　存货 ABC 控制法

ABC 控制法又称重点管理法,是把不同项目的存货按其重要程度分成 A、B、C 3 类,并对 A 类存货重点管理的一种方法。ABC 控制法适用于大型企业对存货的管理控制。在一个大型企业,存货项目成千上万种,有的价值昂贵,有的价值低廉,有的数量庞大,有的寥寥无几。如果不分主次,对每种存货都进行周密的规划、严格的控制,会浪费大量的人力、财力,而且也没有必要。采用 ABC 控制法就可以抓住重点,合理有效地控制存货资金。运用 ABC 控制法控制存货资金占用量的步骤如下。

① 计算每种存货在一定时间内(一般为 1 年)的资金占用额。

② 计算每种存货资金占用额占全部存货资金占用额的百分比,并按大小顺序排列,编成表格。

③ 根据事先测定好的标准,把重要的存货划为 A 类,把一般存货划为 B 类,把不重要的存货划为 C 类,并画图表示出来。

④ 对 A 类存货进行重点规划和管理,对 B 类存货进行次重点管理,对 C 类存货只进行一般管理。

例题 7.7 某企业共有 40 种材料，计划年度材料的耗用总额为 1 000 000 元。按占用资金多少的顺序排列后，根据企业规定的控制标准把 40 种材料划分为 A、B、C 3 类，编制存货数据表，如图 7-18 所示（图中只截取了部分数据）。要求：将存货分成 A、B、C 3 类进行管理。

解 ① 对存货数据表中的存货金额求和，在单元格 C83 中输入 "=SUM(C3:C82)"。

② 对存货数据表中的"存货金额"和"存货名称"进行分类汇总，复制"存货金额"和"存货名称"两列数据到"数据分析表"，对新表中的数据按照存货名称进行排序。选取范围 A3:B82，选择"开始"中的"排序与筛选"，单击"排序与筛选"，选择"自定义排序"，出现如图 7-19 所示的对话框。

	A	B	C	D
1		存货数据表		
2	存货日期	存货名称	存货金额 /元	
3	20×1/1/1	1#材料	36421	
4	20×1/1/1	1#材料	2564	
5	20×1/1/1	1#材料	235	
6	20×1/1/6	1#材料	45679	
7	20×1/1/6	1#材料	102349	
8	20×1/1/6	1#材料	61579	
9	20×1/1/7	1#材料	44612	
10	20×1/1/7	1#材料	6561	
11	20×1/1/7	10#辅材	64	
12	20×1/1/9	10#辅材	5613	
13	20×1/1/11	11#材料	964	
14	20×1/1/11	11#材料	34	
15	20×1/1/13	11#材料	56791	
16	20×1/1/14	11#材料	123	
17	20×1/1/18	11#材料	472	
18	20×1/1/18	11#材料	412	
19	20×1/1/18	11#材料	765	
20	20×1/1/18	11#材料	1624	
21	20×1/1/19	11#辅材	13210	
22	20×1/1/20	11#辅材	1426	
23	20×1/1/25	12#辅材	427	
24	20×1/1/25	12#辅材	1964	
25	20×1/1/25	13#辅材	4286	

存货基础数据表　数据分析表　ABC分类模型

图 7-18　存货数据

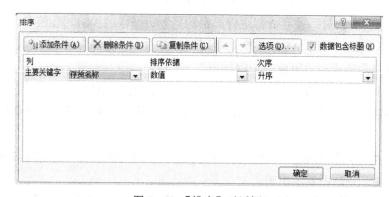

图 7-19　【排序】对话框

③ 选取范围 A3:B82, 选择"数据"中的"分类汇总", 按照"存货名称"对"存货金额"进行分类汇总, 汇总后选取"2", 如图 7-20 所示。

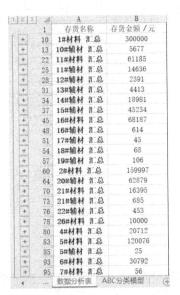
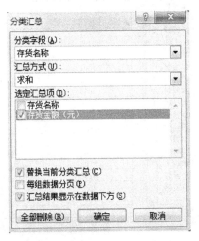

图 7-20 分类汇总

④ 把按"存货名称"汇总好的表复制到"ABC 分类数据表", 单击分类汇总"2", 选取范围 A1:B109, 按下"Win+F5"键进行定位, 单击"定位条件", 选取"可见单元格", 如图 7-21 所示。

图 7-21 定位

⑤ 在"ABC 分类数据表"中, 按照存货金额进行排序, 选取范围 A3:B30, 选择"开始"中的"排序与筛选", 单击"排序与筛选", 选择"自定义排序", 按照"存货金额"排序。

⑥ 在单元格 C3 中输入"=B3/$B$31", 向下垂直拖动单元格填充 C4:C29。

⑦ 在单元格 D3 中输入"=SUM($C$3:C3)", 向下垂直拖动单元格填充 D4:D29。

⑧ 在单元格 E3 中输入"=IF(D3<=$H$3,"A",IF(D3<=($H$3+$H$4),"B","C"))", 向下垂直拖动单元格填充 E4:E30, 如图 7-22 所示。

	A	B	C	D	E
1			存货数据分析表		
2	存货名称	存货金额 / 元	金额占比 / %	累计百分比 / %	类别标志
3	1#材料 汇总	300000	30.00%	30.00%	A
4	2#材料 汇总	159997	16.00%	46.00%	A
5	5#材料 汇总	120076	12.01%	58.01%	A
6	16#材料 汇总	68187	6.82%	64.83%	A
7	20#辅材 汇总	62879	6.29%	71.11%	B
8	11#材料 汇总	61185	6.12%	77.23%	B
9	9#辅材 汇总	55692	5.57%	82.80%	B
10	15#辅材 汇总	45234	4.52%	87.33%	B
11	6#材料 汇总	30792	3.08%	90.40%	B
12	4#材料 汇总	20712	2.07%	92.48%	B
13	14#辅材 汇总	18981	1.90%	94.37%	B
14	21#材料 汇总	16395	1.64%	96.01%	C
15	11#辅材 汇总	14636	1.46%	97.48%	C
16	26#材料 汇总	10000	1.00%	98.48%	C
17	10#辅材 汇总	5677	0.57%	99.04%	C
18	13#辅材 汇总	4413	0.44%	99.49%	C
19	12#辅材 汇总	2391	0.24%	99.72%	C
20	21#辅材 汇总	685	0.07%	99.79%	C
21	8#辅材 汇总	622	0.06%	99.86%	C
22	16#辅材 汇总	614	0.06%	99.92%	C
23	22#辅材 汇总	453	0.05%	99.96%	C
24	19#辅材 汇总	106	0.01%	99.97%	C
25	8#材料 汇总	79	0.01%	99.98%	C

数据分析表　ABC分类数据表

图7-22　存货数据分析

⑨ 在单元格 H10 中输入 "=SUMIF($E$3:$E$29,G10,$C$3:$C$29)"，向下垂直拖动填充单元格 H11、H12。在单元格 H13 中输入 "=SUM(H10:H12)"。

⑩ 在单元格 I10 中输入 "=COUNTIF($E$3:$E$29,G10)/COUNTA($E$3:$E$29)"，向下垂直拖动填充单元格 I11、I12。在单元格 I13 中输入 "=SUM(I10:I12)"。

分类结果如图7-23所示。

	G	H	I
1		分类标准	
2	类别	金额百分比	
3	A类	70%	
4	B类	25%	
5	C类	5%	
6			
7			
8		ABC 分类结果	
9	类别	金额百分比	品种百分比
10	A	67.34%	14.81%
11	B	25.72%	18.52%
12	C	6.94%	66.67%
13	合计	100.00%	100.00%

图7-23　分类结果

视频演示

课后习题

1. 某公司现有 A、B、C、D 4 种现金持有方案，有关成本数据如表 7-1 所示。

表 7-1　现金持有量备选方案　　　　　　　　　　　　　　单位：元

项目	A	B	C	D
现金持有量	15 000	25 000	35 000	45 000
机会成本率	15%	15%	15%	15%
管理费用	4 000	4 000	4 000	4 000
短缺成本	6 000	3 000	1 000	0

要求：根据表 7-1 编制该公司最佳现金持有量测算表，并确定该公司的最佳现金持有量。

2. 某公司的现金流量稳定，预计全年的现金需求量为 40 000 元，现金和有价证券的转换成本为每次 200 元，有价证券的利息率为 10%。要求：计算该公司的最佳现金持有量。

3. 某公司估计在目前的营运政策下，今年销售额将达到 100 万元。该公司销售的变动成本率为 80%，资本成本率为 16%。目前的信用政策为"n/25"，即无现金折扣。由于部分客户经常拖欠贷款，平均收现期为 30 天，坏账损失率为 1%，该公司的财务主管拟改变信用条件为"n/40"，预期影响如下：销售额增加 10 万元；增加部分的坏账损失率为 4%；全部销售的平均收现期为 45 天。

要求：

（1）计算改变信用政策后的预期资金变动额；

（2）计算改变信用政策后的预期利润变动额。

4. 某公司目前采用 30 天按发票金额付款的信用条件，实现的赊销额为 3 000 万元，平均收账期为 40 天，坏账损失率估计为 2%，收账费用为 20 万元。为了刺激销售，该公司拟将信用期限放宽到 60 天。如果采用这种信用条件，预计赊销额会增加 10%，坏账损失率将提高到 3%，收账费用增加到 25 万元。信用条件变化后，预计其平均收账期为 90 天，新老客户的付款习惯无差别。产品的变动成本率为 60%，该公司对应收账款投资所要求的报酬率为 15%。那么，该公司是否应该延长信用期限？

5. 某公司甲材料的年需要量为 3 600 kg。销售企业规定：客户每批购买量不及 900 kg 的，按照为 8 元/kg 计算；每批购买量 900 kg 及以上、1 800 kg 以下的，价格优惠 1%；每批购买量 1 800 kg 及以上的，价格优惠 3%。已知每批进货费用为 25 元，单位材料的年储存成本为 2 元。要求：计算实行数量折扣时的最佳经济订货量。

6. 某书店准备进一批心理学畅销书，该书定价为每本 30 元，该书店以 1 000 本作为一基本订货单位安排订货，安排每次订货的成本为 40 元，该书店每月的需求量为 20 000 本，每本书的月储存成本为 0.10 元。那么，该书的经济订货量是多少？每月最佳订货次数为多少？

第8章 销售与利润管理模型

课程导入

激烈竞争的市场对企业的管理要求越来越高,更多的企业开始应用计算机技术建立相关模型,结合定量分析与定性分析,准确、高效、及时地掌握企业的销售和利润情况,对影响企业经营成果的因素进行分析,最终实现企业价值最大化的财务管理目标。本章从销售管理与分析、利润管理与分析和利润管理综合模型案例分析三个方面展开,详细介绍了建立模型的方法和分析思路,Excel 的基本函数、数据透视表工具、数据分析工具及可视化工具,基于本量利分析的利润管理模型的应用等内容。

本章结构

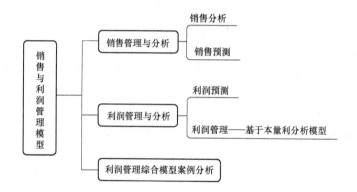

销售与利润管理是企业实现财务管理目标的前提和结果,建立销售与利润管理模型可以准确地从企业的基础数据系统中提取数据,运用 Excel 提供的函数、数据透视表工具等建立销售管理分析、销售预测分析及利润管理分析等模型,分析影响企业利润的原因,最终达到提高企业销售额、增加企业盈利水平的目的。

思政链接 销售与利润管理

思政目标: 销售是企业利润的中心,没有销售就没有利润。在激烈的商业竞争中,企业要树立正确的财务理念,维护良好的形象,更好地发挥资本市场服务实体经济和投资者的功能。

8.1　销售管理与分析

销售管理是指企业规划和实施销售战略、制定市场销售组合，为满足目标顾客需求和企业财务管理目标而创造交换机会的动态、系统的管理过程，其可使企业及时掌握销售内容，准确地做出生产计划及其他计划安排，及时了解销售过程中每个环节的准确情况和数据信息。销售管理是企业管理必不可少的组成内容，也是实现企业财务管理目标的重要前提。随着全球化经济的迅猛发展，企业将面临日益激烈的市场竞争，销售管理作为企业实现财务管理目标的前提，越来越受到企业的重视。

本节将从两个方面进行介绍：一个是编制企业销售统计表，并利用排序、筛选、分类汇总及数据透视表等功能，对销售数据进行分析管理，建立销售业绩分析模型；另一个是分别利用不同的方法实现对企业销售收入的预测分析。

8.1.1　销售分析

1. 编制销售统计表

应根据企业不同的业务性质编制销售统计表。若采用集中式财务管理模式，子公司或销售网点定期会有销售数据传递到总部中心数据库，可以通过外部数据库直接生成 Excel 表或直接导入；若采用分散式财务管理模式，子公司或销售网点会定期将销售数据通过互联网传递到总部，总部进行数据整合，如图 8-1 所示。

图 8-1　销售统计

2. 利用排序、筛选、分类汇总功能分析销售数据

（1）按产品进行销售流向分析

① 打开如图 8-1 所示的销售统计表，选择【数据】菜单中的【排序】命令，出现【排序】对话框，如图 8-2 所示。

图 8-2 【排序】对话框

② 在"主要关键字"选择产品型号所在的"列 D"，单击【确定】按钮，Excel 自动按照产品型号生成新表，如图 8-3 所示。

序号	日期	销售网点	产品型号	单价	数量	销售金额	客户	销售员	备注
							销售收入统计表		
1	2021/9/15	A	BL15	110	6	660	南京汇通	刘慧	
4	2021/4/14	B	BL15	110	5	550	上海讯达	陈纪平	
8	2021/4/25	B	BL15	110	10	1100	上海讯达	陈纪平	
13	2021/9/2	E	BL15	110	26	2860	无锡联发	张军	
14	2021/8/16	C	BL15	110	4	440	合肥商贸	李晶晶	
18	2021/5/29	E	BL15	110	14	1540	无锡联发	张军	
22	2021/8/31	A	BL15	110	47	5170	南京汇通	刘慧	
25	2021/4/4	C	BL15	110	14	1540	合肥商贸	李晶晶	
27	2021/1/27	B	BL15	110	63	6930	上海讯达	陈纪平	
30	2021/6/13	D	BL15	110	26	2860	杭州千叶	方龙	
32	2021/4/9	A	BL15	110	35	3850	南京汇通	刘慧	
33	2021/3/29	A	BL15	110	54	5940	杭州千叶	方龙	
36	2021/6/30	A	BL15	110	37	4070	南京汇通	刘慧	
40	2021/9/24	D	BL15	110	31	3410	杭州千叶	方龙	
42	2021/5/29	A	BL15	110	15	1650	南京汇通	刘慧	
2	2021/1/6	B	JD42	45	8	360	上海讯达	陈纪平	
5	2021/6/9	D	JD42	45	10	450	杭州千叶	方龙	
6	2021/10/10	C	JD42	45	8	360	合肥商贸	李晶晶	
9	2021/7/5	B	JD42	45	15	675	上海讯达	陈纪平	
10	2021/4/17	C	JD42	45	6	270	合肥商贸	李晶晶	
11	2021/2/3	A	JD42	45	8	360	南京汇通	刘慧	
15	2021/3/4	B	JD42	45	65	2925	上海讯达	陈纪平	
16	2021/1/30	B	JD42	45	23	1035	上海讯达	陈纪平	
19	2021/7/14	C	JD42	45	14	630	合肥商贸	李晶晶	
20	2021/10/25	B	JD42	45	5	225	上海讯达	陈纪平	
23	2021/11/11	D	JD42	45	25	1125	杭州千叶	方龙	
26	2021/2/1	A	JD42	45	47	2115	南京汇通	刘慧	
28	2021/4/13	C	JD42	45	58	2610	合肥商贸	李晶晶	
31	2021/1/21	C	JD42	45	45	2025	合肥商贸	李晶晶	
34	2021/5/5	E	JD42	45	29	1305	无锡联发	张军	
37	2021/11/26	B	JD42	45	17	765	上海讯达	陈纪平	
38	2021/12/19	C	JD42	45	29	1305	合肥商贸	李晶晶	
41	2021/12/29	C	JD42	45	61	2745	合肥商贸	李晶晶	
3	2021/3/25	B	XJ49	80	19	1520	上海讯达	陈纪平	
7	2021/3/5	A	XJ49	80	5	400	南京汇通	刘慧	
12	2021/7/28	B	XJ49	80	14	1120	杭州千叶	方龙	
17	2021/4/16	A	XJ49	80	21	1680	南京汇通	刘慧	
21	2021/11/10	D	XJ49	80	15	1200	杭州千叶	方龙	
24	2021/3/29	E	XJ49	80	8	640	无锡联发	张军	
29	2021/7/10	B	XJ49	80	4	320	上海讯达	陈纪平	
35	2021/12/12	C	XJ49	80	9	720	合肥商贸	李晶晶	
39	2021/4/6	C	XJ49	80	48	3840	上海讯达	陈纪平	

图 8-3 销售统计表筛选

③ 选择【分级显示】菜单中的【分类汇总】命令，出现【分类汇总】对话框，如图 8-4 所示。

④ 在"分类字段"下选择"产品型号"，在"汇总方式"下选择"求和"，在"选定汇总

项"下选择"销售金额",单击【确定】按钮,汇总结果如图 8-5 所示。

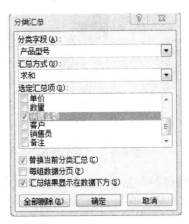

图 8-4　【分类汇总】对话框

	A	B	C	D	E	F	G	H	I	J
1	销售收入统计表									
2	序号	日期	销售网点	产品型号	单价	数量	销售金额	客户	销售员	备注
3	1	2021/9/15	A	BL15	110	6	660	南京汇通	刘慧	
4	4	2021/4/14	B	BL15	110	5	550	上海迅达	陈纪平	
5	8	2021/4/25	B	BL15	110	10	1100	上海迅达	陈纪平	
6	13	2021/9/2	E	BL15	110	26	2860	无锡联发	张军	
7	14	2021/8/16	C	BL15	110	4	440	合肥商贸	李晶晶	
8	18	2021/5/29	B	BL15	110	14	1540	无锡联发	张军	
9	22	2021/8/31	A	BL15	110	47	5170	南京汇通	刘慧	
10	25	2021/4/4	C	BL15	110	14	1540	合肥商贸	李晶晶	
11	27	2021/1/27	B	BL15	110	63	6930	上海迅达	陈纪平	
12	30	2021/6/13	D	BL15	110	26	2860	杭州千叶	方龙	
13	32	2021/4/9	A	BL15	110	35	3850	南京汇通	刘慧	
14	33	2021/3/29	D	BL15	110	54	5940	杭州千叶	方龙	
15	36	2021/6/30	A	BL15	110	37	4070	南京汇通	刘慧	
16	40	2021/9/24	D	BL15	110	31	3410	杭州千叶	方龙	
17	42	2021/5/29	D	BL15	110	15	1650	南京汇通	刘慧	
18				BL15 汇总			42570			
19	2	2021/1/6	B	JD42	45	8	360	上海迅达	陈纪平	
20	5	2021/6/9	D	JD42	45	10	450	杭州千叶	方龙	
21	6	2021/10/10	C	JD42	45	8	360	合肥商贸	李晶晶	
22	9	2021/7/5	B	JD42	45	15	675	上海迅达	陈纪平	
23	10	2021/4/17	C	JD42	45	6	270	合肥商贸	李晶晶	
24	11	2021/2/3	A	JD42	45	8	360	南京汇通	刘慧	
25	15	2021/3/4	B	JD42	45	65	2925	上海迅达	陈纪平	
26	16	2021/1/30	B	JD42	45	23	1035	上海迅达	陈纪平	
27	19	2021/7/14	C	JD42	45	14	630	合肥商贸	李晶晶	
28	20	2021/10/25	B	JD42	45	5	225	上海迅达	陈纪平	
29	23	2021/11/11	D	JD42	45	25	1125	杭州千叶	方龙	
30	26	2021/2/1	A	JD42	45	47	2115	南京汇通	刘慧	
31	28	2021/4/13	C	JD42	45	58	2610	合肥商贸	李晶晶	
32	31	2021/1/21	C	JD42	45	45	2025	合肥商贸	李晶晶	
33	34	2021/5/5	E	JD42	45	29	1305	无锡联发	张军	
34	37	2021/11/26	B	JD42	45	17	765	上海迅达	陈纪平	
35	38	2021/12/19	C	JD42	45	29	1305	合肥商贸	李晶晶	
36	41	2021/12/29	C	JD42	45	61	2745	合肥商贸	李晶晶	
37				JD42 汇总			21285			
38	3	2021/3/25	C	XJ49	80	19	1520	合肥商贸	李晶晶	
39	7	2021/3/5	A	XJ49	80	5	400	南京汇通	刘慧	
40	12	2021/7/28	D	XJ49	80	14	1120	杭州千叶	方龙	
41	17	2021/4/16	B	XJ49	80	21	1680	南京汇通	刘慧	
42	21	2021/11/10	D	XJ49	80	15	1200	杭州千叶	方龙	
43	24	2021/3/29	E	XJ49	80	8	640	无锡联发	张军	
44	29	2021/7/10	B	XJ49	80	4	320	上海迅达	陈纪平	
45	35	2021/12/12	C	XJ49	80	9	720	合肥商贸	李晶晶	
46	39	2021/4/6	B	XJ49	80	48	3840	上海迅达	陈纪平	
47				XJ49 汇总			11440			
48										
49										
50			总计				75295			
51										

图 8-5　按销售金额汇总结果

⑤ 按住 Ctrl 键并复选三个产品汇总及对应汇总金额单元格(图 8-5 中圈住的单元格),选择【插入】菜单下的【图表】命令,选择"饼状图",生成产品分析图,如图 8-6 所示。

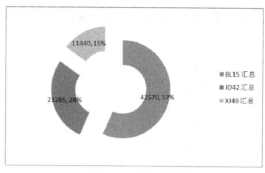

11440, 15%

21285, 28%   42570, 57%

■ BL15 汇总
■ JD42 汇总
▨ XJ49 汇总

图 8-6　产品分析图

视频演示

根据图 8-6 可以清晰地看到每种产品为企业创造的销售收入，同时可以看到相应的百分比数据，进而可以为今后的企业产品生产决策提供依据。

（2）按客户进行销售流向分析

① 打开如图 8-1 所示的销售统计表，选择【数据】菜单下的【排序】命令，出现【排序】对话框。

② 在"主要关键字"选择客户所在的"列 H"，单击【确定】按钮，Excel 自动按照客户生成新表。

③ 选择【分级显示】菜单下的【分类汇总】命令，出现【分类汇总】对话框。在"分类字段"下选择"客户"，在"选定汇总项"下选择"销售金额"，单击【确定】按钮，汇总结果如图 8-7 所示。

序号	日期	销售网点	产品型号	单价	数量	销售金额	客户	销售员	备注
							销售收入统计表		
5	2021/6/9	D	JD42	45	10	450	杭州千叶	方龙	
12	2021/7/28	D	XJ49	80	14	1120	杭州千叶	方龙	
21	2021/11/10	D	XJ49	80	15	1200	杭州千叶	方龙	
23	2021/11/11	D	JD42	45	25	1125	杭州千叶	方龙	
30	2021/6/13	D	BL15	110	26	2860	杭州千叶	方龙	
33	2021/3/29	D	BL15	110	54	5940	杭州千叶	方龙	
40	2021/9/24	D	BL15	110	31	3410	杭州千叶	方龙	
						16105	杭州千叶汇总		
3	2021/3/25	C	XJ49	80	19	1520	合肥商贸	辛晶晶	
6	2021/10/10	C	JD42	45	8	360	合肥商贸	辛晶晶	
10	2021/4/17	C	JD42	45	6	270	合肥商贸	辛晶晶	
14	2021/8/16	C	BL15	110	4	440	合肥商贸	辛晶晶	
19	2021/7/14	C	JD42	45	14	630	合肥商贸	辛晶晶	
25	2021/4/4	C	BL15	110	14	1540	合肥商贸	辛晶晶	
28	2021/4/13	C	JD42	45	58	2610	合肥商贸	辛晶晶	
31	2021/1/21	C	JD42	45	45	2025	合肥商贸	辛晶晶	
35	2021/12/12	C	XJ49	80	9	720	合肥商贸	辛晶晶	
38	2021/12/19	C	JD42	45	29	1305	合肥商贸	辛晶晶	
41	2021/12/28	C	JD42	45	61	2745	合肥商贸	辛晶晶	
						14165	合肥商贸汇总		
1	2021/9/15	A	BL15	110	6	660	南京汇通	刘雪	
7	2021/3/5	A	XJ49	80	5	400	南京汇通	刘雪	
11	2021/2/3	A	JD42	45	8	360	南京汇通	刘雪	
17	2021/4/16	A	XJ49	80	21	1680	南京汇通	刘雪	
22	2021/8/31	A	BL15	110	47	5170	南京汇通	刘雪	
26	2021/2/1	A	JD42	45	47	2115	南京汇通	刘雪	
32	2021/4/9	A	BL15	110	35	3850	南京汇通	刘雪	
36	2021/6/30	A	BL15	110	37	4070	南京汇通	刘雪	
42	2021/5/29	A	BL15	110	15	1650	南京汇通	刘雪	
						19955	南京汇通汇总		
2	2021/1/6	B	JD42	45	8	360	上海迅达	陈纪平	
4	2021/3/14	B	BL15	110	5	550	上海迅达	陈纪平	
8	2021/4/25	B	BL15	110	10	1100	上海迅达	陈纪平	
9	2021/7/5	B	JD42	45	15	675	上海迅达	陈纪平	
15	2021/3/4	B	JD42	45	65	2925	上海迅达	陈纪平	
16	2021/1/30	B	JD42	45	23	1035	上海迅达	陈纪平	
20	2021/10/25	B	BL15	110	63	6930	上海迅达	陈纪平	
27	2021/1/27	B	BL15	110	4	320	上海迅达	陈纪平	
29	2021/7/10	B	XJ49	80	17	765	上海迅达	陈纪平	
37	2021/11/26	B	JD42	45	48	3840	上海迅达	陈纪平	
39	2021/4/6	B	XJ49	80		18725	上海迅达汇总		
13	2021/9/2	E	BL15	110	26	2860	无锡联发	张军	
18	2021/5/29	E	BL15	110	14	1540	无锡联发	张军	
24	2021/5/5	E	XJ49	80	8	640	无锡联发	张军	
34		E	JD42	45	29	1305	无锡联发	张军	
						6345	无锡联发汇总		
						75395	总计		

图 8-7　按客户汇总结果

④ 按住 Ctrl 键并复选汇总数据及对应汇总金额单元格，选择【插入】菜单下的【图表】命令，选择"饼状图"，形成按客户分析图，如图 8-8 所示。

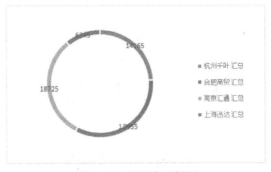

图 8-8　按客户分析图　　　　　　　　　　视频演示

根据图 8-8 可以清晰地看到每个客户为企业创造的销售收入，同时可以看到相应的百分比情况，管理者借助该图可以了解客户对于产品的需求。

（3）按销售员进行销售流向分析

① 打开如图 8-1 所示的销售统计表，选择【数据】菜单下的【排序】命令，出现【排序】对话框。

② 在"主要关键字"下选择销售员所在的"列 I"，单击【确定】按钮，Excel 自动按照销售员生成新表。

③ 选择【分级显示】菜单下的【分类汇总】命令，出现【分类汇总】对话框。在"分类字段"下选择"销售员"，在"选定汇总项"下选择"销售金额"，单击【确定】按钮，汇总结果如图 8-9 所示。

图 8-9　按销售员汇总结果

④按住 Ctrl 键并复选汇总及对应汇总金额单元格，选择【插入】菜单下的【图表】命令，选择"饼状图"，形成按销售员分析图，如图 8-10 所示。

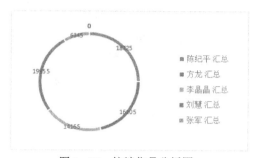

图 8-10　按销售员分析图

视频演示

根据图 8-10 可以清晰地看到每个销售员为企业创造的销售收入，同时可以看到相应的百分比情况，管理者可以以此作为对销售员业绩评价的依据。

（4）按销售网点进行销售流向分析

①打开如图 8-1 所示的销售统计表，选择【数据】菜单下的【排序】命令，出现【排序】对话框。

②在"主要关键字"选择销售网点所在的"列 C"，单击【确定】按钮，Excel 自动按照销售网点生成新表。

③选择【分级显示】菜单下的【分类汇总】命令，出现【分类汇总】对话框。在"分类字段"下选择"销售网点"，在"选定汇总项"下选择"销售金额"，单击【确定】按钮，汇总结果如图 8-11 所示。

图 8-11　按销售网点汇总结果

④ 按住 Ctrl 键并复选汇总及对应汇总金额单元格，选择【插入】菜单下的【图表】命令，选择"饼状图"，形成按销售网点分析图，如图 8-12 所示。

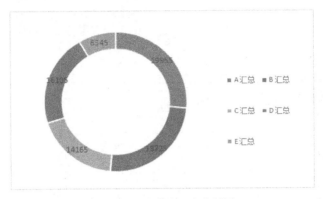

图 8-12　按销售网点分析图　　　　　　　　　　视频演示

根据图 8-12 可以清晰地看到每个销售网点为企业创造的销售收入，同时可以看到相应的百分比情况，管理者借助该图可以了解企业的产品主要流向哪些地区，同时根据结果评价每个销售网点的销售业绩。

3. 利用数据透视表分析销售数据

上文利用 Excel 的一些功能实现了对数据的有效分类，但对于多条件的大量交叉数据的分析，还远不能满足企业的需要，这就需要引入一个新的技术工具——数据透视表。

① 打开如图 8-1 所示的销售统计表，选择【插入】菜单下的"数据透视表"选项，在选择区域里选择整个表，在现有工作表位置中选择表中任意一个表格（注意不要与原表重合），如图 8-13 所示。

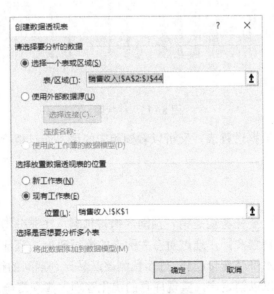

图 8-13　创建数据透视表

② 在出现的数据透视表字段中，依次把销售网点、产品型号、月和销售金额移动到对应区域，形成新的数据透视表。建好的数据透视表可以依据管理人员的需要进行调整，只需在

179

数据透视表字段中删除原有字段，移动新字段即可。如果想显示个别信息，则可以在数据透视表中单击下拉箭头，选择对应内容即可，如图8-14所示。

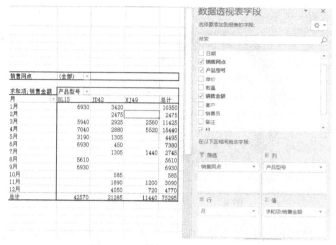

图8-14 数据透视表添加字段

③依据建好的数据透视表，还可以以图形化显示与对比：选中数据透视表，单击【插入】菜单，选择图表，即可自动生成柱状图（见图8-15）。

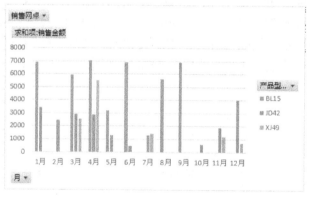

图8-15 柱状图

视频演示

在图中既可以看到数据透视表，又可以看到相应的图，而且根据数据透视表的筛选数据不同，图会相应发生变化。

8.1.2 销售预测

销售管理的另一个主要任务就是销售预测。销售预测是在充分考虑未来各种影响因素的基础上，结合本企业的销售实际，通过对有关因素的分析研究，预计和测算特定产品在未来一定时期内的市场销售水平及变化趋势，进而预测该产品计划期间的销售量或销售额的过程。通过销售预测，企业可以以销定产，实现库存的优化管理，实现资金的运营效率。

1. 利用相关函数预测销售收入模型

（1）LINEST函数

LINEST函数通过使用最小二乘法计算与现有数据最佳拟合的直线，来计算此直线的统计值，然后返回描述此直线的数组。也可以将 LINEST 函数与其他函数结合，计算未知参数中其他类型的线性模型的统计值，包括多项式、对数、指数和幂级数。因为此函数返回数值为数组，所以它必须以数组的形式输入。直线的形式为

$$y=mx+b$$

或

$$y=m_1x_1+m_2x_2+\cdots+b（如果有多个区域的 x 值）$$

其中，因变量 y 是自变量 x 的函数，m 是与每个 x 相对应的系数，b 为常量。注意，y、x 和 m 可以是向量。

LINEST 函数返回的数组为 $\{m_n,\ m_{n-1},\ \cdots,\ m_1,\ b\}$。LINEST 函数还可返回附加回归统计值，其语法格式为

LINEST(known_y's,[known_x's],[const],[stats])

known_y's 为必需参数，表示 $y=mx+b$ 中已知的 y 值集合。如果 known_y's 对应的单元格区域在单独一列中，则 known_x's 的每一列被视为一个独立的变量。如果 known_y's 对应的单元格区域在单独一行中，则 known_x's 的每一行被视为一个独立的变量。

known_x's 为可选参数，表示 $y=mx+b$ 中已知的 x 值集合。known_x's 对应的单元格区域可以包含一组或多组变量。如果仅使用一个变量，那么只要 known_x's 和 known_y's 具有相同的维数，则它们可以是任何形状的区域。如果用到多个变量，则 known_y's 必须为向量（即必须为一行或一列）。如果省略 known_x's，则假设该数组为 $\{1, 2, 3, \cdots\}$，其大小与 known_y's 相同。

const 为可选参数，是一个逻辑值，用于指定是否将常量 b 强制设为 0。如果 const 为 TRUE 或省略，b 将按常量计算；如果 const 为 FALSE，b 将被设为 0，并同时调整 m 值使 $y=mx$。

stats 为可选参数，是一个逻辑值，用于指定是否返回附加回归统计值。如果 stats 为 TRUE，则 LINEST 函数返回附加回归统计值，这时返回的数组为 $\{m_n, m_{n-1}, \cdots, m_1, b; se_n, se_{n-1}, \cdots,$ $se_1,\ se_b; r_2,\ se_y; F,\ df; ssreg,\ ssresid\}$；如果 stats 为 FALSE 或省略，则函数 LINEST 只返回系数 m 和常量 b。

附加回归统计值如表 8-1 所示。

表 8-1　LINEST 函数附加回归统计值表

统计值	说　　明
se_1，se_2，$\cdots$，se_n	系数 m_1，m_2，$\cdots$，m_n 的标准误差值
se_b	常量 b 的标准误差值（当 const 为 FALSE 时，se_b=#N/A）
r^2	判定系数，y 的估计值与实际值之比，范围在 0 到 1 之间。如果为 1，则样本有很好的相关性，y 的估计值与实际值之间没有差别；如果为 0，则回归公式不能用来预测 y 值
se_y	y 估计值的标准误差
F	F 统计值或 F 观察值。使用 F 统计值可以判断因变量和自变量之间是否偶尔发生过可观察到的关系
df	自由度，用于在统计表上查找 F 临界值，将从表中查得的值与 LINEST 函数返回的 F 统计值进行比较，可确定模型的置信区间
ssreg	回归平方和
ssresid	残差平方和

图 8−16 显示了附加回归统计值返回的顺序。

	A	B	C	D	E	F
1	m_n	m_{n-1}	...	m_2	m_1	b
2	se_n	se_{n-1}	...	se_2	se_1	se_b
3	r_2	se_y				
4	F	d_f				
5	ss_{reg}	ss_{resid}				

图 8−16　LINEST 函数回归统计值返回顺序

当只有一个自变量 x 时，可直接利用下面公式得到斜率和 y 轴截距值：

$$斜率 = INDEX(LINEST(known\_y's, known\_x's), 1)$$
$$y 轴截距 = INDEX(LINEST(known\_y's, known\_x's), 2)$$

（2）FORCAST 函数

FORCAST 函数是根据现有值计算或预测未来值，预测值为给定 x 值后求得的 y 值。已知值为现有的 x 值和 y 值，并通过线性回归来预测新值。可以使用该函数来预测未来销售、库存需求或消费趋势等。其语法格式为

$$FORECAST(x, known\_y's, known\_x's)$$

其中，x 为必需参数，是需要进行预测的数据点；known_y's 为必需参数，是相关数组或数据区域；known_x's 为必需参数，是独立数组或数据区域。

（3）SLOPE 函数

SLOPE 函数是返回通过 known_y's 和 known_x's 中数据点拟合的线性回归线的斜率，斜率为垂直距离除以线上任意两个点之间的水平距离，即回归线的变化率。其语法格式为

$$SLOPE(known\_y's, known\_x's)$$

其中，known_y's 为必需参数，是数字型因变量数据点数组或单元格区域；known_x's 为必需参数，是自变量数据点集合。

（4）INTERCEPT 函数

INTERCEPT 函数是利用已知的 x 值与 y 值计算直线与 y 轴的交点。交点是以通过已知 x 值和已知 y 值绘制的最佳拟合回归线为基础的。当自变量是 0 时，可使用 INTERCEPT 函数确定因变量的值。其语法格式为

$$INTERCEPT(known\_y's, known\_x's)$$

其中，known_y's 为必需参数，是因变量的观察值或数据的集合；known_x's 为必需参数，是自变量的观察值或数据的集合。

（5）TREND 函数

TREND 函数是根据已知 x 序列的值和 y 序列的值，构造线性回归直线方程，然后根据构造好的直线方程计算 x 值序列对应的 y 值序列。其语法格式为

$$TREND(known\_y's, known\_x's, new\_x's, const)$$

其中，known_y's 表示已知的 y 值，该参数可以是数组，也可以是指定单元格区域；known_x's 表示已知的 x 值，该参数可以是数组，也可以是指定单元格区域；new_x's 表示给出的新的 x 值，也就是需要计算预测值的变量 x，如果省略该参数，则函数会默认其值等于 known_x's；const 表示一个逻辑值，用来确定是否将方程中的常量 b 设为 0。参数值为 TRUE 或省略时，

b 就按实际的数值计算；参数值为 FALSE 时，b 的值为 0，此时指数曲线方程变为 $y=m^x$。

（6）LOGEST 函数

LOGEST 函数计算指数回归拟合曲线，并返回描述该曲线的数值数组。因为此函数返回数值为数组，所以它必须以数组的形式输入。LOGEST 函数的语法格式为

$$\text{LOGEST(known\_y's,[known\_x's],[const],[stats])}$$

其中，known_y's 为必需参数，是 $y=bm^x$ 中已知的 y 值集合。如果数组 known_y's 在单独一列中，则 known_x's 的每一列被视为一个独立的变量；如果数组 known_y's 在单独一行中，则 known_x's 的每一行被视为一个独立的变量。

known_x's 为可选参数，是关系表达式 $y=bm^x$ 中已知的 x 值集合，可以包含一组或多组变量。如果仅使用一个变量，那么只要 known_x's 和 known_y's 具有相同的维数，则它们可以是任何形状的区域。如果使用多个变量，则 known_y's 必须是向量（即具有一列高度或一行宽度的单元格区域）。如果省略 known_x's，则假设该数组为 {1，2，3，…}，其大小与 known_y's 相同。

const 为可选参数，是一个逻辑值，用于指定是否将常量 b 强制设为 1。如果 const 为 TRUE 或省略，b 按常量计算；如果 const 为 FALSE，则常量 b 将设为 1，而 m 的值满足公式 $y=m^x$。

stats 为可选参数，是一个逻辑值，用于指定是否返回附加回归统计值。如果 stats 为 TRUE，LOGEST 函数将返回附加的回归统计值，因此返回的数组为 {m_n，m_{n-1}，…，m_1，b；se_n，se_{n-1}，…，se_1，se_b；r_2，se_y；F，df；ssreg，ssresid}。如果 stats 为 FALSE 或省略，则 LOGEST 函数只返回系数 m 和常量 b。

（7）GROWTH 函数

GROWTH 函数通过使用现有的 x 值和 y 值，返回指定的一系列新 x 值的 y 值。其语法格式为

$$\text{GROWTH(known\_y's,[known\_x's],[new\_x's],[const])}$$

其中，known_y's 为必需参数，是 $y=bm^x$ 中已知的 y 值集合。如果数组 known_y's 在单独一列中，则 known_x's 的每一列被视为一个独立的变量。如果数组 known_y's 在单独一行中，则 known_x's 的每一行被视为一个独立的变量。如果 known_y's 中的任何数为零或为负数，则返回错误值 #NUM!。

known_x's 为可选参数，是 $y=bm^x$ 中已知的 x 值集合，可以包含一组或多组变量。如果仅使用一个变量，那么只要 known_x's 和 known_y's 具有相同的维数，则它们可以是任何形状的区域。如果用到多个变量，则 known_y's 必须为向量（即必须为一行或一列）。如果省略 known_x's，则假设该数组为 {1，2，3，…}，其大小与 known_y's 相同。

new_x's 为可选参数，其返回对应 y 值的新 x 值。new_x's 与 known_x's 一样，对每个自变量必须包括单独的一列（或一行）。因此，如果 known_y's 是单列的，known_x's 和 new_x's 应该有同样的列数。如果 known_y's 是单行的，known_x's 和 new_x's 应该有同样的行数。如果省略 new_x's，则假设它和 known_x's 相同。如果 known_x's 与 new_x's 都被省略，则假设它们为数组 {1，2，3，…}，其大小与 known_y's 相同。

const 为可选参数，是一个逻辑值，用于指定是否将常量 b 强制设为 1。如果 const 为 TRUE 或省略，b 按常量计算；如果 const 为 FALSE，b 将设为 1，m 值将被调整，以满足 $y=m^x$。

例题 8.1 A 公司 2021 年产品销售额的数据如图 8-17 上半部分所示。要求：基于历史数据，当销售额随时间变化可能呈线性变动趋势或指数变动趋势时，建立预测模型。

解 ① 建立模型结构，如图 8-17 下半部分所示。

图 8-17　利用函数预测销售收入——指数变动趋势

② 在操作组合框控件之前，先确认是否有【开发工具】菜单，如果没有加载，单击【文件】菜单，选择【选项】命令，在对话框中选择"自定义功能区"，在右边的功能区内勾选"开发工具"选项，并单击【确定】，如图 8-18 所示。

图 8-18　添加"开发工具"

③ 在【开发工具】菜单中选择【插入】|【表单控件】|【组合框（窗体控件）】，在 A11、A12 表格拖出一个组合框控件，右击组合框，选择【设置对象格式】，在"数据源区域"中输入"$A$6:$A$7"，在"单元格链接"中输入"A11"，在"下拉显示项数"中填写"2"，在"三维阴影"中打钩，如图 8-19 所示。

图 8-19　设置对象格式　　　　　　　视频演示

④ 在单元格 C11 中输入 " =IF($A$11=1，INDEX(LINEST(B4:M4,B3:M3),1),INDEX(LOGEST(B4:M4,B3:M3),1))"。

⑤ 在单元格 C12 中输入 " =IF($A$11=1，INDEX(LINEST(B4:M4,B3:M3),2),INDEX(LOGEST(B4:M4,B3:M3),2))"。

⑥ 在单元格 F11 中输入 " =IF($A$11=1,C12+C11*E6,C12*C11^E6)"。

⑦ 在单元格 L11 中输入 " =IF($A$11=1,FORECAST(E6,B4:M4,B3:M3),GROWTH(B4:M4,B3:M3,E6))"。

⑧ 选择单元格 A14:B18，输入 " =IF($A$11=1,LINEST(B4:M4,B3:M3,,TRUE),LOGEST(B4:M4,B3:M3,,TRUE))"，同时按 "Shift+Ctrl+Enter" 键。

本题还可以直接利用 SLOPE 函数、INTERCEPT 函数和 TREND 函数直接计算。

① 在单元格 B20 中输入 " =SLOPE(B4:M4,B3:M3)"。

② 在单元格 B21 中输入 " =INTERCEPT(B4:M4,B3:M3)"。

③ 在单元格 E20 中输入 " =B20*E6+B21"。

④ 在单元格 E21 中输入 " =TREND(B4:M4,B3:M3,E6)"。

最终结果如图 8-17 下半部分和图 8-20 下半部分所示。

	A	B	C	D	E	F	G	H	I	J	K	L	M
1	已知条件												
2	年份												
3	月份	1	2	3	4	5	6	7	8	9	10	11	12
4	销售额/万元	280	290	320	320	370	400	450	500	580	650	750	900
5	销售额可能的变动趋势		预测期		预测期的自变量								
6	线性变动趋势	$y=mx+b$	2022年1月		13								
7	指数变动趋势	$y=bm^x$											
8													
9	选择与计算区域												
10	变动趋势选择		利用LINEST或LOGEST函数计算					利用FORECAST或GROWTH函数计算					
11	线性变动趋势	系数m	52.48252	2022年1月预计销售额/万元		825.303		2022年1月预计销售额/万元					825.3030303
12		系数b	143.0303										
13	返回的附加回归统计值												
14	52.48251748	143.0303											
15	5.368281162	39.50948											
16	0.90528347	64.19531											
17	95.57819195	10											
18	393881.2937	41210.37											
19	利用SLOPE、INTERCEPT和TREND函数计算												
20	斜率（使用SLOPE函数）	52.48252	利用回归方程$y=mx+b$预测		825.303								
21	截距（使用INTERCEPT函数）	143.0303	直接利用trend函数预测		825.303								

图 8-20　利用函数预测销售收入——线性变动趋势

例题 8.2　B 公司 2021 年产品销售额的数据如图 8-21 上半部分所示。要求：基于历史数据，当销售额随时间变化与当地人口数和每户总收入数之间很可能呈线性变动趋势或指数变动趋势时，建立预测模型。

解　①建立模型结构，如图 8-21 下半部分所示。

	A	B	C	D	E	F	G	H	I	J	K	L	M
1						已知条件							
2	年份						2021年						
3	月份		1	2	3	4	5	6	7	8	9	10	11	12
4	人口数 (X_1,千人)	245	200	380	245	97	206	73	456	340	239	399	200
5	每户总收入 (X_2,元)	2568	3230	4012	3983	2589	3887	3829	4392	3895	3598	5087	4598
6	产品销售额 (Y, 千元)	106	178	298	398	789	389	565	825	578	986	236	210
7	销售额可能的变动趋势			预测期			2022年1月						
8	线性变动趋势	$y=m_1x_1+m_2x_2+b$		预期期的人口数/千人			157						
9	指数变动趋势	$y=bm_1{}^{x_1}+m_2{}^{x_2}$		预测期的每户总收入/元			2088						
10													
11		选择与计算区域											
12	变动趋势的选择	线性变动趋势 ▼											
13	返回的附加回归统计值			预测方程的系数									
14	-0.0412	0.0644	603.4706		$m_1=$	0.06							
15	0.1517	0.9634	497.2078		$m_2=$	-0.0412							
16	0.01	314.01	#N/A		$b=$	603.4706							
17	0.04	#N/A	#N/A		预计销售额/万元								
18	8197.70	887417.96	#N/A		527.53								

图 8-21　利用函数预测销售收入——线性变动趋势

②在【开发工具】菜单中选择【插入】|【表单控件】|【组合框（窗体控件）】，在 B12 表格拖出一个组合框控件，右击组合框，选择【设置对象格式】，在"数据源区域"输入"$A$8:$A$9"，在"单元格链接"输入"B12"，在"下拉显示项数"填写"2"，在"三维阴影"中打钩，如图 8-22 所示。

视频演示

图 8-22　设置对象格式

③在单元格 E14 中输入"=INDEX(A14:C18,1,2)"。

④在单元格 E15 中输入"=INDEX(A14:C18,1,1)"。

⑤在单元格 E16 中输入"=INDEX(A14:C18,1,3)"。

⑥在单元格 D18 中输入"=IF($B$12=1,C14+B14*G8+A14*G9,C14*(B14^G8)*(A14^G9))"。

⑦在单元格 A14:C18 中输入"=IF($B$12=1,LINEST(B6:M6,B4:M5,,TRUE), LOGEST(B6:M6, B4:M5,,TRUE))"，同时按"Shift+Ctrl+Enter"键。

最终结果如图 8-21 下半部分和图 8-23 下半部分所示。

	A	B	C	D	E	F	G	H	I	J	K	L	M
1	已知条件												
2	年份					2021年							
3	月份	1	2	3	4	5	6	7	8	9	10	11	12
4	人口数 (X_1, 千人)	245	200	380	245	97	206	73	456	340	239	399	200
5	每户总收入 (X_2,元)	2568	3230	4012	3983	2589	3887	3829	4392	3895	3598	5087	4598
6	产品销售额 (Y, 千元)	106	178	298	398	789	389	565	825	578	986	236	210
7	销售额可能的变动趋势					预测		2022年1月					
8	线性变动趋势	$y=m_1x_1+m_2x_2+b$			预测期的人口数/千人		157						
9	指数变动趋势	$y=bm_1^{x_1}m_2^{x_2}$			预测期的每户总收入/元		2088						
10													
11	选择与计算区域												
12	变动趋势的选择	指数变动趋势 ▼											
13	返回的附加回归统计值			预测方程的系数									
14	1.0001	0.9995	302.4847	$m_1=$	1.00								
15	0.0004	0.0023	1.2015	$m_2=$	1.0001								
16	0.01	0.76	#N/A	$b=$	302.4847								
17	0.04	9.00	#N/A	预计销售额/万元									
18	0.04	5.18	#N/A	340.10									

图 8-23　利用函数预测销售收入——指数变动趋势

2. 利用数据分析工具预测销售收入模型

Excel 的数据分析工具库给开展复杂的统计分析提供了便利,一些工具还可以自动生成可视化图表。下面简单介绍两种分析工具:移动平均法和回归分析法。

为确保 Excel 可以使用数据分析工具,需要先在【文件】菜单中选择【选项】命令,在出现的对话框中选择【加载项】,单击【转到】;然后勾选所有选择框,单击【确定】。此时在【数据】菜单下可以看到"分析"选项卡中出现"数据分析"选项。需要注意的是,如果在上述操作中无法顺利添加,则需要在网上下载分析工具加载项补丁包。具体操作如图 8-24 和图 8-25 所示。

图 8-24　添加相关数据包 1

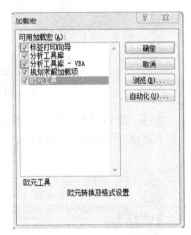

图 8-25　添加相关数据包 2

（1）移动平均法

在时间序列分析中,很重要的一项内容就是根据过去已有的数据预测未来的结果。移动平均法是通过对时间序列进行平滑,消除其随机波动来预测序列的趋势,也可以用于对平稳

序列的短期预测。这种平滑其实就是计算几个时期的平均数，将计算的时期不断往后推移，是一种比较简单的移动平均方法。其公式是

$$F_{(t+1)} = \frac{1}{N} \sum_{j=1}^{N} A_{t-j+1}$$

其中：N 为包含的过去期间的个数；A_t 为期间 t 的实际值；F_t 为期间 t 的预测值。

例题 8.3 某公司 2021 年月度零售额数据如图 8-26 所示，预测 2022 年 1 月的零售额。要求：采用移动平均法预测（3 期移动平均）。

解 ① 如图 8-26 所示，选择【数据】|【分析】|【数据分析】，在对话框中选择"移动平均"选项，单击【确定】，如图 8-27 所示。

图 8-26 用移动平均法预测销售收入

② 在"输入区域"输入"$B$2:$B$13"，在"间隔"输入"3"，在"输出区域"输入"$C$2"，单击【确定】，如图 8-28 所示。

图 8-27 【数据分析】对话框　　　　图 8-28 【移动平均】对话框

③ 选中单元格 C2 到 C13，当光标变成十字后拖拽到 C14，可得 2022 年 1 月的零售额，如图 8-29 所示。同时自动生成可视化图，如图 8-30 所示。

图 8-29 移动平均法预测销售收入

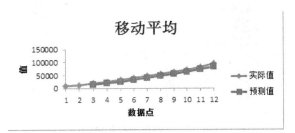

图 8-30 移动平均法预测销售收入图

（2）回归分析法

回归分析工具可用来分析单个因变量是如何受一个或多个自变量影响的。这里以二元线性回归为例来进行介绍，多元线性回归的步骤与此类似。

例题 8.4 某快餐品牌 2021 年 6 月十家分店的营业额如图 8-31 所示，且认为营业额与分店的规模和位置有关，试用线性回归分析法分析第十一家新店的营业额。

解 ① 如图 8-31 所示，选择【数据】|【数据分析】，并在对话框中选择【回归】命令，单击【确定】，如图 8-32 所示。

分店	面积 (X_1, m²)	距离地铁站 距离 (X_2, m)	月营业额 (Y, 千元)	
1	10	80	46.9	
2	8	0	33.6	
3	8	200	37.1	
4	5	200	20.8	
5	7	300	24.6	
6	8	230	29.7	
7	7	40	36.3	
8	9	0	43.6	
9	6	330	19.8	
10	9	180	36.4	
11	8	260		

图 8-31 回归分析法预测销售收入

② 在对话框中，在 "Y 值输入区域" 输入 "$D$2:$D$11"，在 "X 值输入区域" 输入 "$B$2:$C$11"，在 "输出区域" 输入 "$A$15"，单击【确定】，如图 8-33 所示。有关回归分

析的参数如图 8-34 所示。

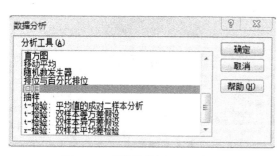

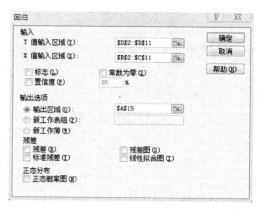

图 8-32 【数据分析】对话框 　　　　　　　　　图 8-33 【回归】对话框

	A	B	C	D	E	F	G	H	I	J
1	分店	面积 (X_1, m²)	距离地铁站 距离 (X_2, m)	月营业额 (Y, 千元)						
2	1	10	80	46.9						
3	2	8	0	33.6						
4	3	8	200	37.1						
5	4	5	200	20.8						
6	5	7	300	24.6						
7	6	8	230	29.7						
8	7	7	40	36.3						
9	8	9	0	43.6						
10	9	6	330	19.8						
11	10	9	180	36.4						
12	11	8	260							
13										
14										
15	SUMMARY OUTPUT									
16										
17		回归统计								
18	Multiple	0.954449014								
19	R Square	0.91097292								
20	Adjusted	0.885536612								
21	标准误差	3.087591808								
22	观测值	10								
23										
24	方差分析									
25		df	SS	MS	F	gnificance F				
26	回归分析	2	682.8434378	341.4217189	35.81388	0.000211				
27	残差	7	66.73256219	9.533223171						
28	总计	9	749.576							
29										
30		Coefficients	标准误差	t Stat	P-value	Lower 95%	Upper 95%	下限 95.0%	上限 95.0%	
31	Intercept	4.541900307	7.048528367	0.644375687	0.539865	-12.1252	21.20902	-12.1252	21.20902	
32	X Variabl	4.281136556	0.791132557	5.411402319	0.000996	2.410405	6.151868	2.410405	6.151868	
33	X Variabl	-0.029658024	0.009881478	-3.00137519	0.019903	-0.05302	-0.00629	-0.05302	-0.00629	
34										
35										
36										
37										

图 8-34　回归分析法预测销售收入

③ 在 D12 单元格中输入 "=B31+B32*B12+B33*C12"，可得所需的预测值，结果如图 8-35 所示。

分店	面积 (X_1, m²)	距离地铁站 距离 (X_2, m)	月营业额 (Y, 千元)
1	10	80	46.9
2	8	0	33.6
3	8	200	37.1
4	5	200	20.8
5	7	300	24.6
6	8	230	29.7
7	7	40	36.3
8	9	0	43.6
9	6	330	19.8
10	9	180	36.4
11	8	260	31.08

SUMMARY OUTPUT

回归统计	
Multiple	0.954449014
R Square	0.91097292
Adjusted	0.885536612
标准误差	3.087591808
观测值	10

方差分析

	df	SS	MS	F	nificance F
回归分析	2	682.8434378	341.4217189	35.81388	0.000211
残差	7	66.73256219	9.533223171		
总计	9	749.576			

	Coefficients	标准误差	t Stat	P-value	Lower 95%	Upper 95%	下限 95.0%	上限 95.0%
Intercept	4.541900307	7.048528367	0.644375687	0.539865	-12.1252	21.20902	-12.1252	21.20902
X Variabl	4.281136556	0.791132557	5.411402319	0.000996	2.410405	6.151868	2.410405	6.151868
X Variabl	-0.029658024	0.009881478	-3.00137519	0.019903	-0.05302	-0.00629	-0.05302	-0.00629

图 8-35　回归分析法预测销售收入结果

视频演示

3. 利用绘图工具预测销售收入模型

在利用回归分析法进行销售预测时，如果涉及的自变量只有一个，那么除了上述数据分析工具，绘图工具也可以解决预测问题。

例题 8.5　某公司 2021 年各月零售额有关数据如图 8-36 所示。要求：预测 2022 年 1 月的零售额（利用绘图工具预测）。

年度						2021							2022年1月
时间	1	2	3	4	5	6	7	8	9	10	11	12	13
零售额	10561.7	12271.3	19318.5	25791.5	32690.6	40810	47862.7	55195	62784.6	70539.1	81654.3	95438.6	

图 8-36　有关数据

解　① 如图 8-36 所示，选中单元格 A2:M3，选择【插入】|【图表】|【散点图】，如图 8-37 所示。

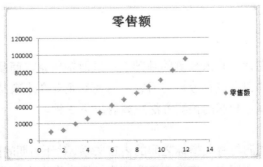

图 8-37　零售额散点图

②右击图中数据，选择"添加趋势线"，在对话框中勾选"显示公式"和"显示 R 平方值"，单击【关闭】，如图 8-38 所示。

③在 N3 单元格中输入"=7 609*N2-3 215.2"，即可得到 2022 年 1 月的预测零售额，如图 8-39 所示。

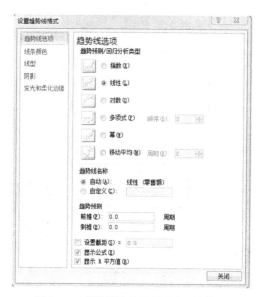

视频演示

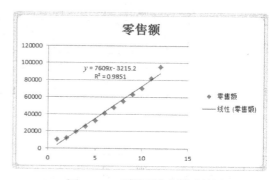

图 8-38 【设置趋势线格式】对话框   图 8-39 预测零售额散点图

8.2 利润管理与分析

利润是企业在一定时期内全部销售收入净额减去成本支出后的余额，是生产经营活动的最终成果，也是企业生存发展的核心指标。利润管理是企业目标管理的重要组成部分，其行为结果会直接或间接地影响各经济主体的利益。

利润管理一般需要进行两个方面的分析：一个是利润预测，即通过历史数据推算未来目标利润；另一个是影响目标利润的各因素分析，即研究如何通过调整各因素实现企业的目标利润，也就是利润管理。

8.2.1 利润预测

利润预测是指企业在营业收入预测的基础上通过对销售量、商品或服务成本、营业费用及其他对利润产生影响的因素进行分析与研究，进而对企业在未来某一时期内可以实现的利润预期数进行预计和测算。利润的预测方法主要有以下 3 种。

1. 比率预测法

比率预测法是根据利润与有关指标之间的内在关系，对计划期间的利润进行预测的方法。常用的指标有：销售收入利润率、成本费用利润率、资金利润率和利润增长率等。预计利润

的计算公式为

$$预计利润=预计销售收入×销售收入利润率$$
$$=预计成本费用×成本费用利润率$$
$$=预计平均资金占用额×资金利润率$$
$$=基期利润总额×（1+预计利润增长率）$$

例题 8.6　A 公司的有关信息如图 8-40 上半部分所示。要求：运用比率预测法分析 A 公司下一年度的利润。

	A	B	C
1	**A公司**（单位：万元）		
2	时期	2020年	2021年
3	销售收入	149	180
4	成本费用	75	84
5	资金总额	300	370
6	税前利润	36	
7	销售收入利润率	24%	
8	成本费用利润率	48.00%	
9	资金利润率	12.00%	
10	按销售收入利润率预计的销售利润		43.49
11	按成本费用利润率预计的销售利润		40.32
12	按资金利润率预计的销售利润		44.40
13	平均的预计税前利润		42.74
14			

图 8-40　比率预测法预测利润　　　　　　　视频演示

解　①如图 8-40 所示，在单元格 B7 中输入"=B6/B3"，在单元格 B8 中输入"=B6/B4"，在单元格 B9 中输入"=B6/B5"。

②在单元格 C10 中输入"=B7*C3"，在单元格 C11 中输入"=B8*C4"，在单元格 C12 中输入"=B9*C5"。

③在单元格 C13 中输入"=AVERAGE(C10:C12)"，计算单元格 C10、C11、C12 的平均数。最终结果如图 8-40 所示。

---

2. 经营杠杆系数预测法

经营杠杆系数反映了息税前利润变动率和销售变动率之间的关系。根据基期的有关资料计算出经营杠杆系数，再结合预测期销售额的变动率，即可得到预计利润。其计算公式为

$$经营杠杆系数=[基期销售量×（单价-单位变动成本）]/基期息税前利润$$
$$预计期息税前利润=基期息税前利润×（1+经营杠杆系数×销售额变动率）$$
$$预计期税前利润=预计期息税前利润-预计期债务利息$$

例题 8.7　B 公司的有关信息如图 8-41 所示，要求：运用经营杠杆系数预测法分析 B 公司下一年度的利润。

⊿	A	B
1	B公司	
2	基期销售量/件	800
3	产品单价	36
4	单位变动陈本	19
5	固定经营成本	5000
6	预测期销售额增长率	20%
7	预测期利息费用	40
8	基期息税前利润	8600
9	经营杠杆系数	1.58
10	预计息税前利润	11320
11	预计税前利润	11280
12		
13		

图 8-41　经营杠杆系数法预测利润

视频演示

解 ① 如图 8-41 所示,在单元格 B8 中输入 "=B2*(B3-B4)-B5",在单元格 B9 中输入 "=B2*(B3-B4)/B8",在单元格 B10 中输入 "=B8*(1+B9*B6)"。

② 根据单元格 B10 的预计息税前利润,在单元格 B11 中输入 "=B10-B7"。

最终结果如图 8-41 所示。

3. 本量利分析预测法

本量利分析法全称为"成本-业务量(生产量或销售量)-利润分析法",也称损益平衡分析法,是根据成本、业务量和利润之间的变化关系预测未来一定时期目标利润的方法。本量利分析法以成本性态研究为基础,将成本分为变动成本和固定成本,可以帮助企业管理人员找到降低成本、增加利润的途径,进而帮助管理人员进行利润管理。该方法下目标利润的计算公式为

$$目标利润=预计销售量×(单位产品售价-单位变动成本)-固定成本$$

例题 8.8　C 公司的有关信息如图 8-42 所示,要求:运用本量利分析预测法分析 C 公司下一年度的利润。

⊿	A	B	C
1	C公司(单位:元)		
2	产品名称	甲	乙
3	目标销售量/件	500	600
4	目标销售单价	84	59
5	目标单位生产成本	39	21
6	预计期的期间费用	8540	
7	目标税前利润	36760	

图 8-42　本量利分析法预测利润

视频演示

解　如图 8-42 所示,在单元格 B7 中输入 "=SUMPRODUCT(B3:C3,(B4:C4-B5:C5))-B6",最终结果如图 8-42 所示。

8.2.2　利润管理——基于本量利分析模型

在前述已经预测目标利润以后，如何采取必要的措施保证目标利润的完成就变得十分重要。根据本量利分析法，影响企业利润的因素主要 4 个：产品的销售单价、产品的单位变动成本、产品的业务量和产品的固定成本。其中任何一个因素的变动都会引起企业利润的变动，甚至会使一个企业由盈变亏或扭亏为盈。

本量利分析的基本计算公式为

$$利润=销售收入-总成本$$
$$=销售收入-变动成本-固定成本$$
$$=边际贡献-固定成本$$
$$=（单价-单位变动成本）×产销量-固定成本$$
$$=单位边际贡献×产销量-固定成本$$
$$=边际贡献率×销售收入-固定成本$$

通过上述公式可以看出，有 5 个相互联系的变量，给定任意 4 个，便可求出另一个变量的值。本量利分析在企业财务管理中应用十分广泛，可应用于保本点分析及利润敏感性分析等。

1. 保本点分析

（1）单品种生产情况下的保本点计算模型

在企业只生产单一产品的情况下，企业的保本点即为利润为零的点。令利润为零，通过上述公式可知，

$$保本点的销售量=固定成本/（单价-单位变动成本）$$
$$保本点的单价=固定成本/产销量+单位变动成本$$
$$保本点的单位变动成本=单价-固定成本/产销量$$
$$保本点的固定成本=产销量×（单价-单位变动成本）$$

例题 8.9　某公司若只生产单一产品，有关数据如图 8-43 所示，要求：建立计算保本点的模型。

	A	B	C
1	项目	值	保本点的计算
2	销售量	1500	1579
3	单价	95	97.00
4	单位变动成本	57	55.00
5	固定成本	60000	57000.00
6			

图 8-43　单一产品下计算保本点

视频演示

解　如图 8-43 所示，在单元格 C2 中输入"=B5/(B3-B4)"，在单元格 C3 中输入"=B5/B2+B4"，在单元格 C4 中输入"=B3-B5/B2"，在单元格 C5 中输入"=B2*(B3-B4)"，最终结果如图 8-43 所示。

（2）多品种生产情况下的保本点计算模型

在生产多种产品情况下，可根据综合边际贡献率计算保本点。这种方法的基本原理是：先根据多种产品的销售额和边际贡献率计算综合边际贡献率，然后再计算综合保本点的销售额及各有关数据。其计算公式为

综合边际贡献率＝各种产品边际贡献/各种产品销售收入总额

综合保本点的销售额＝固定成本/综合边际贡献率

保本点某种产品销售额＝综合保本点的销售额×该产品的销售收入占总收入比重

例题 8.10 某公司生产 A、B、C 三种产品，有关数据如图 8–44 上半部分所示。要求：建立保本点计算模型。

	A	B	C	D	E
1	项目	A产品	B产品	C产品	合计
2	销量	4500.00	3580.00	8720.00	—
3	单价	82.00	97.00	36.00	—
4	单位可变动成本	40.00	49.00	13.00	—
5	固定成本		750000.00		
6	收入	369000.00	347260.00	313920.00	1030180.00
7	各产品占总收入的比例	35.82%	33.71%	30.47%	100.00%
8	变动成本总额	180000.00	175420.00	113360.00	468780.00
9	边际贡献	189000.00	171840.00	200560.00	561400.00
10	边际贡献率	18.35%	16.68%	19.47%	54.50%
11	综合保本点的销售额		1376264.70		
12	保本点各产品的销售额	492964.02	463920.56	419380.12	—
13	保本点各产品的销量	6011.76	4782.69	11649.45	

图 8–44 多品种产品下计算保本点

解 ① 如图 8–44 所示，选取 B6:D6 单元格，输入"=B2:D2*B3:D3"。

② 在单元格 E6 中输入"=SUM(B6:D6)"，并复制到 E7:E9。

③ 选取 B7:D7 单元格，输入"=B6:D6/E6"。

④ 选取 B8:D8 单元格，输入"=B4:D4*B2:D2"。

⑤ 选取 B9:D9 单元格，输入"=B6:D6−B8:D8"。

⑥ 选取 B10:E10 单元格，输入"=B9:E9/B6:E6"。

⑦ 在单元格 B11 中输入"=B5/E10"。

⑧ 选取 B12:D12 单元格，输入"=B11*B7:D7"。

⑨ 选取 B13:D13 单元格，输入"=B12:D12/B3:D3"。

最终结果如图 8–44 所示。

视频演示

2. 利润敏感性分析模型

在现实经济环境中，企业面对的是更加复杂激烈的竞争，如何帮助企业管理者确定影响企业利润的因素呢？如何确定哪些因素是影响企业利润的关键因素呢？

利润敏感性分析是研究影响利润的有关因素发生某种变化时利润变化程度的一种不确定性分析方法。它能从众多不确定因素中找出制约利润的敏感性因素，并分析、测算其对项目经济效益评价指标的影响程度和敏感程度，进而判断项目承受风险的能力。该方法的实质就是通过逐一改变不确定因素的变化量来解释项目经济效益评价指标受这些因素变动影响大小

的规律。敏感性分析是管理人员在单因素变动或多因素同时变动条件下，对影响利润的产销量、单价、单位变动成本及固定成本等因素进行分析和合理安排，以实现目标利润。Excel提供了单变量求解工具及用户图形接口工具建立利润管理模型。

例题 8.11 某企业只生产经营一种产品，有关数据如图 8-45 上半部分所示。要求：建立可以选择各因素变动率的滚动控件按钮的利润单因素和多因素敏感性分析模型。

	A	B	C	D	E	F
1	利润敏感性分析模型					
2	因素	原值	变动后数值	变动百分比	变化幅度选择控件	
3	单价	10.00	11.0	10.00%		
4	单位变动成本	6.00	5.7	-5.00%		
5	销售量	1000	940	-6.00%		
6	固定成本	3,000.00	2,970.0	-1.0%		
7	利润	1,000.00				
8	单因素变动对利润的影响					
9	因素	变动百分比	变动后利润	利润变动额	利润变动幅度	敏感系数
10	单价	10.00%	2,000.00	1,000.00	100.00%	10.00
11	单位变动成本	-5.00%	1,300.00	300.00	30.00%	(6.00)
12	销售量	-6.00%	760.00	(240.00)	-24.00%	4.00
13	固定成本	-1.00%	1,030.00	30.00	3.00%	(3.00)
14	多因素变动对利润的影响					
15	基础方案利润	变动后的利润	利润变动额	利润变动幅度		
16	1,000.00	2,012.00	1,012.00	101.20%		

图 8-45 利润敏感性分析

解 ① 构建模型，如图 8-45 下半部分所示。

② 选择【开发工具】|【控件】|【插入】，在下拉菜单中选择滚动条按钮，然后在 E3:F3 单元格区域拖拽出一个单价的"滚动条"控件，右击该控件，在菜单中选择"设置对象格式"，在对话框中选择"控制"选项卡，在"当前值"输入"50"，在"最小值"输入"0"，在"最大值"输入"100"，在"步长"输入"1"，在"页步长"输入"5"，在"单元格链接"输入"$E$3"，勾选"三位阴影"选项并单击【确定】，如图 8-46 所示。

图 8-46 【设置对象格式】对话框

③ 按照上述步骤继续给单位变动成本、销售量和固定成本添加控件。

④ 选取 D3:D6 单元格区域，输入"=E3:E6/100-50%"，建立滚动条控件与变动百分比之间的关系。

⑤ 选取 C3:C6 单元格区域，输入 "=B3:B6*(1+D3:D6)"。

⑥ 在单元格 B7 中输入 "=(B3−B4)*B5−B6"。

⑦ 选取 B10:B13 单元格区域，输入 "=D3:D6"。

⑧ 在单元格 C10 中输入 "=(C3−B4)*B5−B6"。

⑨ 在单元格 C11 中输入 "=(B3−C4)*B5−B6"。

⑩ 在单元格 C12 中输入 "=C5*(B3−B4)−B6"。

⑪ 在单元格 C13 中输入 "=(B3−B4)*B5−C6"。

⑫ 选取 D10:D13 单元格区域，输入 "=C10:C13−B7"。

⑬ 选取 E10:E13 单元格区域，输入 "=D10:D13/B7"。

⑭ 选取 F10:F13 单元格区域，输入 "=E10:E13/B10:B13"。

⑮ 在单元格 A16 中输入 "=B7"。

⑯ 在单元格 B16 中输入 "=(C3−C4)*C5−C6"。

⑰ 在单元格 C16 中输入 "=B16−B7"。

⑱ 在单元格 D16 中输入 "=C16/B7"。

最终结果如图 8−45 所示。

视频演示

8.3 利润管理综合模型案例分析

1. 案例情况

ABC 项目是某公司以竞拍方式获得的土地使用权，该项目在 C 市中心地段，地理位置优越，紧邻政务中心和商务中心，占地面积 9 000 m^2，规划容积率 5.5，总建筑面积 65 000 m^2，属于商业住宅混合。该公司的产品具有较高的市场口碑，深受消费者认可。该公司董事会要求财务部提出可行性方案，估算 ABC 项目的投资情况。

2. 解决思路

（1）竞拍之前的目标利润估算

竞拍项目之前，根据项目周边类似物业和 C 市的总体宏观经济进行分析，在研究规划条件的前提下，做成本和利润预估分析，形成竞拍策略报告。

（2）设计阶段目标利润的制定

获得土地使用权后，进行前期市场调研和策划，财务部经理要联合采购部、销售部及工程部业务经理共同对销售方式、价格策略、销量、开发成本、相关税费等进行探讨。

（3）财务建模

财务人员利用 Excel 建立财务模型，为管理层进行决策分析提供支持。

（4）管理层讨论

在财务部给出的模型支持下，管理者根据企业情况及自身经验提出方案，财务经理将方案以可视化的结果展现给管理层。

（5）决策

在结合定性分析与定量分析的基础上列出若干备选方案，最后择优选择，形成最终方案。

3. 模型构建

（1）销售方式的确立

该项目是商住混合，分为住宅、商用和地下车位三项进行销售。

（2）销售量及结构分析

根据开发时间和市场消费情况，公司决定对 ABC 项目分 3 期销售，1 期时间定在 9 月份，一方面是消费旺季，另一方面工程建筑进度刚好可以达到预售标准，另外两期则根据情况再行定夺，希望通过 1 期销售价格测试和销售策略市场检验，为后面两期提供参考和决策依据。

（3）价格策略

ABC 项目总体价格策略是低开高走，1 期定价相对较低，以吸引客户购买，提高成交率，同时后面两期价格提升，突出楼盘价值提升趋势，以吸引投资客户。具体定价策略上主要采用差别定价和折扣策略：对小户型、总价较低的户型定价较高；对面积较大、总价较高的户型定价较低；对结构较差的户型定价最低；对不同楼层略微拉开价格差异；另外在付款时间方式和购买数量上也给予客户一定的价格优惠。

（4）开发成本确认

开发成本主要由所有开发相关项组成，财务经理需同业务部门沟通，最终确认。有关成本的金额也是业务部门根据经验和市场行情预估得出的，相关税费则由具体文件规定计算得出。

（5）建立决策模型

建立决策模型时可以将无法确定的量用滚动条表示，以便动态调整，如图 8-47 所示。

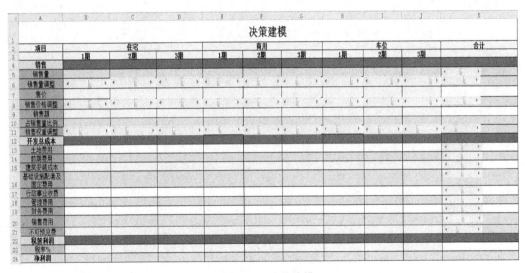

图 8-47　决策建模

课后习题

1. 已知甲公司 2014—2021 年销售额分别是 110 万元、125 万元、140 万元、145 万元、160 万元、180 万元、210 万元和 250 万元，这 8 年的广告费分别投入 10 万元、11 万元、13 万元、14 万元、20 万元、21 万元、18 万元和 20 万元，销售网点数量分别为 3 家、3 家、4

家、5 家、5 家、6 家、8 家、10 家、10 家和 12 家。甲公司预计 2022 年广告投入费为 23 万元，销售网点为 15 家。请根据以上数据利用相关函数进行销售预测。

2. 某公司从事甲产品的生产与销售，已知甲产品的单价是 85 元，单位变动成本为 38 元，全年销量为 15 000 件，固定成本为 290 000 元。

要求：

（1）设计本量利分析模型，计算保本点的销售量、单价、单位变动成本、固定成本是多少？

（2）当其他因素不变时，如果单价下降 7%、销量上升 8%，则利润变动额和变动百分比分别是多少？

（3）假设单价、单位变动成本、销量、固定成本的变动范围均为 –15%～15%，设计有关本量利分析模型。

第9章　财务计划模型

课程导入

　　为了实现既定的目标，保证决策所制订的最优方案在实际中得到贯彻、执行，企业就需要编制预算。预算是计划工作的成果，它既是决策的具体化，又是控制生产经营活动的依据。企业经营活动的全面预算，是以企业的经营目标为出发点，以市场需求为基础，以销售预算为主导，进而包括生产、成本和现金收支等各个方面，并特别重视财务预算。其原因在于：财务预算作为全面预算体系的最后环节，可以从价值方面总括地反映企业经营期专门决策预算与日常业务预算的结果。

本章结构

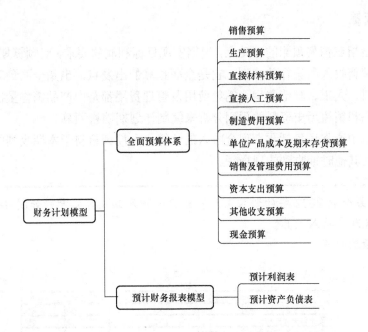

　　财务预算是企业全面预算的一部分，它和其他预算是联系在一起的。整个全面预算是一个数字相互衔接的整体。现金预算是财务预算的核心内容，现金预算要求在销售预算、生产预算、直接材料预算、直接人工预算、制造费用预算、产品成本预算、销售及管理费用预算、资本支出预算等编制的基础上进行编制。预计财务报表包括预计利润表和预计资产负债表。

思政链接 财务计划

思政目标：企业为了实现股东财富最大化的目标，需要编制预算。我们在学习、生活、工作中也需要制订财务计划来实现自身更好的发展。如何制订合理的人生财务规划呢？我们可以借鉴企业的财务预算方法来实现。

9.1 全面预算体系

全面预算体系是全方位规划企业计划期的生产经营活动及其结果，为企业各职能部门明确行动目标和任务的预算体系。按其内容可以分为三大类：业务预算、财务预算和专门决策预算。具体内容包括：销售预算、生产预算、直接材料预算、直接人工预算、制造费用预算、单位产品成本和期末存货预算、销售及管理费用预算、资本支出预算、其他支出预算、现金预算、预计资产负债表、预计利润表。

在本章中各预算表之间存在一定的钩稽关系，故数据具有关联性。请读者注意在一个单独的 Excel 表中，按各模型建立独立子工作表，并按模型名称进行命名，以便后续数据读取。例如在例题 9.6 中出现"生产预算！F14"表述，即在生产预算子工作表（例 9.2）中选取 F14 单元格进行取数。

9.1.1 销售预算

销售预算是指在销售预测的基础上，根据实现目标利润的要求，对预算期各种销货品种、数量、单价、销售收入所进行的规划。它是全面预算的出发点，也是全面预算的关键。因为产品产量、材料、人工、制造费用、销售费用及管理费用都是由产品销售量决定的，所以必须根据市场动态和销售历史资料的预测分析来编制计划期销售预算。

在销售预算中通常还包括预期现金收入的计算、上期销售将于本期收到的现金和本期销售将于本期以后其他时期收到的现金额。

例题 9.1 某企业 2022 年计划只生产和销售一种产品，有关资料如图 9-1 所示。要求：编制销售预算及现金收入预算。

解 具体步骤如下。

		已知条件				
项 目		第一季度	第二季度	第三季度	第四季度	全年合计
预计销售量/件		100	150	200	180	630
预计销售单价/元		200	200	200	200	200
应收账款期初余额		6200				
付现方式	占销售收入的比例					
当季收现	60%					
下季收现	40%					

图 9-1 相关数据

① 在当前工作表中设计模型的结构。

② 选取单元格区域 C11:G11，输入"=C3:G3*C4:G4"。

③ 在单元格 C12 中输入"=C5"。

④ 在单元格 C13 中输入"=C11*B7"。

⑤ 在单元格 D13 中输入"=C11*B8"。

⑥ 在单元格 D14 中输入"=D11*B7"。

⑦ 在单元格 E14 中输入"=D11*B8"。

⑧ 在单元格 E15 中输入"=E11*B7"。

⑨ 在单元格 F15 中输入"=E11*B8"。

⑩ 在单元格 F16 中输入"=F11*B7"。

⑪ 在单元格 G17 中输入"=F11*B8"。

⑫ 在单元格 G12 中输入"=SUM(C12:F12)"。

⑬ 在单元格 G13 中输入"=SUM(C13:F13)"。

⑭ 在单元格 G14 中输入"=SUM(C14:F14)"。

⑮ 在单元格 G15 中输入"=SUM(C15:F15)"。

⑯ 在单元格 G16 中输入"=SUM(C16:F16)"。

⑰ 在单元格 C18 中输入"=SUM(C12:C16)"。

⑱在单元格 D18 中输入"=SUM(D12:D16)"。

⑲ 在单元格 E18 中输入"=SUM(E12:E16)"。

⑳ 在单元格 F18 中输入"=SUM(F12:F16)"。

㉑ 在单元格 G18 中输入"=SUM(G12:G16)"。

模型结果如图 9-2 所示。

	项　目	第一季度	第二季度	第三季度	第四季度	全年合计
9			计算结果			
11	预计销售收入/元	20000	30000	40000	36000	126000
12	应收账款期初余额	6200				6200
13	第一季度销售收入	12000	8000			20000
14	第二季度销售收入		18000	12000		30000
15	第三季度销售收入			24000	16000	40000
16	第四季度销售收入				21600	21600
17	应收账款期末余额					14400
18	合　计	18200	26000	36000	37600	117800

图 9-2　模型结果

视频演示

9.1.2　生产预算

生产预算是指用来确定企业为满足销售的需要和期末存货的需求应该生产产品的数量。一般根据销售预算的具体销售数量来编制生产预算，并且要注意计划期初、期末存货的预计水平，计算公式为

$$预计生产量=预计销售量+预计期末存货量-预计期初存货量$$

例题 9.2 根据例题 9.1，假定该企业预算年度内每季季末库存产品占本季预计销售量的 10%，预算年初库存产品 10 件，年末留存 20 件，如图 9-3 所示。要求：编制生产预算。

解 ① 在当前工作表中设计模型的结构。

② 选取单元格区域 B10:F10，输入"=B3:F3"。

③ 选取单元格区域 B11:D11，输入"=C3:E3*E6"。

④ 在单元格 F11 中输入"=E4"。

⑤ 在单元格 F13 中输入"=B13"。

⑥ 选取单元格区域 B12:F12，输入"=B10:F10+B11:F11"。

⑦ 在单元格 B13 中输入"=B5"。

⑧ 选取单元格区域 C13:E13，输入"=B11:D11"。

⑨ 选取单元格区域 B14:F14，输入"=B10:F10+B11:F11−B13:F13"。

模型结果如图 9-4 所示。

视频演示

	A	B	C	D	E	F
1		已知条件（单位：件）				
2	项 目	第一季度	第二季度	第三季度	第四季度	全年合计
3	预计销售量	100	150	200	180	630
4	预计期末存货量				20	
5	期初存货量	10				
6	每季季末库存产品占本季预计销售量的				10%	

图 9-3 相关数据

	A	B	C	D	E	F
8		计算结果（单位：件）				
9	项 目	第一季度	第二季度	第三季度	第四季度	全年合计
10	预计销售量	100	150	200	180	630
11	加：预计期末存货量	15	20	18	20	20
12	合 计	115	170	218	200	650
13	减：期初存货量	10	15	20	18	10
14	预计生产量	105	155	198	182	640

图 9-4 模型结果

9.1.3 直接材料预算

直接材料预算是指用来确定企业为满足生产所需的原材料及主要材料的数量以及采购成本的预算。生产预算确定之后，就可以编制生产所需的材料耗用量和采购量以及采购成本的预算。材料耗用量取决于生产量的大小及企业期末材料库存量。材料采购成本取决于市场上购买材料的价格及采购费用。材料采购量的计算公式为

预计材料采购量＝预计生产需用量＋预计期末材料库存量−预计期初材料库存量

在编制材料采购预算时，还必须编制采购材料款的支出预算，以反映各季度购料款的应付数额和实际支出数额，从而为财务收支预算提供依据。

例题 9.3 假定某企业单位产品材料消耗定额为 10 kg/件，计划单位采购成本为 5 元/kg，其他相关数据如图 9-5 所示。各季度的材料库存量按下季度材料耗用量的 20% 计算。要求：编制该企业预算年度的直接材料预算。

解 ① 在当前工作表中设计模型的结构。

② 选取单元格区域 C16:F16，输入"=C3:F3"。

③ 在单元格 G16 中输入"=SUM(C16:F16)"。

④ 选取单元格区域 C17:F17，输入"=C4:F4"。

⑤ 选取单元格区域 C18:F18，输入"=C16:F16*C17:F17"。

⑥ 在单元格 G18 中输入"=SUM(C18:F18)"。

		已知条件（单位：件）			
	项　目	第一季度	第二季度	第三季度	第四季度
	预计生产量	105	155	198	182
	材料消耗定额/(kg/件)	10	10	10	10
	期初库存量/kg	300			
	期末库存量/kg				400
	单价/(kg/元)	5	5	5	5
	应付账款期初余额	2350			
	付现方式	占销售收入的比例			
	当季收现	50%			
	下季收现	50%			
	各季度的材料库存量按下季度材料耗用量		20%		

图 9-5　相关数据

⑦ 选取单元格区域 C19:E19，输入"=D18:F18*C12"。

⑧ 在单元格 F19 中输入"=F6"。

⑨ 在单元格 G19 中输入"=F19"。

⑩ 选取单元格区域 C20:F20，输入"=C18:F18+C19:F19"。

⑪ 在单元格 G20 中输入"=G18+G19"。

⑫ 在单元格 C21 中输入"=C5"。

⑬ 选取单元格区域 D21:F21，输入"=C19:E19"。

⑭ 在单元格 G21 中输入"=C21"。

⑮ 选取单元格区域 C22:F22，输入"=C20:F20−C21:F21"。

⑯ 在单元格 G22 中输入"=G20−G21"。

⑰ 选取单元格区域 C23:F23，输入"=C7:F7"。

⑱ 选取单元格区域 C24:F24，输入"=C22:F22*C23:F23"。

⑲ 在单元格 G24 中输入"=SUM(C24:F24)"。

⑳ 在单元格 C25 中输入"=C8"。

㉑ 在单元格 C26 中输入"=C24*B10"。

㉒ 在单元格 D26 中输入"=C24*B11"。

㉓ 在单元格 D27 中输入"=D24*B10"。

㉔ 在单元格 E27 中输入"=D24*B11"。

㉕ 在单元格 E28 中输入"=E24*B10"。

㉖ 在单元格 F28 中输入"=E24*B11"。

㉗ 在单元格 F29 中输入"=F24*B10"。

㉘ 在单元格 G25 中输入"=SUM(C25:F25)"。

㉙ 在单元格 G26 中输入"=SUM(C26:F26)"。

㉚ 在单元格 G27 中输入"=SUM(C27:F27)"。

㉛ 在单元格 G28 中输入"=SUM(C28:F28)"。

㉜ 在单元格 G29 中输入"=F24*B11"。

㉝ 在单元格 G30 中输入"=G29"。

㉞ 在单元格 C31 中输入"=SUM(C25:C29)"。

㉟ 在单元格 D31 中输入"=SUM(D25:D29)"。

㊱ 在单元格 E31 中输入"=SUM(E25:E29)"。

㉛ 在单元格 F31 中输入"=SUM(F25:F29)"。

㉜ 在单元格 G31 中输入"=SUM(C31:F31)"。

模型结果如图 9-6 所示。

	项目	第一季度	第二季度	第三季度	第四季度	全年合计
14				计算结果		
15	项目	第一季度	第二季度	第三季度	第四季度	全年合计
16	预计生产量/件	105	155	198	182	640
17	材料消耗定额/(kg/件)	10	10	10	10	—
18	预计材料耗用量/kg	1050	1550	1980	1820	6400
19	加：期末库存量/kg	310	396	364	400	400
20	合计	1360	1946	2344	2220	6800
21	减：期初库存量/kg	300	310	396	364	300
22	预计材料采购量/kg	1060	1636	1948	1856	6500
23	单价/(kg/元)	5	5	5	5	—
24	预计材料采购成本/元	5300	8180	9740	9280	32500
25	预计现金支出 应付账款期初余额	2350				2350
26	第一季度采购金额	2650	2650			5300
27	第二季度采购金额		4090	4090		8180
28	第三季度采购金额			4870	4870	9740
29	第四季度采购金额				4640	4640
30	应付账款期末余额					4640
31	合计	5000	6740	8960	9510	30210

图 9-6 模型结果

视频演示

9.1.4 直接人工预算

直接人工预算是指用来确定满足生产所需要支付的人工成本的预算。直接人工预算编制的基础是生产预算中的每季生产量、单位产量的工时定额，以及单位小时的工资率。其计算公式为

$$预计直接人工成本=预计生产量×单位产品定额工时×单位小时工资率$$

例题 9.4 企业预算期内单位产品定额工时为 10 h，单位小时工资率为 2 元，其他数据如图 9-7 所示。要求：计算该企业预算年度的直接人工成本。

解 ① 在当前工作表中设计模型的结构。

② 选取单元格区域 B9:F9，输入"=B3:F3*B4:F4"。

③ 选取单元格区域 B10:F10，输入"=B9:F9*B5:F5"。

模型结果如图 9-8 所示。

	A	B	C	D	E	F
1				已知条件		
2	项目	第一季度	第二季度	第三季度	第四季度	全年合计
3	预计销售量	105	155	198	182	640
4	单位定额工时/(h/件)	10	10	10	10	10
5	单位小时工资率/(元/h)	2	2	2	2	2

图 9-7 相关数据

	A	B	C	D	E	F
7				计算结果		
8	项目	第一季度	第二季度	第三季度	第四季度	全年合计
9	预计产品定额工时/h	1050	1550	1980	1820	6400
10	预计直接人工成本/元	2100	3100	3960	3640	12800

图 9-8 模型结果

视频演示

9.1.5 制造费用预算

制造费用预算是指用来确定除直接材料、直接人工以外的生产过程中所发生的其他费用的预算。制造费用包括变动性制造费用和固定性制造费用两部分，编制预算时变动性制造费用根据预计生产总工时和预计变动性制造费用分配率计算；固定性制造费用可以按零基预算的方法编制。

例题 9.5 企业生产产品所需的一般消耗性材料按直接人工工时 1 元/h 分配，间接人工按直接人工工时 0.6 元/h 分配，其他支出按直接人工工时 0.4 元/h 分配，分别编入预算。另外，每季度的折旧费为 2 000 元，管理人员工资为 3 000 元，其他数据如图 9-9 所示。要求：编制制造费用预算。

解 ① 在当前工作表中设计模型的结构。

② 选取单元格区域 C14:G14，输入 "=C3:G3"。

③ 选取单元格区域 C15:G15，输入 "=C8*C3:G3"。

④ 选取单元格区域 C16:G16，输入 "=C9*C3:G3"。

⑤ 选取单元格区域 C17:G17，输入 "=C10*C3:G3"。

⑥ 在单元格 C18 中输入 "=SUM(C15:C17)"。

⑦ 在单元格 D18 中输入 "=SUM(D15:D17)"。

⑧ 在单元格 E18 中输入 "=SUM(E15:E17)"。

⑨ 在单元格 F18 中输入 "=SUM(F15:F17)"。

⑩ 在单元格 G18 中输入 "=SUM(G15:G17)"。

⑪ 选取单元格区域 C19:G19，输入 "=C4:G4+C5:G5"。

⑫ 选取单元格区域 C20:G20，输入 "=C18:G18+C19:G19"。

模型结果如图 9-10 所示。

		已知条件				
项 目		第一季度	第二季度	第三季度	第四季度	全年合计
工 时/h		1050	1550	1980	1820	6400
固定制造费用	折旧/元	2000	2000	2000	2000	8000
	管理人员工资/元	3000	3000	3000	3000	12000
变动制费用相关信息（按直接人工工时进行分配）						
项目		分配率/ （元/h）				
一般消耗性材料		1				
水电费		0.6				
其他支出		0.4				

图 9-9 相关数据

		计算结果				
项 目		第一季度	第二季度	第三季度	第四季度	全年合计
工 时/h		1050	1550	1980	1820	6400
变动制造费用	一般消耗性材料/元	1050	1550	1980	1820	6400
	水电费/元	630	930	1188	1092	3840
	其他支出/元	420	620	792	728	2560
	小计/元	2100	3100	3960	3640	12800
固定制造费用小计/元		5000	5000	5000	5000	20000
合计		7100	8100	8960	8640	32800

图 9-10 模型结果

另外，为了掌握制造费用需要支付的现金数额，可将制造费用中预计的折旧费等扣除。

① 选取单元格区域 C22:G22，输入"=C4:G4"。

② 选取单元格区域 C23:G23，输入"=C20:G20－C22:G22"。

运行结果如图 9-11 所示。

	A	B	C	D	E	F	G
21	各季需支付现金的制造费用						
22	减：折旧/元		2000	2000	2000	2000	8000
23	预计现金支付额/元		5100	6100	6960	6640	24800

图 9-11　运行结果

视频演示

9.1.6　单位产品成本及期末存货预算

在变动成本计算法下，企业产品成本由直接材料、直接人工和变动性制造费用组成。为了正确预计企业的产品销售成本和期末存货量，应编制单位产品成本和期末存货预算。

例题 9.6　某企业 2021 年的有关资料如图 9-12 所示。要求：编制该企业 2022 年单位产品成本和期末存货的预算。

解　① 在当前工作表中设计模型的结构。

② 选取单元格区域 B11:B14，输入"=B3:B6*C3:C6"。

③ 选取单元格区域 C11:C14，输入"=B11:B14*生产预算!F14"。

④ 选取单元格区域 D11:D14，输入"=B11:B14*生产预算!E11"。

⑤ 选取单元格区域 E11:E14，输入"=B11:B14*销售预算!G3"。

⑥ 在单元格 B15 中输入"=SUM(B11:B14)"。

⑦ 在单元格 C15 中输入"=SUM(C11:C14)"。

⑧ 在单元格 D15 中输入"=SUM(D11:D14)"。

⑨ 在单元格 E15 中输入"=SUM(E11:E14)"。

模型结果如图 9-13 所示。

视频演示

	A	B	C
1	已知条件		
2	成本项目	单位产品耗用量（每千克或每小时）	分配率（每千克或每小时）
3	直接材料	5	10
4	直接人工	2	10
5	变动性制造费用	2	10
6	固定性制造费用	3	10

图 9-12　产品成本预算相关设置

	A	B	C	D	E
8			计算结果		
9					
10	成本项目	单位成本/（元/件）	生产成本（640件）	期末存货（20件）	销货成本（630件）
11	直接材料	50	32000	1000	31500
12	直接人工	20	12800	400	12600
13	变动性制造费用	20	12800	400	12600
14	固定性制造费用	30	19200	600	18900
15	合计	120	76800	2400	75600

图 9-13　模型结果

9.1.7　销售及管理费用预算

销售及管理费用预算是用来确定企业除生产费用以外的生产经营管理及产品销售所发生的费用，包括企业发生的办公费、广告费、保险费、业务招待费、销售及管理人员薪酬及财产税等。销售及管理费用按其性态可分为变动费用和固定费用两部分，编制方法与制造费用预算相同。

例题 9.7 经研究核定，某企业销售人员工资为 2 000 元，广告费为 5 500 元，包装、运输费为 3 000 元，保管费为 2 700 元，管理人员工资为 4 000 元，福利费为 800 元，保险费为 600 元，办公费为 1 400 元，全部以现金支出，如图 9-14 所示。要求：编制销售及管理费用预算。

解 ① 在当前工作表中设计模型的结构。

② 在单元格 B14 中输入 "=SUM(B3:B6)+SUM(B8:B11)"。

③ 在单元格 B15 中输入 "=B14/4"。

模型结果如图 9-15 所示。

视频演示

	A	B
1	已知条件	
2	销售费用	
3	销售人员工资	2000
4	广告费	5500
5	包装、运输费	3000
6	保管费	2700
7	管理费用	
8	管理人员工资	4000
9	福利费	800
10	保险费	600
11	办公费	1400

图 9-14 相关数据

	A	B
12		
13	计算结果	
14	销售及管理费用合计	20000
15	每季度支付现金	5000

图 9-15 模型结果

9.1.8 资本支出预算

资本支出预算是用来确定在预算期内资本性支出金额的一种预算。它是根据企业管理当局做出的长期投资项目编制的预算，包括立项名称、年限、支出额、资金来源及每年现金净流量等。

例题 9.8 某企业计划在 2022 年第二季度用自有资金购入一台不需要安装的机器设备，价值 10 000 元，预计可使用 8 年，每年的现金净流量为 20 000 元。要求：编制资本支出预算。

解 资本支出预算模型如图 9-16 所示。

	A	B	C	D	E	F	G
1	资本支出预算						
2	2022年度						
3	项 目	购置时间	价 值/元	预计使用年限	资金来源	每年现金净流量/元	残值
4							
5	购置设备	第二季度	10000	8年	自有资金	20000	5%

图 9-16 资本支出预算模型

9.1.9 其他收支预算

其他收支预算是指除上述预算之外所发生的其他各项预算，主要包括企业进行交易性投资、支付现金股利、上缴税金等的预算。

例题9.9 企业在计划期内预交所得税及支付现金股利预算如图9-17所示。

	第一季度	第二季度	第三季度	第四季度	全年合计
所得税及现金股利预算表					
2022年度			单位：元		
项　目	第一季度	第二季度	第三季度	第四季度	全年合计
预交所得税	2000	2000	2000	2000	8000
支付现金股利		5000		5000	10000

图9-17　所得税及现金股利预算

9.1.10　现金预算

现金预算是用来反映企业在预算期内现金收入、现金支出、现金余缺及现金融通状况的预算。编制现金预算的主要目的是测算企业在预算期内现金收入与现金支出的差异额，以便采取有效措施，避免现金滞留或短缺。现金预算包括以下4个组成部分。

1. 现金收入

现金收入包括预算期初现金余额和本期预计产生的现金收入。一般来说，企业现金收入主要是产品销售收入和应收款项的收回，可以从销售预算中获取资料。

2. 现金支出

现金支出是指预计在预算期内发生的一切现金支出，如支付购料款、人工工资、制造费用及销售与管理费用等。可以从直接材料预算、直接人工预算、制造费用预算、销售及管理费用预算中获取该项资料。除此之外，现金支出还包括预计交纳的所得税、资本性支出及股利支付等。

3. 现金结余或不足

将现金收入与现金支出相抵，若收入大于支出，即为现金结余；反之，则为现金短缺，需向银行或金融机构借款或以其他方式筹资，如发行债券或股票等。

4. 融通资金

融通资金是指以现金的结余、短缺为出发点，预计在预算期内筹集的资金数额以及归还的本金和利息等。

例题9.10 假定某企业预算期内现金余额的最低限额为6 000元，年初的现金余额为8 000元，若发生银行借款，按1 000元的整数倍借入或归还。银行借款的年利率为10%，利息在偿还本金时支付，所有借款在季初借入，所有还款在季末归还。要求：编制现金预算。

解　① 设计模型的结构，如图9-18所示。

② 在单元格B4中输入"=8000"。

③ 在单元格C4中输入"=B21"。

④ 在单元格D4中输入"=C21"。

⑤ 在单元格E4中输入"=D21"。

⑥ 在单元格F4中输入"=B4"。

⑦ 选取单元格区域B6:F6，输入"=销售预算!C18:G18"。

⑧ 在单元格B7中输入"=SUM(B4:B6)"。

⑨ 在单元格 C7 中输入 "=SUM(C4:C6)"。

⑩ 在单元格 D7 中输入 "=SUM(D4:D6)"。

⑪ 在单元格 E7 中输入 "=SUM(E4:E6)"。

⑫ 在单元格 F7 中输入 "=SUM(F4:F6)"。

⑬ 选取单元格区域 B9:F9，输入 "=直接材料预算!C31:G31"。

⑭ 选取单元格区域 B10:F10，输入 "=直接人工预算!B10:F10"。

⑮ 选取单元格区域 B11:F11，输入 "=制造费用预算!C23:G23"。

⑯ 选取单元格区域 B12:E12，输入 "=销售及管理费用预算!B15"，在单元格 F12 中输入 "=SUM（B12：E12）"。

⑰ 在单元格 C13 中输入 "=资本支出预算!C5"。

⑱ 选取单元格区域 B14:F14，输入 "=其他收支预算!B4:F4"。

⑲ 选取单元格区域 B15:F15，输入 "=其他收支预算!B5:F5"。

⑳ 在单元格 B16 中输入 "=SUM(B9:B15)"。

㉑ 在单元格 C16 中输入 "=SUM(C9:C15)"。

㉒ 在单元格 D16 中输入 "=SUM(D9:D15)"。

㉓ 在单元格 E16 中输入 "=SUM(E9:E15)"。

㉔ 在单元格 F16 中输入 "=SUM(F9:F15)"。

㉕ 选取单元格区域 B17:F17，输入 "=B7:F7-B16:F16"。

㉖ 在单元格 C18 中输入 "=ROUNDUP(ABS(C17),-3)+6000"。

㉗ 在单元格 D19 中输入 "=ROUND(D17-7000,-3)"。

㉘ 在单元格 D20 中输入 "=C18*0.1/2"。

㉙ 在单元格 E19 中输入 "=C18-D19"。

㉚ 在单元格 E20 中输入 "=E19*0.1/2"。

㉛ 在单元格 F18 中输入 "=SUM(B18:E18)"。

㉜ 在单元格 F19 中输入 "=SUM(B19:E19)"。

㉝ 在单元格 F20 中输入 "=SUM(B20:E20)"。

㉞ 选取单元格区域 B21:F21，输入 "=B17:E17+B18:E18-B19:E19-B20:E20"。

模型结果如图 9-19 所示。

图 9-18　现金预算模型结构

	A	B	C	D	E	F
1			现金预算			
2			2022年度		单位：元	
3	项　　目	第一季度	第二季度	第三季度	第四季度	全年合计
4	期初余额	8000	7000	6060	6630	8000
5	现金收入：					
6	销售现金收入	18200	26000	36000	37600	117800
7	可动用现金合计	26200	33000	42060	44230	125800
8	现金支出：					
9	直接材料	5000	6740	8960	9510	30210
10	直接人工	2100	3100	3960	3640	12800
11	制造费用	5100	6100	6960	6640	24800
12	销售及管理费用	5000	5000	5000	5000	5000
13	购置设备		10000			
14	预交所得税	2000	2000	2000	2000	8000
15	预计支付股利	0	5000	0	5000	10000
16	现金支出合计	19200	37940	26880	31790	90810
17	收支相抵现金结余（或不足）	7000	-4940	15180	12440	34990
18	银行借款		11000			11000
19	偿还借款			8000	3000	11000
20	支付利息			550	150	700
21	期末余额	7000	6060	6630	9290	9290

图 9-19　模型结果

视频演示

9.2　预计财务报表模型

　　计财务报表是指以企业期望的存在状况和将采取的措施为基础编制的可预测未来财务状况的报表，一般包括预计资产负债表和预计利润表。企业通过编制预计财务报表能够对利润表和资产负债表中所有项目的未来情况进行预测，从而为未来做好财务规划和实施财务控制提供依据。

9.2.1　预计利润表

　　预计利润表是在前述各种预算的基础上，对涉及预算期内损益形成及分配的各项目，按正常利润表的格式和计算方法进行汇总测算而编制的一种重要的财务预算。它综合反映了企业在预算期内经营目标的实现情况，是实施目标利润控制的主要依据之一。通过编制预计利润表，还可以考察整个预算过程对目标利润的保证程度，从而分析判断上述各种预算的可行性、先进性，并以此作为调整其他各项预算的主要依据。

　　例题 9.11　根据前述预算提供的有关资料，汇总编制预计利润表。

　　解　① 在当前工作表中设计模型的结构，如图 9-20 所示。

　　② 在单元格 B4 中输入"=销售预算!G11"。

　　③ 在单元格 B5 中输入"=生产成本预算!E15"。

　　④ 在单元格 B6 中输入"=B4−B5"。

　　⑤ 在单元格 B7 中输入"=现金预算!F12"。

　　⑥ 在单元格 B8 中输入"=现金预算!F20"。

　　⑦ 在单元格 B9 中输入"=B6−B7−B8"。

　　⑧ 在单元格 B10 中输入"=现金预算!F14"。

　　⑨ 在单元格 B11 中输入"=B9−B10"。

视频演示

模型结果如图 9-21 所示。

	A	B
1	预计利润表	
2	2022年度	单位:元
3	项目	金额
4	销售收入	
5	减: 销售成本	
6	毛利	
7	销售及管理费用	
8	利息	
9	利润总额	
10	所得税（估计）	
11	税后净利润	

图 9-20　预计利润表相关设置

	A	B
1	预计利润表	
2	2022年度	单位:元
3	项目	金额
4	销售收入	126000
5	减: 销售成本	75600
6	毛利	50400
7	销售及管理费用	20000
8	利息	700
9	利润总额	29700
10	所得税（估计）	8000
11	税后净利润	21700

图 9-21　模型结果

9.2.2　预计资产负债表

预计资产负债表是根据预算期初实际资产负债表和预算期内其他各项预算资料，按照正常资产负债表的格式和各项内容的填列方法，整理汇总而编制的反映预算期末各项财务状况的综合预算。通过该预算，可以进一步分析评价各项预算编制的可行性及应调整项目，从而保证预算期内的财务状况处于良好状态。

例题 9.12　根据前述预算提供的有关资料，汇总编制预计资产负债表（期初数为给定数）。

解　① 在当前工作表中设计模型的结构，如图 9-22 所示。

② 在单元格 B6 中输入 "＝现金预算!F4"。

③ 在单元格 C6 中输入 "＝现金预算!F21"。

④ 在单元格 B7 中输入 "＝销售预算!G12"。

⑤ 在单元格 C7 中输入 "＝销售预算!G17"。

⑥ 在单元格 B8 中输入 "＝直接材料预算!C21*直接材料预算!C23"。

⑦ 在单元格 C8 中输入 "＝直接材料预算!F19*直接材料预算!F23"。

⑧ 在单元格 B9 中输入 "＝生产预算!B5*生产成本预算!B15"。

⑨ 在单元格 C9 中输入 "＝生产预算!E4*生产成本预算!B15"。

⑩ 在单元格 C10 中输入 "＝B10"。

⑪ 在单元格 C11 中输入 "＝B11+现金预算!F13"。

⑫ 在单元格 C12 中输入 "＝B12+制造费用预算!G22"。

⑬ 在单元格 B13 中输入 "＝SUM(B6:B11)−B12"。

⑭ 在单元格 C13 中输入 "＝SUM(C6:C11)−C12"。

⑮ 在单元格 E6 中输入 "＝直接材料预算!G25"。

⑯ 在单元格 F6 中输入 "＝直接材料预算!G30"。

⑰ 在单元格 F7 中输入 "＝E7"。

⑱ 在单元格 F8 中输入 "＝E8"。

⑲ 在单元格 F9 中输入 "＝E9+预计利润表!B11−现金预算!F15−800"。

模型结果如图 9-23 所示。

视频演示

资　　产	年初	年末	负债及所有者权益	年初	年末
		已知条件			
		预计资产负债表			
		2022年12月31日		单位：元	
项目	年初	年末	项目	年初	年末
现金			应付账款		
应收账款			长期借款	9000	
库存材料			普通股	20000	
库存商品			未分配利润	16550	
土地	15000				
固定资产原价	20000				
减：折旧费用	4000				
总计			总计		

图 9-22　预计资产负债表相关设置

		计算结果			
		预计资产负债表			
		2022年12月31日		单位：元	
项目	年初	年末	项目	年初	年末
现金	8000	9290	应付账款	2350	4640
应收账款	6200	14400	长期借款	9000	9000
库存材料	1500	2000	普通股	20000	20000
库存商品	1200	2400	未分配利润	16550	27450
土地	15000	15000			
固定资产原价	20000	30000			
减：折旧费用	4000	12000			
总计	47900	61090	总计	47900	61090

图 9-23　模型结果

从整个预算的编制过程来看，预算是一个有机整体，其中销售预算是整个企业预算的关键和起点，它决定了生产预算、现金收入预算和预计利润表上的数额。生产预算是编制直接材料、直接人工、现金支出预算以及预计资产负债表和预计利润表数额的依据。资本支出预算对现金支出预算和预计资产负债表有影响。

课后习题

1. A公司生产经营甲产品，在预算年度内预计各季度销售量分别为1 900件、2 400件、2 600件和2 900件；其销售单价均为50元。假定该公司在当季收到货款60%，其余部分在下季收讫，年初的应收账款余额为42 000元，适用的增值税税率为17%。要求：编制销售预算表和预计现金收入表。

2. 某企业2022年现金预算部分数据如表9-1所示。假定该企业各季末的现金余额不得低于6 000元。要求：计算填列现金预算表中空白项目数据。

表9-1　2022年度现金预算

单位：元

摘　　要	第一季度	第二季度	第三季度	第四季度	全年
期初现金余额	9 000				
加：现金收入		94 000	120 000		406 500
可动用现金合计	89 000			119 500	
减：现金支出					
直接材料		55 000	60 000	45 000	
制造费用	34 000	30 000			130 000
销售费用	2 000	3 000		4 500	13 500
购置设备	10 000	12 000	10 000		45 000
支付股利	3 000	3 000	3 000	3 000	
现金支出合计					
现金余缺	（6 000）		13 000		
现金筹集与运用					
银行借款（期初）			—		
归还本息（期末）	—	—			
现金筹集与运用合计					
期末现金合计				8 000	

3. 某企业生产和销售一种产品，有关资料如下。

① 2022 年度第一至第四季度预计销售额分别为 1 000 件、1 500 件、2 000 件和 1 500 件，销售单价为 75 元；在各季度销售收入中，40% 可于当季收到现金，其余 60% 将于下季度收到现金。

② 季末预计的产成品存货占次季度销售量的 10%，年末预计产成品存货为 110 件。

③ 单位产品材料用量为 2 kg，单价为 5 元，季末预计材料存货占次季生产用量的 20%，年末预计材料存货为 460 kg；各季度采购的材料中，50% 于当季支付现金，其余 50% 可于下季度支付现金。

④ 假定生产单位产品需用直接人工工时 5 h，每小时的工资率为 4 元。

⑤ 在制造费用中，变动制造费用分别为：间接工资 12 000 元，间接材料 18 000 元，维修费 8 000 元，水电费 15 000 元，润滑材料 7 100 元；固定制造费用分别为：维修费 14 000 元，折旧 15 000 元，管理人员工资 25 000 元，保险费 4 000 元，财产税 2 000 元。

⑥ 销售与管理费用中，变动费用分别为：销售人员工资 22 000 元，广告费 5 500 元，文具纸张费 2 500 元；固定费用分别为：行政人员工资 30 000 元，保险费 8 000 元，财产税 4 000 元。

⑦ 其他现金支出为：第二季度购买设备支出 16 000 元。

⑧ 企业最低现金余额为 10 000 元。另外，企业向银行借款的数额必须为 1 000 的整数倍，如需借入，应于每季度初借入，如拟偿还，应于每季度末偿还，借款年利率为 10%，利息于借款偿还时支付。

⑨ 该企业 2021 年年末的资产负债表如表 9-2 所示。

表 9-2　资产负债表

2021 年 12 月 31 日　　　　　　　　　　　　　　　　　　　　　　　单位：元

资产		负债及所有者权益	
流动资产：		流动负债：	
现金	12 000	应付账款（材料）	6 000
应收账款	24 000	股东权益：	
材料（420 kg）	2 100	普通股股本	40 000
产成品（100 件）	4 000	留存收益	56 100
流动资产合计	42 100		
固定资产：			
土地	40 000		
房屋与设备	60 000		
累计折旧	（40 000）		
资产合计	102 100	负债与所有者权益合计	102 100

要求：根据以上资料编制 2022 年的全年预算，包括：① 销售预算；② 生产预算；③ 直接材料预算；④ 直接人工预算；⑤ 制造费用预算；⑥ 期末产成品存货预算（变动成本法）；

⑦ 销售及管理费用预算；⑧ 现金预算；⑨ 预计利润表（假定当年预计应交所得税 16 000 元，支付利润 8 000 元，分别分季度平均支付）；⑩ 预计资产负债表。

4. ① MC 公司生产经营甲产品，2022 年年初应收账款和各季度预测的销售价格和销售数量等资料如表 9-3 所示。

表 9-3　相关资料

季度		1	2	3	4	应收账款年初值	收现率	
							当季度	下季度
甲产品	单价/元	65	65	65	65	19 000	60%	40%
	销售量/件	800	1 000	1 200	1 000			

② 年初产成品存货量为 80 件，年末产成品存货量为 120 件，预计季末产成品存货量占下季度销量的 10%。另外，年初产成品单位成本为 40 元/件。

③ 生产甲产品使用 A 材料，一、二、三季度生产甲产品对于 A 材料的消耗定量均为 3，四季度的消耗定量为 4。年初 A 材料存货量为 1 500 件，年末存货量为 1 800 件，预计期末材料存货量占下季度需用量的 20%，材料价款当期支付 60%，下期支付 40%。应付账款年初余额 4 400 元，材料销售单价为 4 元/件。

④ 单位产品工时定额为 3，单位工时工资率前三季度均为 3，第四季度为 4。全部费用当季支付。

⑤ 变动制造费用的工时分配率为 1.2，预计年度固定制造费用合计 6 000 元，其中折旧费用为 1 200 元。需用现金支付的费用当季支付。

⑥ 变动管理和销售费用的单位产品标准费用额为 4，全年的固定管理和销售费用为 10 000 元，其中折旧费用为 2 000 元。需用现金支付的费用当季支付。

⑦ 季度末现金最低限额为 2 000 元。银行借款利息为 5%。预计缴纳全年所得税费用为 10 000 元，各季度平均分配。期初现金余额为 2 400 元。产成品存货采用先进先出法计价。

要求：编制经营预算、现金预算和预计利润表。

5. 某公司计划年度产销 A 产品，有关材料如表 9-4 所示。

① 本年末的简明资产负债表如表 9-4 所示。

表 9-4　简明资产负债表

单位：元

项目	金额	项目	金额
现金	10 274	短期借款	50 000
应收账款	150 000	应付账款	80 000
原材料	95 600	应付税金	26 900
产成品	82 026		
固定资产	639 000	实收资本	528 000
累计折旧	（225 000）	未分配利润	67 000
资产合计	751 900	权益合计	751 900

② 计划年度销售及存货结余情况如表 9-5 所示。

表 9-5　销量及存货结余情况

项目	甲产成品/件	甲材料/kg	乙材料/kg
计划期初存量	930	9 000	4 520
预计一季度销售量	3 000		
预计二季度销售量	3 500		
预计三季度销售量	3 600		
预计四季度销售量	3 200		
预计一季度末存量	950	9 800	4 000
预计二季度末存量	960	10 000	4 500
预计三季度末存量	1 000	9 000	4 200
预计四季度末存量	900	8 500	3 800

甲产品每件售价 130 元，每季商品销售在当季收到货款的占 70%，其余部分在下季收讫；甲材料每千克采购价为 5.6 元，乙材料每千克采购价为 10 元，每季的购料款当季支付 60%，其余在下季度支付。

③ 费用情况如表 9-6 所示。

表 9-6　费用情况

项目	甲产品单耗
甲材料	6 kg
乙材料	4.2 kg
人工小时	2 h

另外，直接人工每小时工资为 5 元；全年预计折旧费 120 000 元，管理、保险、维护等其他固定制造费用 116 700 元，变动制造费用分配率为 1.3 元/h；全年预计发生固定期间费用 84 700 元，单位变动期间费用为 1 元/件。

④ 公司其他现金收支情况：一季度末支付上年应付所得税 26 900 元，计划年度各季度末均预付当季所得税 25 000 元；年末资产负债表上的银行借款为 50 000 元，期限为 6 个月，于计划年度的第一季度末到期，利率为 5%，本息一次性偿还。

⑤ 公司要求的现金最低存量为 10 000 元，不足可向银行借款，借款利率按 5% 计算，在还款时付息（假定所有借款都发生在每季初，而还款均发生在每季末）。

要求：根据上述资料，编制该公司计划年度的全面预算。

第 10 章 财务分析模型

财务报表分析又称财务分析，它是应用财务报表数据进行汇总、计算、对比、研究和评价企业过去及现在的财务状况、经营管理成果，并对今后发展进行预测的一种重要方法。本章在介绍财务报表分析目的和方法等理论知识的基础上，着重讨论应用 Excel 自动获取数据的方法，以及建立财务比率分析模型、杜邦分析系统模型和综合财务分析模型的方法。

本章结构

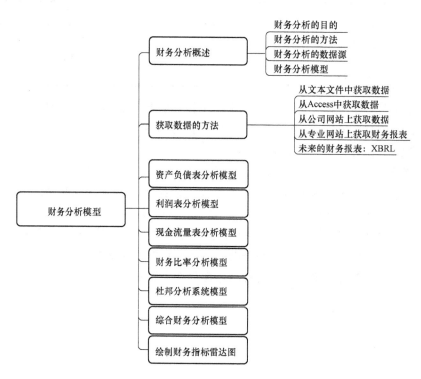

财务分析是以企业的财务报表等资料为基础，对企业财务活动的过程进行研究和评价，分析企业在生产经营过程中的利弊得失、财务状况及发展趋势，为评价和改进财务管理工作，以及未来进行经济决策提供重要的财务信息。

10.1　财务分析概述

10.1.1　财务分析的目的

1. 评价企业的财务状况

通过对企业的财务报表等核算资料进行分析，可以了解企业资产的流动性、负债水平及偿还债务的能力，从而评价企业的财务状况和经营风险，为企业管理者、投资者提供财务信息。

2. 评价企业的资产管理水平

企业的生产经营过程就是利用资产取得收益的过程，资产是企业生产经营活动的经济资源，资产的管理水平直接影响企业的收益，它体现了企业的整体素质。进行财务分析，可以了解企业的资产管理水平、资金周转状况，为评价企业经营管理水平提供依据。

3. 评价企业的获利能力

获取利润是企业的主要经营目标，它也反映了企业的综合素质。企业要生存和发展，必须争取获取较高的利润，这样才能在竞争中立于不败之地。投资人和债权人都十分关心企业的获利能力，它可以提高企业偿还债务的能力和企业信誉。

4. 评价企业的发展趋势

无论是企业的经营管理者还是投资者、债权人，都十分关心企业的发展趋势。通过对企业进行财务分析，可以判断企业的发展趋势，预测企业的经营前景，从而避免决策方向性错误带来的损失。

10.1.2　财务分析的方法

1. 比率分析法

比率分析法是将财务报表中的有关项目进行对比，得出一系列财务比率，以此揭示企业财务状况的分析方法。

2. 趋势分析法

趋势分析法是将企业本期的财务状况同以前不同时期的财务状况进行对比，从而揭示企业财务状况变动趋势的分析方法。

3. 综合分析法

综合分析法是将各种财务指标放在一起进行综合分析，以便了解企业财务状况全貌的分析方法。综合分析法主要有财务比率综合分析法和杜邦分析法。

10.1.3　财务分析的数据源

财务分析的数据源有两类：企业数据源和社会数据源，如图 10-1 所示。

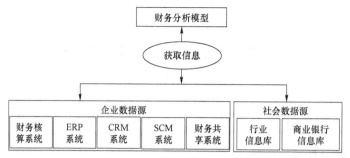

图 10-1 财务分析的数据源

1. 企业数据源

财务分析是以本单位会计核算资料为基础，通过提取、加工和整理会计核算数据，生成财务分析所需的财务报表，再对其进行加工、整理，得出一系列科学、系统的财务指标，以便进行比较、分析和评价。因此，本单位管理信息系统提供的数据是财务分析的数据源。

2. 社会数据源

财务分析除了需要获取本单位的数据外，还需要获取本单位之外的数据，如同行业主要经营信息、商业银行信息等。在本单位数据之外，可供财务分析使用的数据源，称为社会数据源。

从财务分析角度来看，无论是本单位的数据源还是社会数据源都是财务分析的基础数据源，只有提供最基础的数据，才能使财务分析成为可能。从财务分析模型角度来看，获取数据源，并将这些数据为财务分析模型所用，是建立财务分析模型的关键。

10.1.4 财务分析模型

将计算机技术与财务分析方法相结合，建立财务分析模型是本章讨论的重点内容。计算机财务分析模型能够帮助管理者在计算机环境中及时、准确地采集财务分析所需的数据并生成财务报表，根据不同模型对企业财务活动的过程进行研究和评价，分析企业在生产经营过程中的利弊得失、财务状况及发展趋势，从而为评价和改进财务管理工作提供帮助。

由于不同的财务分析者进行财务分析的目的、内容等不同，因此财务分析模型的功能也不尽相同。图 10-2 给出了财务分析模型的界面。

图 10-2 财务分析模型界面

财务分析模型的基本组成如下。

① 资产负债表分析模型。以财务数据为基础，根据资产负债表的编制原理，对资产负债表趋势与结构进行分析。

② 利润表分析模型。以财务数据为基础，根据利润表的编制原理，对利润表趋势与结构进行分析。

③ 现金流量表分析模型。以财务数据为基础，根据现金流量表的编制原理，对现金流量

表趋势与结构进行分析。

④ 财务比率分析模型。当管理者单击比率分析模型宏按钮时，计算机将财务报表中的有关项目进行对比，自动得出一系列财务比率，以此揭示企业财务状况。

⑤ 杜邦分析系统模型。当管理者单击杜邦分析系统模型宏按钮时，计算机将给出利用杜邦分析方法分析得出的综合分析图。

⑥ 综合财务分析模型。当管理者单击综合财务分析模型宏按钮时，计算机将给出综合评分标准表和企业财务情况的评分表，这些表可以揭示企业的整体财务情况。

⑦ 绘制财务指标雷达图，对企业实际值与行业标准进行直观比较。

10.2 获取数据的方法

财务分析包括比率分析、趋势分析、综合分析等。从财务分析角度来看，无论是比率分析、趋势分析还是综合分析，都需要从企业数据源和社会数据源获取数据。

在手工环境下，财务分析的数据是通过人工输入的方式将会计账簿上的数据输入财务分析模型中的。

在计算机技术高速发展的环境下，数据源的数据可以以文本文件的形式存放在企业网络的目录中，可存放在数据库文件中，这些数据库文件包括 Dbase 数据库文件、Oracle 数据库文件、Paradox 数据库文件、SQL server 数据库文件等，还可存放在专业网站上，如上市公司网站上或者相关的网站上。因此，可以通过 Excel 的"获取外部数据"工具，自动、准确、及时地从各种数据源获取财务分析所需的数据，如图 10-3 所示。

图 10-3 自动获取数据的方法

思政链接 10.1 守底线、重诚信，提升专业能力

思政目标： 著名会计学者、现代会计之父潘序伦先生在创办上海立信会计学院时，提出了 24 字校训："信以立志、信以守身、信以处世、信以待人、毋忘立信、当必有成。"在具体的财务工作中，要从立志、守身、处世、待人等方面建立信用，守信为本，不断提升专业能力。

10.2.1 从文本文件中获取数据

将外部数据导入 Excel 工作表的最简单方法是从网络上的某个目录中查询到文本文件，然后再用 Excel 对这些源文件进行必要的转换以重定格式。下面以从 C:\cwgl\AAA.txt 文件中获取债券利率的历史资料为例进行介绍。

1. 选择文本文件

选择【数据】菜单的"获取外部数据"，选择【自文本】命令，从 C:\cwgl 下选择 AAA.txt 文件，Excel 会发现选择的文件不是 Excel 的"xls"文件，并将自动打开"文本导入向导"，如图 10-4 所示。Excel 还会判断文件中的原始数据类型：是固定宽度还是用逗号或者其他分隔符号分隔。如果 Excel 的判断不是最合适的，可以手动选择文件类型。

进入下一步后，Excel 会检查文本文件的待导入部分，并且自动探测字段或者变量间的间距，数据预览会用垂线显示计划分割各行的位置。通常，Excel 的自动设置是合适的，继续进行下一步即可。"文本导入向导"的最后一步允许按列设置数据格式。导入的数据每行有两种变量：每月月初的日期和那一天 AAA 债券的利率。可以保留利率的"常规"格式，但是大多会指定第一列为日期，并把它设为"YMD"格式，如图 10-5 所示。

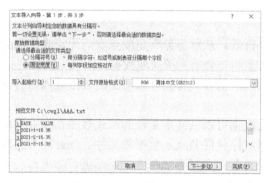

图 10-4 获取文本数据　　　　　　图 10-5 "文本导入向导"第 3 步

2. 数据返回 Excel 文件

当完成对日期格式的更改后，单击【完成】，即经过"文本导入向导"的三个步骤后，数据将在一个新的工作表中展现，如图 10-6 所示。

	A	B	C	D
1	DATE	VALUE		
2	2021/1/1	5.35		
3	2021/2/1	5.35		
4	2021/3/1	5.39		
5	2021/4/1	5.44		
6	2021/5/1	5.39		
7	2021/6/1	5.4		
8	2021/7/1	5.44		
9	2021/8/1	5.56		
10	2021/9/1	5.5		

图 10-6 文本数据获取成功

注意：应选择【文件】|【另存为】，这样可以将文件保存为".xlsx"格式；否则 Excel 将把文件按照最初的扩展名（本例中为"txt"）保存，而这将导致在工作簿中所做的格式设置或者分析丢失。

10.2.2 从 Access 中获取数据

财务报表分析所需的大部分数据是从会计核算数据源获取的，例如在财务报表中，库存现金、应收账款、存货等的年初、年末数都可以从会计核算数据源的总账中提取。对于手工会计核算数据源，财务人员从总账中提取所需的数据，并通过手工键入数据的方式，将数据填入财务报表；对于电算化会计核算数据源，财务人员可以应用各种方法，直接在会计核算数据源的多种数据库中检索数据，并直接返回到财务报表分析模型中，为财务分析服务。下面讨论在 Excel 中利用 Access 从外部数据库获取会计核算数据的技术和方法。

会计核算数据源的数据一般是以一定的组织形式存放在多个数据库文件中的。例如总账数据库文件（zz. mdb）存放会计核算总账数据，凭证数据库文件（pz. mdb）存放会计核算所需的凭证数据等。在基于 Excel 的财务报表分析模型中，从会计核算数据源的数据库文件中获取数据的方法如下。

1. 在包含资产负债表等财务报表的工作簿中增加一张新工作表并命名

① 打开包含资产负债表的工作簿。

② 选择【插入】|【工作表】，增加一张空白工作表，准备存放总账数据库文件（zz. mdb）的数据。

③ 单击鼠标右键，选择【重命名】命令，把该空白工作表改名为 zz。

④ 将活动单元变为 A1 单元。

2. 自 Access 获取数据

选择【数据】|【获取外部数据】，然后单击【自 Access】命令，屏幕上显示【选择数据源】对话框。

可以从驱动器列表下、目录列表下、文件名列表下依次选择会计核算数据库文件所在的驱动器、目录，最后选择数据库文件。如果会计核算数据源的总账数据库文件（zz. mdb）在 C:\cwgl 目录下，单击【打开】按钮，此时出现数据获取结果，如图 10-7 所示。

科目代码	科目名称	科目期初余额	科目期末余额	本期发生额
101	库存现金	75000	505375	430375
102	银行存款	1200000	2111100	911100
111	短期投资	500000	500000	0
112	应收票据	600000	1200300	600300
113	应收账款	250000	3523556.92	3273556.92
114	坏账准备	750	750	0
115	预付账款	100000	398368	298368
119	其他应收款	60000	66100	6100
121	材料采购	0	465600	465600
123	原材料	800000	3004268.24	2204268.24
131	材料成本差异	80000	67838.18	-12161.82
135	自制半成品	0	0	0
137	产成品	0	251885.41	251885.41
139	待摊费用	0	200000	200000
161	固定资产	1130000	1380760	250760
165	累计折旧	608000	638051.36	30051.36
169	在建工程	320000	330297	10297
171	无形资产	1200000	1200000	0
181	递延资产	300000	300000	0
191	待处理财产损益	0	51544.3	51544.3
201	短期借款	700000	700000	0
202	应付票据	50000	506693.33	456693.33
203	应付账款	150000	5042576	4892576
204	预收账款	35000	232000	197000
209	其他应付款	0	185000	185000
211	应付工资	0	365	365
214	应付福利费	0	5958.75	5958.75
221	应交税金	0	381124.06	381124.06
241	长期借款	350000	350000	0
261	长期应付款	500000	600000	100000
301	实收资本	3082340	3082340	0
311	资本公积	700000	753160	53160
313	盈余公积	100000	100000	0
321	本年利润	0	2746458.17	2746458.17
322	利润分配	359250	361250	2000
401	生产成本	20340	26337.8	5997.8
405	制造费用	0	70395.82	70395.82
501	产品销售收入	0	0	6877948.72
502	产品销售成本	0	0	3897245.37
503	产品销售费用	0	0	30000
504	产品销售税金及附加	0	0	40000
511	其他业务收入	0	0	100000
512	其他业务支出	0	0	10000
521	管理费用	0	0	56137.99
522	财务费用	0	0	208107.19
531	投资收益	0	0	0
541	营业外收入	0	0	24000
542	营业外支出	0	0	14000
550	所得税	0	0	30000

更新数据　　返回

图 10-7　数据获取结果

3. 应用动态数据链接技术完成财务报表数据的采集工作

通过上述方法，将会计核算数据源的数据抓取到财务分析模型中，这样会计核算数据源与财务分析模型建立了链接。下面讨论如何以这些数据为基础，应用 Excel 工作簿内工作表之间数据动态链接技术，建立 zz 工作表与资产负债表之间的数据链接，完成财务报表数据采集工作。在 Excel 工作簿中，工作表之间数据的链接用链接公式表示。工作簿中工作表之间的数据链接公式的表示方法为

工作表名绝对引用!单元引用

公式中"工作表名绝对引用"和"单元引用"之间用"!"分隔，"单元引用"既可以是绝对引用也可以是相对引用，如图 10-8 所示。

A	B	C	D	E
科目代码	科目名称	科目期初余额	科目期末余额	本期发生额
101	库存现金	75000	505375	430375
102	银行存款	1200000	2111100	911100
111	短期投资	500000	500000	0
112	应收票据	600000	1200300	600300
113	应收账款	250000	3523556.92	3273556.92
114	坏账准备	750	750	0
115	预付账款	100000	398368	298368
119	其他应收款	60000	66100	6100
121	材料采购	0	465600	465600
123	原材料	800000	3004268.24	2204268.24
135	材料成本差异	80000	67838.18	-12161.82
135	自制半成品	0	0	0
137	产成品	0	251885.41	251885.41
139	待摊费用	0	200000	200000
161	固定资产	1130000	1380760	250760
165	累计折旧	608000	638051.36	30051.36
169	在建工程	320000	330297	10297
171	无形资产	1200000	1200000	0
181	递延资产	300000	300000	0
191	待处理财产损益	0	51544.3	51544.3

A	B
项目	年初数
流动资产	
货币资金	=zz!C2+zz!C3
短期投资	=zz!C4
应收票据	=zz!C5
应收账款	=zz!C6
减:坏账准备	=zz!C7
应收账款净值	=B7-B8
预付账款	=zz!C8
其他应收款	=zz!C9
存货	=zz!C10+zz!C11+zz!C12+zz!C13+zz!C14+zz!C37
待摊费用	=zz!C15
流动资产小计	=B4+B5+B6+B9+B10+B11+B12+B13
固定资产	
固定资产	=zz!C16
减:累计折旧	=zz!C17
固定资产净值	=B16-B17
在建工程	=zz!C18
固定资产小计	=B18+B19
无形资产及递延资产	
无形资产	=zz!C19
递延资产	=zz!C20
待处理财产损溢	0
无形资产及递延资产	=SUM(B22:B24)
资产合计	=B14+B20+B25

图 10-8 表与表之间的数据链接

例题 10.1 如图 10-8 所示，建立资产负债表项目"短期投资"公式。

解 资产负债表中"短期投资年初数"等于 zz 表中短期投资年初余额。

首先选择 B5 单元格，然后输入"=zz!C4"，按回车键，短期投资年初数的计算结果就显示在该单元格中。

视频演示

例题 10.2 如图 10-8 所示，建立资产负债表项目"货币资金年初数"公式。

解 资产负债表中"货币资金年初数"等于 zz 表中"库存现金"与"银行存款"年初数之和。

首先，选择 B4 单元格，然后输入"=zz!C2+zz!C3"，按回车键，货币资金年初数的计算结果就显示在该单元格中。

视频演示

资产负债表和 zz 表之间一旦建立了这种链接关系，系统将自动提取教据，进行加工，并将计算结果写入目标单元，完成数据的采集工作。当 zz 工作表数据发生变化时，资产负债表中的数据将会自动更新。

10.2.3 从公司网站上获取数据

随着网络技术的广泛应用，很多公司将自己的报告以 PDF、WORD 格式放在网上，供关注公司的人员使用，这为我们对上市公司进行财务分析提供了保证。例如，我们想看山西汾酒集团最新的资产负债表，可以按以下步骤操作。

① 进入公司主页下载信息。进入 https：//www.fenjiu.com.cn/，选择“上市公司”|“定期报告”，如图 10–9 所示。

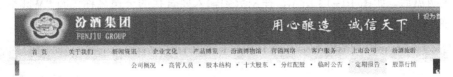

图 10–9 公司网站主页

② 选择相关年度的报表。可以根据需要选择报表并进行下载，如图 10–10 所示。

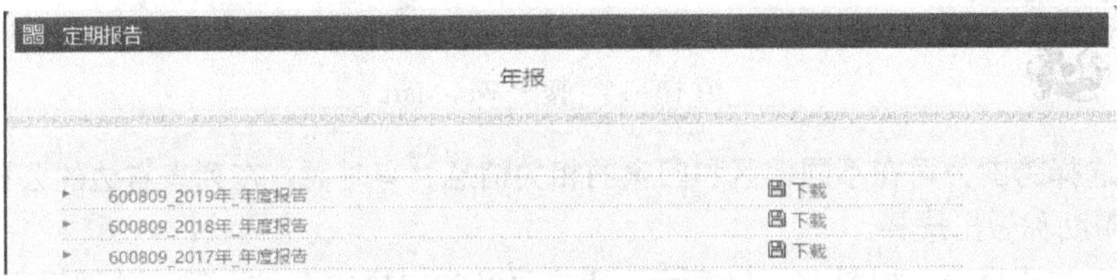

图 10–10 获取相应年报数据

③ 将报表保存后，提取数据复制到 Excel 中，如图 10–11 所示。

	A	B	C	D
1	合并资产负债表			
2				
3	项目	附注七	期末余额	期初余额
4	流动资产：			
5	货币资金	1	1,222,314,883.37	1,217,904,235.65
6	结算备付金			
7	拆出资金			
8	以公允价值计量且其变动计入当期损益的金融资产			
9	衍生金融资产			
10	应收票据	4	2,187,506,229.03	1,454,937,260.93
11	应收账款	5	11,820,054.61	61,613,341.32

图 10–11 提取合并资产负债表数据

10.2.4 从专业网站上获取财务报表

1. 从国外专业网站上获取企业 HTML 文件源数据

下面介绍获取 HTML 格式年度报告的方法。

假设我们想获取、下载沃尔玛最新的年度资产负债表，则可以按以下步骤操作。

（1）登录专业网站。美国证券交易委员会提供了专业网站：www.sec.gov，可以获得各个上市公司的财务报表。如图 10–12 所示，打开网站，选择搜索框下方“Company Filings”

（企业档案）。

图 10-12　专业网站搜索界面

进入网页后，如图 10-13 所示，在网页中输入要查找的公司名称（如"Wal-Mart"），单击"SEARCH"，继续查找沃尔玛的报表数据。

图 10-13　搜索 Wal-Mart

（2）选择跨国公司在不同地区和国家的相关信息。有时候，在列表右边的公司总部所在州可能会帮助你做出选择。

选择沃尔玛报表，如图 10-14 所示，点击"0000104169."这一列，能够看到很多文档，文件有 10-K 年度报告、10-Q 季度报告，可以依据需要选择信息。

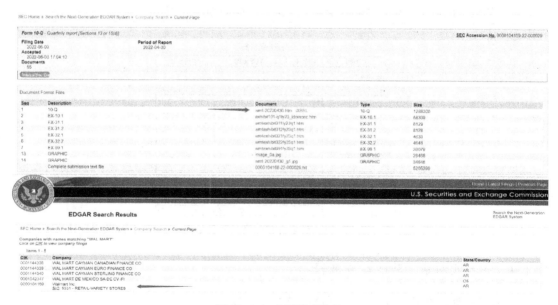

图 10-14　公司报表信息

（3）将选择信息复制并保存到 Excel 工作簿。当打开沃尔玛的文件后，会看到一个目录表或者一个附件列表，它们会告诉你到哪里能够找到资产负债表的信息。一旦找到这些信息，选中它们并选择浏览器菜单中的"编辑——复制"，最后，把这些信息粘贴到一个空白工作表中。如图 10–15 所示。

1	Condensed Consolidated Balance Sheets						
2							
3							
4			April 30,		January 31,		April 30,
5	(Amounts in millions)		2022		2022		2021
6	ASSETS						
7	Current assets:						
8	Cash and cash equivalents	$	11,817	$	14,760	$	22,846
9	Receivables, net		7,674		8,280		5,797
10	Inventories		61,229		56,511		46,383
11	Prepaid expenses and other		2,500		1,519		1,565
12							
13	Total current assets		83,220		81,070		76,591
14	Property and equipment, net		94,741		94,515		90,996
15	Operating lease right-of-use assets		13,971		13,758		13,650
16	Finance lease right-of-use assets, net		4,505		4,351		3,979
17							
18	Goodwill		29,438		29,014		28,872
19	Other long-term assets		20,267		22,152		22,493
20	Total assets	$	246,142	$	244,860	$	236,581
21							
22	LIABILITIES, REDEEMABLE NONCONTROLLING INTEREST, ANDEQUITY						
23	Current liabilities:						
24	Short-term borrowings	$	11,432	$	410	$	362
25	Accounts payable		52,926		55,261		48,151
26	Dividends payable		4,631		—		4,651
27	Accrued liabilities		21,061		26,060		21,371
28	Accrued income taxes		904		851		851
29	Long-term debt due within one year		3,580		2,803		3,500
30	Operating lease obligations due within one year		1,485		1,483		1,448
31	Finance lease obligations due within one year		511		511		507

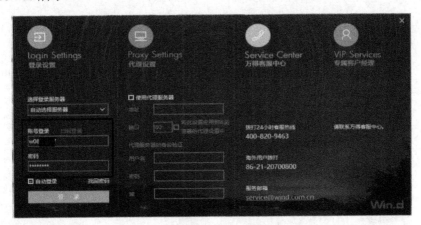

图 10–15　数据存入 Excel

注意，这个 Excel 工作表仍然包含 HTML 源文件所包含的很多格式。我们可能并不想保留所有这些格式，不过把不同内容的信息放在不同单元中的这种特性是我们想要的，因此通常保留（如果需要的话也可能改变）源文件的其余格式以得到想要的这种特性。

2. 从国内专业网站上获取企业数据

下面以万得咨询数据库为例，提取山西汾酒 2017—2019 年的合并报表数据。

① 下载万得数据客户端。在学校或单位已购买数据库的前提下，用账号和密码进行登录，如图 10–16 所示。

图 10–16　万得咨询数据库登录界面

② 准备定位数据，提取数据信息。步骤一，打开 Excel 表，选择【Wind】菜单，单击【财务报表】；步骤二，打开【财务报表】界面，输入代码，单击【下一步】；步骤三，选择待选

模板中的资产负债表，添加到右边的栏目中，单击【下一步】；步骤四，选取时间区间，选择 2017 年到 2019 年，单击【下一步】；步骤五，选择单位为亿元，单击【完成】，具体步骤如图 10-17 所示。

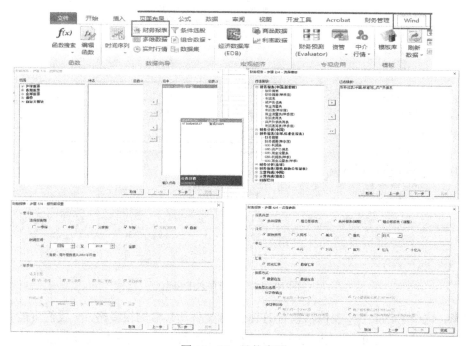

图 10-17　具体步骤

③ 保存数据。山西汾酒相关资产负债表自动下载到 Excel 表中，如图 10-18 所示。图中 B1 单元格为可动选项，比如输入贵州茅台股票代码 600519.SH，整个资产负债表数据自动更新为贵州茅台 2017—2019 年的数据。

	A	B	C	D	E
1		证券代码	600809.SH		
2		证券简称	山西汾酒		
3					
4	资产负债表(ORIG,亿元)				
5		2020-09-30	2019-12-31	2018-12-31	2017-12-31
6	报告期	三季报	年报	年报	年报
7	报表类型	合并报表	合并报表	合并报表	合并报表
8	流动资产:				
9	货币资金	44.89	39.64	12.96	12.22
10	交易性金融资产				
11	衍生金融资产				
12	应收票据及应收账款	0.03	0.06	37.06	21.99
13	应收票据			36.95	21.88
14	应收账款	0.03	0.06	0.11	0.12
15	应收款项融资	29.18	27.28		
16	预付款项	0.72	1.30	1.04	1.88
17	其他应收款(合计)	0.30	0.35	0.35	0.42
18	应收股利			0.00	
19	应收利息			0.01	0.04
20	其他应收款		0.35	0.34	0.38
21	买入返售金融资产				
22	存货	56.41	52.58	31.56	22.99
23	其中: 消耗性生物资产				
24	合同资产				
25	划分为持有待售的资产				
26	一年内到期的非流动资产				
27	待摊费用				
28	其他流动资产	5.47	5.22	7.19	2.92
29	其他金融类流动资产				

图 10-18　山西汾酒 2017—2019 年资产负债表数据

10.2.5　未来的财务报表：XBRL

可扩展商业报告语言（extensible business reporting language，XBRL）是一种使用特定的标准化输入规范来上传和处理企业财务报告的计算机语言。在一个 XBRL 报告中，每一个数据项被定义为一个 XBRL 的标签，这个标签可以精确指定对象是什么。简单来说，就是把 XBRL 源文档看做一种数据库，在这个数据库中可以自动建立标准的财务报告书和其他商务报告。

我国上交所和深交所也拟要求企业提交 XBRL 格式的电子报表，其理由包括：对于财务和会计部门来说，强烈支持使用 XBRL，以简化信息交换过程；相对来说，XBRL 与现存计算机系统更容易集成；XBRL 在其他国家被广泛采用，包括澳大利亚金融监管局、英国国税局和日本国税厅。

随着 XBRL 在国外被广泛关注和应用，我国两大证券交易所也开展了试点应用。

10.3　资产负债表分析模型

资产负债表是反映企业某一特定日期财务状况的报表。对资产负债表进行分析，可以深入了解企业某一时刻所拥有的经济资源及其构成情况、企业的资金来源及其构成情况、企业的短期偿债能力和长期偿债能力，也可以了解企业不同时期财务状况的变动情况。

对资产负债表的分析包括比较分析和结构分析。比较分析是指将前后两期的资产负债表数据进行对比，计算增减变动额和增减变动幅度；结构分析一般是以资产总额为 100%，计算资产负债表上各项目占资产总额的百分比。

在建立资产负债表分析模型的过程中可以使用 IF、AND、ISBLANK 等函数。

① IF 函数的功能是：根据指定的条件来判断其"真"（TRUE）"假"（FALSE）。可以使用 IF 函数对数值和公式进行条件检验。其语法格式为

$$IF(logical\_test,value\_if\_true,value\_if\_false)$$

其中，logical_test 表示计算结果为 TRUE 或 FALSE 的任意值或表达式。

② AND 函数的功能是：所有参数的逻辑值为真时，返回 TRUE；只要有一个参数的逻辑值为假，即返回 FALSE。其语法格式为

$$AND(logical1,logical2,...)$$

其中，logical1，logical2，... 表示待检测的条件值，各条件值可为 TRUE 或 FALSE。

③ ISBLANK 函数的功能是：检验数值或引用的类型并根据参数取值返回 TRUE 或 FALSE。其语法格式为

$$ISBLANK(value)$$

其中，value 为需要进行检验的数值。如果数值为对空白单元格的引用，则函数 ISBLANK 返回逻辑值 TRUE，否则返回 FALSE。

下面通过实例说明建立资产负债表分析模型的具体方法。

例题 10.3 L 公司资产负债表年初和年末的有关数据存放在"财务分析模型"工作簿中名为"资产负债表分析模型"工作表的单元格区域 A1:F20，如图 10-19 所示。要求：建立一个对该公司资产负债表进行比较分析和结构分析的模型。

	A	B	C	D	E	F
1				L公司资产负债表		
2		2021-12-31			单位：亿元	
3	项目	年末数	年初数	项目	年末数	年初数
4	流动资产：			流动负债：		
5	货币资金	45	26	短期借款	50	7
6	交易性金融资产	1	1	应付票据	0	0
7	应收账款	12	8	应付账款	205	93
8	存货	81	60	流动负债合计	255	100
9	流动资产合计	139	95	非流动负债：		
10	非流动资产：			长期借款	72	80
11	可供出售金融资产	3	3	应付债券	68	0
12	长期应收款	0	0	非流动负债合计	140	80
13	长期股权投资	55	5	负债合计	395	180
14	固定资产净值	281	216	股东权益：		
15	在建工程	173	79	股本（面值1元）	78	78
16	无形资产	2	2	资本公积	58	58
17	非流动资产合计	514	305	盈余公积	35	29
18				未分配利润	87	55
19				股东权益合计	258	220
20	资产总计	653	400	负债与股东权益总计	653	400

图 10-19　L 公司的资产负债表

解　建立模型的具体步骤如下。

① 在"财务分析模型"工作簿的名为"资产负债表分析模型"的工作表中设计模型的结构，如图 10-20 所示。

	H	I	J	K	L	M	N	O	P	Q
1				L公司资产负债表分析（金额单位：亿元）						
2	项目	年末与年初比较		结构分析		项目	年末与年初比较		结构分析	
3		增减额	增减幅度	年末结构	年初结构		增减额	增减幅度	年末结构	年初结构
4	流动资产：					流动负债：				
5	货币资金					短期借款				
6	交易性金融资产					应付票据				
7	应收账款					应付账款				
8	存货					流动负债合计				
9	流动资产合计					非流动负债：				
10	非流动资产：					长期借款				
11	可供出售金融资产					应付债券				
12	长期应收款					非流动负债合计				
13	长期股权投资					负债合计				
14	固定资产净值					股东权益：				
15	在建工程					股本（面值1元）				
16	无形资产					资本公积				
17	非流动资产合计					盈余公积				
18						未分配利润				
19						股东权益合计				
20	资产总计					负债与股东权益总计				

图 10-20　L 公司资产负债表分析模型

② 在单元格 I5 中输入"=IF(AND(ISBLANK(B5),ISBLANK(C5)),"",B5-C5)"。这里同时使用 IF 函数、AND 函数和 ISBLANK 函数的作用是：首先判断单元格 B5 和单元格 C5 是否同时为空白单元格，如果是，则在 I5 单元格中返回空白，否则返回单元格 B5 与单元格 C5 中的数值之差。

③ 在单元格 J5 中输入"=IF(AND(ISBLANK(B5),ISBLANK(C5)),""，IF(C5=0,"无意义"，

(B5−C5)/C5))"。这里除了使用 AND 函数和 ISBLANK 函数外，还使用了两个 IF 函数。使用第一个 IF 函数和使用 AND 函数及 ISBLANK 函数的功能如上所述，即只有在单元格 B5 和单元格 C5 都不是空白的情况下才进行正常的计算，否则返回空白。使用第二个 IF 函数的作用是判断作为分母的单元格 C5 中的数值是否为 0，若条件成立则返回文本"无意义"，否则按公式"（B5−C5）/C5）"计算单元格 J5 中的数值，从而可以避免在除数为 0 的情况下在选定的单元格中返回出错信息。

④ 在单元格 K5 中输入"=IF(ISBLANK(B5),"",B5/$B$20)"。

⑤ 在单元格 L5 中输入"=IF(ISBLANK(C5),"",C5/$C$20)"。

⑥ 选取单元格区域 I5:L5，将其复制到单元格区域 I6:L20。

⑦ 在单元格 N5 中输入"=IF(AND(ISBLANK(E5),ISBLANK(F5)),"",E5−F5)"。

⑧ 在单元格 O5 中输入"=IF(AND(ISBLANK(E5),ISBLANK(F5)),"",IF(F5=0,"无意义",(E5−F5)/F5))"。

⑨ 在单元格 P5 中输入"=IF(ISBLANK(E5),"",E5/$E$20)"。

⑩ 在单元格 Q5 中输入"=IF(ISBLANK(F5),"",F5/$F$20)"。

⑪ 选取单元格区域 N5:Q5，将其复制到单元格区域 N6:Q20。

L 公司资产负债表分析模型的运行结果如图 10−21 所示。

视频演示

项目	年末与年初比较		结构分析		项目	年末与年初比较		结构分析	
	增减额	增减幅度	年末结构	年初结构		增减额	增减幅度	年末结构	年初结构
流动资产：					流动负债：				
货币资金	19	73.08%	6.89%	6.50%	短期借款	43	614.29%	7.66%	1.75%
交易性金融资产	0	0.00%	0.15%	0.25%	应付票据	0	无意义	0.00%	0.00%
应收账款	4	50.00%	1.84%	2.00%	应付账款	112	120.43%	31.39%	23.25%
存货	21	35.00%	12.40%	13.00%	流动负债合计	155	155.00%	39.05%	25.00%
流动资产合计	44	46.32%	21.29%	23.75%	非流动负债：				
非流动资产：					长期借款	−8	−10.00%	11.03%	20.00%
可供出售金融资产	0	0.00%	0.46%	0.75%	应付债券	68	无意义	10.41%	0.00%
长期应收款	0	无意义	0.00%	0.00%	非流动负债合计	60	75.00%	21.44%	20.00%
长期股权投资	50	1000.00%	8.42%	1.25%	负债合计	215	119.44%	60.49%	45.00%
固定资产净值	65	30.09%	43.03%	54.00%	股东权益				
在建工程	94	118.99%	26.49%	19.75%	股本（面值1元）	0	0.00%	11.94%	19.50%
无形资产	0	0.00%	0.31%	0.50%	资本公积	0	0.00%	8.88%	14.50%
非流动资产合计	209	68.52%	78.71%	76.25%	盈余公积	6	20.69%	5.36%	7.25%
					未分配利润	32	58.18%	13.32%	13.75%
					股东权益合计	38	17.27%	39.51%	55.00%
资产总计	253	63.25%	100.00%	100.00%	负债与股东权益总计	253	63.25%	100.00%	100.00%

图 10−21　L 公司资产负债表分析模型的运行结果

10.4　利润表分析模型

利润表是反映企业一定时期经营成果的报表。对利润表进行分析，可以了解企业一定时期经营成果的形成情况及获利能力，判断企业未来的发展趋势，从而做出正确的决策。

对利润表进行的分析包括比较分析和结构分析。比较分析是指将前后两期的利润表数据进行对比，计算增减变动额和增减变动幅度；结构分析一般是以营业收入为 100%，计算利润表上各项目占营业收入的百分比。下面通过实例说明建立利润表分析模型的具体方法。

例题 **10.4**　L 公司利润表的有关数据存放在"财务分析模型"工作簿中名为"利润表分析模型"工作表的单元格区域 A1:C17，如图 10-22 所示。要求：建立一个对该公司利润表进行比较分析和结构分析的模型。

解　建立模型的具体步骤如下。

① 在"财务分析模型"工作簿的名为"利润表分析模型"工作表的单元格区域 E1:I17 设计模型的结构，如图 10-23 所示。

A	B	C
L公司利润表		
2019年度	单位：亿元	
项目	本期金额	上期金额
一、营业收入	534	416
减：营业成本	422	338
营业税金及附加	3	2
销售费用	4	3
管理费用	14	13
财务费用	2	1
资产减值损失	0	0
加：公允价值变动收益	0	0
二、营业利润	89	59
加：营业外收入	1	0
减：营业外支出	1	1
三、利润总额	89	58
减：所得税	27	19
四、净利润	62	39

图 10-22　L 公司的利润表

E	F	G	H	I
L公司利润表分析（金额单位：亿元）				
项目	与上期比较分析		结构分析	
	增减金额	增减幅度	本期结构	上期结构
一、营业收入				
减：营业成本				
营业税金及附加				
销售费用				
管理费用				
财务费用				
资产减值损失				
加：公允价值变动收益				
二、营业利润				
加：营业外收入				
减：营业外支出				
三、利润总额				
减：所得税				
四、净利润				

图 10-23　L 公司利润表分析模型

② 在单元格 F4 中输入"=B4-C4"。

③ 在单元格 G4 中输入"=IF(C4=0,"无意义",F4/C4)"。

④ 选取单元格区域 F4:G4，将其复制到单元格区域 F5:G17。

⑤ 选取单元格区域 H4:I17，输入"=B4:C17/B4:C4"，按"Shift+Ctrl+Enter"组合键锁定数组公式，最终输出数组公式{=B4:C17/B4:C4}。

输入数组公式时，首先选择用来保存计算结果的单元格区域，如果计算公式将产生多个计算结果，必须选择一个与计算结果所需大小和形状都相同的单元格区域；然后输入公式，最后按"Shift+Ctrl+Enter"组合键锁定数组公式。

L 公司利润表分析模型的运行结果如图 10-24 所示。

E	F	G	H	I
L公司利润表分析（金额单位：亿元）				
项目	与上期比较分析		结构分析	
	增减金额	增减幅度	本期结构	上期结构
一、营业收入	118	28.37%	100.00%	100.00%
减：营业成本	84	24.85%	79.03%	81.25%
营业税金及附加	1	50.00%	0.56%	0.48%
销售费用	1	33.33%	0.75%	0.72%
管理费用	1	7.69%	2.62%	3.13%
财务费用	1	100.00%	0.37%	0.24%
资产减值损失	0	无意义	0.00%	0.00%
加：公允价值变动收益	0	无意义	0.00%	0.00%
二、营业利润	30	50.85%	16.67%	14.18%
加：营业外收入	1	无意义	0.19%	0.00%
减：营业外支出	0	0.00%	0.19%	0.24%
三、利润总额	31	53.45%	16.67%	13.94%
减：所得税	8	42.11%	5.06%	4.57%
四、净利润	23	58.97%	11.61%	9.38%

图 10-24　L 公司利润表分析模型的运行结果

视频演示

思政目标：国家的经济发展注重高质量，我们在研究一个企业的财务情况时首先关注的也是它的质量问题。

10.5　现金流量表分析模型

现金流量表是反映企业一定时期经营活动、投资活动和筹资活动产生的现金流量信息的报表，是以收付实现制为基础编制的财务状况变动表。通过对现金流量表进行分析，可以了解企业一定时期现金流量的发生及构成情况，评价利润的含金量，并进一步分析企业的偿债能力，预测企业未来产生现金流量的能力。

对现金流量表进行的分析包括比较分析和结构分析。比较分析是指将前后两期的现金流量数据进行对比，计算增减变动额和增减变动幅度；结构分析包括现金流入量结构分析、现金流出量结构分析和现金流量净额结构分析。通过这些分析可以了解企业的现金流入量、现金流出量和现金流量净额的构成情况。下面通过实例说明建立现金流量表分析模型的具体方法。

例题 10.5　L公司现金流量表年初和年末的有关数据存放在"财务分析模型"工作簿的名为"现金流量表分析模型"的工作表中，如图 10-25 所示。要求：建立一个对该公司现金流量表进行比较分析和结构分析的模型。

L公司现金流量表		
2019年度	单位：亿元	
项目	本期金额	上期金额
一、经营活动产生的现金流量		
销售商品、提供劳务收到的现金	474	473
经营活动现金流入小计	474	473
购买商品、接收劳务支付的现金	365	399
支付给职工以及为职工支付的现金	15	12
经营活动现金流出小计	380	411
经营活动产生的现金流量净额	94	62
二、投资活动产生的现金流量		
投资活动现金流入小计	0	0
投资支付的现金	139	74
支付其他与投资活动有关的现金	2	3
投资活动现金流出小计	141	77
投资活动产生的现金流量净额	-141	-77
三、筹资活动产生的现金流量		
发行债券所收到的现金	73	0
取得借款收到的现金	89	27
筹资活动现金流入小计	162	27
支付其他与筹资活动有关的现金	96	35
筹资活动现金流出小计	96	35
筹资活动产生的现金流量净额	66	-8
四、汇率变动对现金及现金等价物的影响	0	0
五、现金及现金等价物净增加额	19	-23

图 10-25　L公司的现金流量表

解 建立模型的具体步骤如下。

① 在"财务分析模型"工作簿的名为"现金流量表分析模型"的工作表中设计模型的结构，如图 10-26 所示。

	与上期比较分析		本期结构分析			上期结构分析		
项目	增减金额	增减幅度	流入结构	流出结构	净额结构	流入结构	流出结构	净额结构
一、经营活动产生的现金流量								
销售商品、提供劳务收到的现金								
经营活动现金流入小计								
购买商品、接收劳务支付的现金								
支付给职工以及为职工支付的现金								
经营活动现金流出小计								
经营活动产生的现金流量净额								
二、投资活动产生的现金流量								
投资活动现金流入小计								
投资支付的现金								
支付其他与投资活动有关的现金								
投资活动现金流出小计								
投资活动产生的现金流量净额								
三、筹资活动产生的现金流量								
发行债券所收到的现金								
取得借款收到的现金								
筹资活动现金流入小计								
支付其他与筹资活动有关的现金								
筹资活动现金流出小计								
筹资活动产生的现金流量净额								
四、汇率变动对现金及现金等价物的影响			合计	合计	合计	合计	合计	合计
五、现金及现金等价物净增加额								

图 10-26　L 公司现金流量表分析模型

② 在单元格 F5 中输入"=IF(AND(ISBLANK(B5),ISBLANK(C5)),"",B5-C5)"。

③ 在单元格 G5 中输入"=IF(AND(ISBLANK(B5),ISBLANK(C5)),"",IF(C5=0,"无意义"，F5/C5))"。

④ 选取单元格区域 F5:G5，将其复制到单元格区域 F6:G25。

⑤ 在单元格 H6 中输入"=B6/SUM($B$6,$B$12,$B$20)"，并将其复制到单元格 H12 和单元格 H20。

⑥ 在单元格 I9 中输入"=B9/SUM($B$9,$B$15,$B$22)"，并将其复制到单元格 I15 和单元格 I22。

⑦ 在单元格 J10 中输入"=B10/SUM($B$10,$B$16,$B$23)"，并将其复制到单元格 J16 和单元格 J23。

⑧ 在单元格 K6 中输入"=C6/SUM($C$6,$C$12,$C$20)"，并将其复制到单元格 K12 和单元格 K20。

⑨ 在单元格 L9 中输入"=C9/SUM($C$9,$C$15,$C$22)"，并将其复制到单元格 L15 和单元格 L22。

⑩ 在单元格 M10 中输入"=C10/SUM($C$10,$C$16,$C$23)"，并将其复制到单元格 M16 和单元格 M23。

⑪ 在单元格 H25 中输入"=SUM(H6:H23)"，并将其复制到单元格区域 I25:M25。

L 公司现金流量表分析模型的运行结果如图 10-27 所示。

项目	L公司现金流量表分析（金额单位：亿元）								
	与上期比较分析		本期结构分析			上期结构分析		
	增减金额	增减幅度	流入结构	流出结构	净额结构	流入结构	流出结构	净额结构
一、经营活动产生的现金流量								
销售商品、提供劳务收到的现金	1	0.21%						
经营活动现金流入小计	1	0.21%	74.53%			94.60%		
购买商品、接收劳务支付的现金	-34	-8.52%						
支付给职工以及为职工支付的现金	3	25.00%						
经营活动现金流出小计	-31	-7.54%		61.59%			78.59%	
经营活动产生的现金流量净额	32	51.61%			494.74%			-269.57%
二、投资活动产生的现金流量								
投资活动现金流入小计	0	无意义	0.00%			0.00%		
投资支付的现金	65	87.84%						
支付其他与投资活动有关的现金	-1	-33.33%						
投资活动现金流出小计	64	83.12%		22.85%			14.72%	
投资活动产生的现金流量净额	-64	83.12%			-742.11%			334.78%
三、筹资活动产生的现金流量								
发行债券所收到的现金	73	229.63%						
取得借款收到的现金	62	无意义						
筹资活动现金流入小计	135	500.00%	25.47%			5.40%		
支付其他与筹资活动有关的现金	61	174.29%						
筹资活动现金流出小计	61	174.29%		15.56%			6.69%	
筹资活动产生的现金流量净额	74	-925.00%			347.37%			34.78%
四、汇率变动对现金及现金等价物的影响	0	无意义	合计	合计	合计	合计	合计	合计
五、现金及现金等价物净增加额	42	-182.61%	100.00%	100.00%	100.00%	100.00%	100.00%	100.00%

图 10-27　L 公司现金流量表分析模型的运行结果

视频演示

10.6　财务比率分析模型

比率分析是指把财务报表中的有关项目进行对比，得出一系列财务比率，以此揭示企业财务状况的一种分析方法。比率分析也是财务分析的核心。根据资产负债表、利润表和现金流量表的有关数据可以计算出很多财务比率指标。通常可以将常用的财务比率指标分为 4 大类，即偿债能力比率、获利能力比率、营运能力比率和发展能力比率。下面结合实例说明运用 Excel 计算各项财务比率指标的具体方法。

例题 10.6　L公司资产负债表、利润表和现金流量表的有关数据分别存放在"财务分析模型"工作簿中的名为"资产负债表分析模型""利润表分析模型""现金流量表分析模型"的 3 张工作表中，如图 10-19、图 10-22、图 10-25 所示。要求：建立一个根据该公司的 3 张财务报表计算其各项财务比率指标的模型。

解　建立模型的具体步骤如下。

① 在"财务分析模型"工作簿中的名为"财务比率分析模型"的工作表中设计模型结构，如图 10-28 所示。各类比率所包括的具体比率指标及各项比率指标的计算公式已在图 10-28 的 A 列至 D 列区域给出。计算财务比率过程中的假定条件如图 10-28 的单元格区域 G1:H20 所示。

② 在单元格区域 E3:E32 中分别输入相应的公式：

E3＝资产负债表分析模型!B9/资产负债表分析模型!E8；

E4＝（资产负债表分析模型!B9−资产负债表分析模型!B8）/资产负债表分析模型!E8；

E5＝（资产负债表分析模型!B5＋资产负债表分析模型!B6）/资产负债表分析模型!E8；

E6＝现金流量表分析模型!B10/资产负债表分析模型!E8；

E7＝资产负债表分析模型!E13/资产负债表分析模型!B20；

E8=资产负债表分析模型!E19/资产负债表分析模型!B20；

E9=资产负债表分析模型!E13/现金流量表分析模型!B10；

大类	分类	比率指标名称	计算公式	指标值	计算比率过程中的假定条件
偿债能力比率	短期偿债能力比率	流动比率	流动资产/流动负债		1.交易性金融资产均为变现能力极强的证券
		速动比率	（流动资产-存货）/流动负债		
		现金比率	可立即动用的资金/流动负债		
		现金流量比率	经营活动现金净流量/流动负债		2.财务费用全部是利息费用
	长期偿债能力比率	资产负债率	负债总额/资产总额		
		股东权益比率	股东权益总额/资产总额		4.没有优先股
		偿债保障倍数	负债总额/经营活动现金净流量		3.本期租金（亿元） 0.2
	负担利息和固定费用能力	利息保障倍数	息税前利润/利息费用		
		固定费用保障倍数	税前及支付固定费用前利润/[利息费用+租金+优先股股利/（1-税率）]		5.本期分配普通股现金股利 30
获利能力比率	与销售收入有关的获利能力的比率	销售毛利率	销售毛利/销售收入		
		销售净利率	净利润/销售收入		6.本年年末普通股市价（元/股） 8
	与资金有关的获利能力比率	总资产收益率	净利润/资产占用总额		
		净资产收益率	净利润/净资产平均总额		
	与股份数或股票价格有关的获利能力比率	普通股每股收益	（净利润-优先股股利）/发行在外的普通股平均股数		7.销售收入中赊销收入占的比重 30%
		普通股每股现金流量	（经营活动现金净流量-优先股股利）/发行在外的普通股平均股数		
		普通股每股股利	普通股现金股利/发行在外的普通股平均股数		
		市盈率	普通股每股市价/普通股每股收益		
		市净率	普通股每股市价/普通股每股净资产		
营运能力比率	反映资产周转情况的比率	应收账款周转率	赊销收入净额/应收账款平均余额		
		存货周转率	销售成本/存货平均余额		
		流动资产周转率	销售收入/流动资产平均余额		
		固定资产周转率	销售收入/固定资产平均余额		
		总资产周转率	销售收入/资产平均余额		
	产生现金能力的比率	经营现金使用效率	经营活动现金流入/经营活动现金流出		
		现金利润比率	现金及现金等价物净增加额/净利润		
		现金收入比率	经营活动现金流量/营业收入		
发展能力比率	与资产有关的增长率	总资产增长率	（期末总资产-期初总资产）/期初总资产		
		净资产增长率	（期末净资产-期初净资产）/期初净资产		
	与收入和利润有关的增长率	营业收入增长率	（本期营业收入-上期营业收入）/上期营业收入		
		净利润增长率	（本期净利润-上期净利润）/上期净利润		

图10-28　L公司财务比率分析模型

E10=（利润表分析模型!B17+利润表分析模型!B16+利润表分析模型!B9）/利润表分析模型!B9；

E11=（利润表分析模型!B17+利润表分析模型!B16+利润表分析模型!B9+财务比率分析模型!H11）/（利润表分析模型!B9+财务比率分析模型!H11）；

E12=（利润表分析模型!B4-利润表分析模型!B5-利润表分析模型!B6）/利润表分析模型!B4；

E13=利润表分析模型!B17/利润表分析模型!B4；

E14=利润表分析模型!B17/（（资产负债表分析模型!B20+资产负债表分析模型!C20）/2）；

E15=利润表分析模型!B17/（（资产负债表分析模型!E19+资产负债表分析模型!F19）/2）；

E16=利润表分析模型!B17/资产负债表分析模型!E15；

E17=现金流量表分析模型!B10/资产负债表分析模型!E15；

E18=H12/资产负债表分析模型!E15；

E19=H15/E16；

E20=H15/（资产负债表分析模型!E19/资产负债表分析模型!E15）；

E21=利润表分析模型!B4*财务比率分析模型!H18/（（资产负债表分析模型!B7+资产负债表分析模型!C7）/2）；

E22=利润表分析模型!B5/（（资产负债表分析模型!B8+资产负债表分析模型!C8）/2）；

E23=利润表分析模型!B4/（（资产负债表分析模型!B9+资产负债表分析模型!C9）/2）；

E24=利润表分析模型!B4/（（资产负债表分析模型!B14+资产负债表分析模型!C14）/2）；

E25=利润表分析模型!B4/（（资产负债表分析模型!B20+资产负债表分析模型!C20）/2）；

E26=现金流量表分析模型!B6/现金流量表分析模型!B9；

E27=现金流量表分析模型!B25/利润表分析模型!B17；

E28=现金流量表分析模型!B10/利润表分析模型!B4；

视频演示

E29=（资产负债表分析模型!B20−资产负债表分析模型!C20）/资产负债表分析模型!C20；

E30=（资产负债表分析模型!E19−资产负债表分析模型!F19）/资产负债表分析模型!F19；

E31=（利润表分析模型!B4−利润表分析模型!C4）/利润表分析模型!C4；

E32=（利润表分析模型!B17−利润表分析模型!C17）/利润表分析模型!C17；

L 公司财务比率分析模型的运行结果如图 10−29 所示。

大类	分类	比率指标名称	计算公式	指标值	计算比率过程中的假定条件		
偿债能力比率	短期偿债能力比率	流动比率	流动资产/流动负债	0.55	1.交易性金融资产均为变现能力极强的证券		
		速动比率	（流动资产−存货）/流动负债	0.23			
		现金比率	可立即动用的资金/流动负债	0.18			
		现金流量比率	经营活动现金流量/流动负债	0.37	2.财务费用全部是利息费用		
	长期偿债能力比率	资产负债率	负债总额/资产总额	60.49%			
		股东权益比率	股东权益总额/资产总额	39.51%			
		偿债保障比率	负债总额/经营活动现金净流量	4.20	4.没有优先股		
	负担利息和固定费用能力	利息保障倍数	息税前利润/利息费用	45.50	3.本期租金（亿元）	0.2
		固定费用保障倍数	税前及支付固定费用前利润/[利息费用+租金+优先股股利/（1−税率）]	41.45	5.本期分配普通股现金股利（亿元）	30
获利能力比率	与销售收入有关的获利能力比率	销售毛利率	销售毛利/销售收入	20.41%		
		销售净利率	净利润/销售收入	11.61%		
	与资金有关的获利能力比率	资产净利率	净利润/资产平均总额	11.78%	6.本年年末普通股市价（元/股）	8
		净资产收益率	净利润/净资产平均总额	25.94%		
	与股份数或股票价格有关的获利能力比率	普通股每股收益	（净利润−优先股股利）/发行在外的普通股平均股数	0.79		
		普通股每股现金流量	（经营活动现金净流量−优先股股利）/发行在外的普通股平均股数	1.21	7.销售收入中赊销收入占的比重	30%
		普通股每股股利	普通股每股市价/发行在外的普通股平均股数	0.38		
		市盈率	普通股每股市价/普通股每股收益	10.06		
		市净率	普通股每股市价/普通股每股净资产	2.42		
营运能力比率	反映资产周转情况的比率	应收账款周转率	赊销收入净额/应收账款平均余额	16.02		
		存货周转率	销售成本/存货平均余额	5.99		
		流动资产周转率	销售收入/流动资产平均余额	4.56		
		固定资产周转率	销售收入/固定资产平均余额	2.15		
		总资产周转率	销售收入/资产平均总额	1.01		
	产生现金能力的比率	经营活动现金使用效率	经营活动现金流入/经营活动现金流出	1.25		
		现金利润比率	现金及现金等价物净增加额/净利润	0.31		
		现金收入比率	经营活动现金流量/营业收入	0.18		
发展能力比率	与资产有关的增长率	总资产增长率	（期末总资产−期初总资产）/期初总资产	63.25%		
		净资产增长率	（期末净资产−期初净资产）/期初净资产	17.27%		
	与收入和利润有关的增长率	营业收入增长率	（本期营业收入−上期营业收入）/上期营业收入	28.37%		
		净利润增长率	（本期净利润−上期净利润）/上期净利润	58.97%		

L公司财务比率分析

图 10−29　L 公司财务比率分析模型的运行结果

10.7　杜邦分析系统模型

利用财务比率进行综合财务分析，虽然可以了解企业各方面的财务状况，但不能反映企业各方面财务状况之间的关系。例如，比率分析可以分析企业的偿债能力、资金周转状况及获利能力等，但不能反映三者之间的关系。实际上，各种财务比率之间都存在一定的联系。因此，在进行财务分析时，应该将企业的财务状况看做一个系统，内部各种因素都是相互依存、相互作用的，财务分析者必须对整个系统进行综合分析，只有这样，才能比较全面地了解企业的财务状况。杜邦分析法就是利用几种主要财务比率之间的关系综合分析企业的财务状况。

杜邦分析系统是由美国杜邦公司的管理人员在实践中总结出来的一种指标分解体系，即从综合性最强的净资产收益率指标出发，逐层进行指标分解，从而分析影响该指标的因素，以便找到提高净资产收益率的有效途径。下面结合实例说明运用 Excel 计算杜邦分析系统各项财务指标的具体方法。

例题 10.7 L 公司资产负债表、利润表和现金流量表的有关数据分别存放在"财务分析模型"工作簿中的名为"资产负债表分析模型""利润表分析模型""现金流量表分析模型"的 3 张工作表中，如图 10-19、图 10-22、图 10-25 所示。要求：建立一个根据该公司的 3 张财务报表确定其杜邦分析系统指标的模型。

解 建立模型的具体步骤如下。

① 在"财务分析模型"工作簿中的名为"杜邦分析系统模型"的工作表中设计模型的结构，如图 10-30 所示。

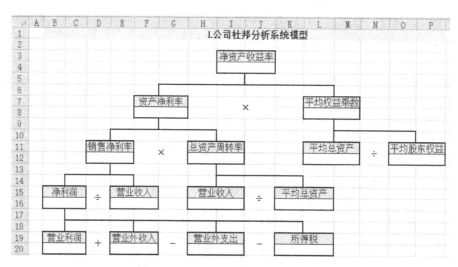

图 10-30 L 公司杜邦分析系统模型

② 在合并单元格 B20 中输入"＝利润表分析模型!B12"。

③ 在合并单元格 E20 中输入"＝利润表分析模型!B13"。

④ 在合并单元格 H20 中输入"＝利润表分析模型!B14"。

⑤ 在合并单元格 K20 中输入"＝利润表分析模型!B16"。

⑥ 在合并单元格 B16 中输入"＝利润表分析模型!B17"。

⑦ 在合并单元格 E16 中输入"＝利润表分析模型!B4"。

⑧ 在合并单元格 H16 中输入"＝利润表分析模型!B4"。

⑨ 在合并单元格 K16 中输入"＝(资产负债表分析模型!B20+资产负债表分析模型!C20)/2"。

⑩ 在合并单元格 D12 中输入"＝B16/E16"。

⑪ 在合并单元格 H12 中输入"＝H16/K16"。

⑫ 在合并单元格 F8 中输入"＝D12*H12"。

⑬ 在合并单元格 L12 中输入"＝(资产负债表分析模型!B20+资产负债表分析模型!C20)/2"。

⑭ 在合并单元格 O12 中输入 "=(资产负债表分析模型!E19+资产负债表分析模型!F19)/2"。

⑮ 在合并单元格 L8 中输入 "=L12/O12"。

⑯ 在合并单元格 I4 中输入 "=F8*L8"。

L 公司杜邦分析系统模型的运行结果如图 10-31 所示。

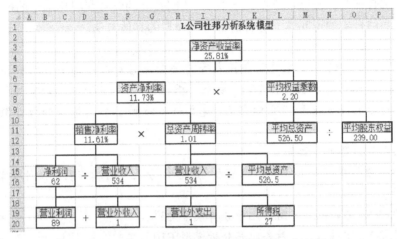

图 10-31　L 公司杜邦分析系统模型的运行结果

视频演示

从杜邦分析系统模型可以了解到以下财务信息。

① 净资产收益率是一个综合性极强、最有代表性的财务比率,它是杜邦分析系统的核心。财务管理的一个重要目标就是使所有者财富最大化,净资产收益率反映了所有者投入资金的获利能力,因此这一比率可以反映企业筹资、投资等各种经营活动的效率。

② 净资产收益率主要取决于资产净利率与平均权益乘数。资产净利率反映了企业生产经营活动的效率如何;平均权益乘数反映了企业的筹资情况,即企业资金来源结构如何。资产净利率是销售净利率与总资产周转率的乘积,因此可以从销售与资产管理两方面来分析。销售净利率实际上反映了企业的净利润与营业收入的关系。营业收入增加,企业的净利润自然也增加,但是如果想提高销售净利率,必须一方面提高营业收入,另一方面降低各种成本费用。这里可以看到,提高营业收入具有特殊的意义,因为它不仅可以使企业的净利润增加,而且还可以提高总资产周转率,这样自然会使资产净利率提高。

③ 从杜邦分析系统模型中也可以分析企业成本费用的结构是否合理,这样有利于进行成本费用分析,加强成本控制。从杜邦分析系统模型中可以看出,企业的获利能力涉及企业经营活动的方方面面。净资产收益率与企业的筹资结构、销售、成本控制、资产管理密切相关,这些因素构成一个系统。只有协调好系统内各种因素之间的关系,才能使净资产收益率达到最大,从而实现股东价值的最大化。

10.8　综合财务分析模型

综合财务分析是指对企业的财务状况和经营成果等各方面情况进行综合的评价。常用的进行综合财务分析的方法是综合评分法。采用这种方法对企业进行综合财务分析时，首先应选择一套具有代表性的财务指标，然后确定各项财务指标的标准值和标准评分值，再用各指标的标准评分值乘以各指标的实际值与各指标的标准值的关系比例，得到各指标的实际得分值，最后将各指标的实际得分值进行加总得到综合分数，并根据综合分数的高低来对企业的财务状况进行综合评判。若综合分数大于100，说明企业的财务状况比选定的标准水平更好，反之亦然。下面结合实例说明建立综合财务分析模型的具体方法。

例题 10.8 L公司的3张主要财务报表等有关数据存放在"财务分析模型"工作簿中（见图10-19、图10-22和图10-25）。要求：根据图10-32中"已知条件"区域的指标体系、各指标的标准评分值和行业标准值，建立一个计算L公司综合分数并做出综合评价的模型。

解 建立模型的具体步骤如下。

① 在"财务分析模型"工作簿中的名为"综合评分表"的工作表中设计模型的结构，如图10-32所示。

② 在单元格E4中输入"＝财务比率分析模型!E3"。

③ 在单元格E5中输入"＝财务比率分析模型!E10"。

④ 在单元格E6中输入"＝财务比率分析模型!E5"。

⑤ 在单元格E7中输入"＝财务比率分析模型!E8"。

⑥ 在单元格E8中输入"＝财务比率分析模型!E13"。

⑦ 在单元格E9中输入"＝财务比率分析模型!E14"。

⑧ 在单元格E10中输入"＝财务比率分析模型!E15"。

⑨ 在单元格E11中输入"＝财务比率分析模型!E22"。

⑩ 在单元格E12中输入"＝财务比率分析模型!E21"。

⑪ 在单元格E13中输入"＝财务比率分析模型!E25"。

视频演示

⑫ 在单元格F4中输入"＝C4*E4/D4"，并将其复制到单元格区域F5:F13。

⑬ 在单元格F14中输入"＝SUM(F4:F13)"。

⑭ 在单元格C15中输入"＝IF(F14＝100,"与行业平均水平一致",IF(F14>100,"比行业平均水平好","比行业平均水平差"))"。

L公司综合财务分析模型的运行结果如图10-33所示。

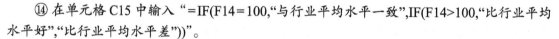

指标类型	指标名称	标准评分值	行业标准值	实际值	实际得分值
		已知条件		计算结果	
偿债能力比率	流动比率	8	2		
	利息保障倍数	8	20		
	现金比率	8	0.3		
	股东权益比率	12	50%		
获利能力比率	销售净利率	10	12%		
	资产净利率	10	15%		
	净资产收益率	16	20%		
营运能力比率	存货周转率	8	5		
	应收账款周转率	8	6		
	总资产周转率	12	1		
	合计	100			
财务状况综合评价的结论：					

图10-32 L公司的综合财务分析模型

指标类型	指标名称	标准评分值	行业标准值	实际值	实际得分值
		已知条件		计算结果	
偿债能力比率	流动比率	8	2	0.55	2.18
	利息保障倍数	8	20	45.50	18.20
	现金比率	8	0.3	0.18	4.81
	股东权益比率	12	50%	39.51%	9.48
获利能力比率	销售净利率	10	12%	11.61%	9.68
	资产净利率	10	15%	11.78%	7.85
	净资产收益率	16	20%	25.94%	20.75
营运能力比率	存货周转率	8	5	5.99	9.58
	应收账款周转率	8	6	16.02	21.36
	总资产周转率	12	1	1.01	12.17
	合计	100			116.06
财务状况综合评价的结论：				比行业平均水平好	

图10-33 L公司综合财务分析模型的运行结果

思政链接 10.3 和谐、公平，是社会主义核心价值观

思政目标：和谐、公平，是社会主义核心价值观的主要内容。只有深刻领悟核心价值观的内涵并践行，才能更好地提升个人综合素养，推动社会进步和国家发展。

10.9　绘制财务指标雷达图

雷达图是对企业财务状况进行综合分析的一种工具，它由若干个同心圆和若干条从原点出发的射线组成，通常其中有一个同心圆代表各指标的行业平均值，每条射线代表一个指标，同心圆与各条射线的交点相当于各条射线上的刻度。将某个企业各指标的实际值与行业平均值对比的比值画到雷达图的各条射线上的相应位置，并将各数据点连线，所得到的多边形代表企业的各项指标相对于行业平均值的高低程度，从而可以直观地对企业的财务状况做出综合评价。

在运用雷达图对企业经济效益进行综合分析时，通常需要选取反映企业收益性、成长性、流动性、安全性及生产性的 5 类指标来绘制图表并进行分析。在本节中为了对企业的财务状况进行综合分析，只选择偿债能力、获利能力、营运能力和成长性 4 个方面的比率指标来绘制图表并进行分析。下面结合实例说明绘制财务指标雷达图的具体方法。

例题 10.9　L 公司的 3 张主要财务报表等有关数据存放在"财务分析模型"工作簿中（见图 10-19、图 10-22 和图 10-25）。要求：根据图 10-34 中"已知条件"区域所示的指标体系和行业标准值，计算 L 公司雷达分析图主要指标，并绘制财务指标雷达图。

解　建立模型的具体步骤如下。

① 在"财务分析模型"工作簿中的名为"雷达图"的工作表中设计模型的结构，如图 10-34 所示。

	L公司雷达分析图的主要指标			
	已知条件		计算结果	
指标类别	指标名称	行业平均值	实际值	与行业平均对比值
偿债能力比率	流动比率	2		
	速动比率	1		
	资产负债率	50%		
	利息保障倍数	20		
获利能力比率	销售净利率	12%		
	资产净利率	15%		
	净资产收益率	20%		
营运能力比率	存货周转率	5		
	应收账款周转率	6		
	总资产周转率	1		
成长性比率	营业收入增长率	20%		
	净利润增长率	30%		

图 10-34　L 公司雷达分析图的主要指标

② 在单元格 D4 中输入"＝财务比率分析模型!E3"。

③ 在单元格 D5 中输入"=财务比率分析模型!E4"。

④ 在单元格 D6 中输入"=财务比率分析模型!E7"。

⑤ 在单元格 D7 中输入"=财务比率分析模型!E10"。

⑥ 在单元格 D8 中输入"=财务比率分析模型!E13"。

⑦ 在单元格 D9 中输入"=财务比率分析模型!E14"。

⑧ 在单元格 D10 中输入"=财务比率分析模型!E15"。

⑨ 在单元格 D11 中输入"=财务比率分析模型!E22"。

⑩ 在单元格 D12 中输入"=财务比率分析模型!E21"。

⑪ 在单元格 D13 中输入"=财务比率分析模型!E25"。

⑫ 在单元格 D14 中输入"=财务比率分析模型!E31"。

⑬ 在单元格 D15 中输入"=财务比率分析模型!E32"。

⑭ 在单元格 E4 中输入"=D4/C4",并将其复制到单元格区域 E5:E15。

L 公司雷达分析图主要财务指标的计算结果如图 10-35 所示。

	A	B	C	D	E
1		L公司雷达分析图的主要指标			
2		已知条件		计算结果	
3	指标类别	指标名称	行业平均值	实际值	与行业平均对比值
4	偿债能力比率	流动比率	2	0.55	0.27
5		速动比率	1	0.23	0.23
6		资产负债率	50%	60%	1.21
7		利息保障倍数	20	45.50	2.28
8	获利能力比率	销售净利率	12%	11.61%	0.97
9		资产净利率	15%	11.78%	0.79
10		净资产收益率	20%	25.94%	1.30
11	营运能力比率	存货周转率	5	5.99	1.20
12		应收账款周转率	6	16.02	2.67
13		总资产周转率	1	1.01	1.01
14	成长性比率	营业收入增长率	20%	28%	1.42
15		净利润增长率	30%	59%	1.97

图 10-35 L 公司雷达分析图主要指标的计算结果

视频演示

⑮ 选取单元格区域 B4:B15 和 E4:E15,在"插入"选项卡"图表"功能组中单击"所有图表",然后在下拉列表中选择"雷达图"中的"带数据标记的雷达图"子图表类型,可得到初步绘制的雷达图,如图 10-36(a)所示。

⑯ 进一步编辑图表,包括删除图例、添加图表标题、将坐标轴主要刻度单位设置为 1、将坐标轴标签设置为显示 0 位小数的格式等,得到最终编辑完成的图表,如图 10-36(b)所示。

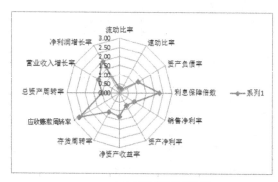

（a）初步绘制的雷达图

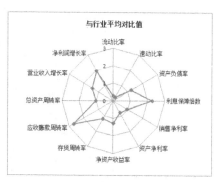

（b）最终完成的图表

图 10-36 L 公司财务指标雷达图

在图 10-36（b）中，射线上的刻度 1、2、3 及由小到大的 3 个同心圆分别代表行业平均值、行业平均值的 2 倍和行业平均值的 3 倍。由图 10-36（b）可以看出，L 公司的流动比率、速动比率、资产净利率和销售净利率指标落在雷达图的最小同心圆以内，表明该公司的这些指标值低于行业平均值；其他指标都落在雷达图的最小同心圆以外，表明该公司的这些指标值高于行业平均值。

 课后习题

1. 某公司资产负债表与利润表如表 10-1 和表 10-2 所示。

表 10-1　某公司资产负债表　　　　　　　　　　　　　　　单位：万元

项目	年初数	年末数	项目	年初数	年末数
货币资金	400	450	流动负债	203	225
应收账款	130	150	长期负债	165	240
存货	480	525	负债合计	368	465
流动资产合计	1 010	1 125	实收资本	1 500	1 500
固定资产（净值）	1 425	1 545	未分配利润	567	705
资产总计	2 435	2 670	负债及所有者权益总计	2 435	2 670

表 10-2　某公司利润表　　　　　　　　　　　　　　　单位：万元

营业收入	8 500
减：营业成本	5 950
管理费用	400
财务费用	50
营业利润	2 100
减：营业外收支净额	100
利润总额	2 000
减：所得税（25%）	500
净利润	1 500

要求：

（1）建立资产负债表分析模型，表头如表 10-3 所示。

表 10-3 某公司资产负债表分析

项目	年末与年初比较		结构分析		项目	年末与年初比较		结构分析	
	增减额	增减幅度	年末结构	年初结构		增减额	增减幅度	年末结构	年初结构

（2）建立财务比率分析模型，对企业偿债能力、获利能力、营运能力进行分析。

（3）建立杜邦分析系统模型。

（4）建立综合财务分析模型。

（5）绘制财务指标雷达图。

2. 某公司本年末流动负债为 42 万元，长期负债为 68 万元，速动资产为 80 万元，存货为 40 万元，长期资产为 60 万元。要求：计算该企业本年末资产负债率、流动比率和速动比率。

3. 某公司的部分年末数据为：流动负债为 60 万元，速动比率为 2.5，流动比率为 3.0，销售成本为 81 万元，已知年初和年末的存货相同。要求：计算该公司的存货周转率。

4. 某公司的资产负债表如表 10-4 所示。本年度产品销售收入净额为 520 万元，产品销售成本为 360 万元，利润总额为 52 万元，净利润为 32 万元，本年度利息支出为 8 万元。

要求：

（1）建立资产负债表分析模型。

（2）计算应收账款周转率、流动资产周转率、利息保障倍数。

表 10-4 某公司资产负债表　　　　　　　　　　　　　　　　　单位：万元

项目	年初数	年末数
存货	170	180
应收账款	70	78
资产	430	460
所有者权益	200	240

5. 在公司管理实践中，管理者一般愿意将财务比率分析模型和资产负债表及利润表置于一张表中，以便进行公式的审核及查找数据之间的钩稽关系。

要求：设计财务比率分析模型，并利用宏按钮实现在比率分析表中隐藏、显示资产负债表和利润表的功能。

第11章 企业价值评估模型

▶ 课程导入

企业价值是现代财务管理的核心问题之一，投资者和企业管理层是企业价值信息的主要使用者。企业价值是投资者确定投资对象、债务重组、管理者绩效评价的一个重要依据。企业价值评估方法是一个综合性的衡量企业价值的方法，不仅需要运用和分析企业过去经营状况的历史数据，还需要结合行业数据、宏观数据对企业未来的发展进行全面预测，涉及企业经营、投资、融资等，贯穿整个财务体系。其测度的是企业的内在价值，更符合管理者、投资者、股东的决策需求。

▶ 本章结构

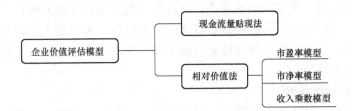

企业价值评估首先要明确评估的对象是什么，只有在明确了评估对象及其特征后，才能确定具体的评估方法，完成价值评估。企业价值评估的对象是企业整体的经济价值。整体的经济价值是指企业作为一个整体的公平市场价值。企业的价值对于企业新项目投资、融资的策略和选择合理的资本结构都是至关重要的，所以企业价值评估是企业进行重大经营决策与财务决策的重要工具。

📇 思政链接 **企业价值的源泉**

思政目标：正确认识企业价值创造，建立长远的可持续发展目标，不能片面追求短期经济利益，要更多地关注社会效益，增强社会责任感。

企业的整体价值并不等于其各种单项资产价值的总和，而是各部分的有机结合，所以需要利用专门的方法对企业的价值进行评估。常用的对企业价值进行评估的方法包括现金流量贴现法、会计估价法、相对价值法和期权估价法，下面主要介绍现金流量贴现法和相对价值法。

11.1 现金流量贴现法

11.1.1 现金流量贴现法的原理

现金流量贴现法的原理是任何资产的价值都等于预期未来全部现金流量的现值总和，即

$$企业价值 = \sum_{t=1}^{\infty} \frac{现金流量_t}{(1+资本成本率)^t}$$

根据上述公式，运用现金流量贴现法进行企业价值评估时，需要确定现金流量、资本成本率和现金流量的持续年数。

1. 现金流量

不同资产的未来现金流量的表现形式不同。对于股票而言，现金流量一般是指股利；对于债券而言，现金流量是指利息和本金；对于企业而言，现金流量是指企业自由现金流量或股权自由现金流量；对于投资项目而言，现金流量是指项目引起的增量现金流量。在价值评估中可供选择的企业现金流量有三种：股利现金流量、股权现金流量和实体现金流量。依据现金流量的不同种类，企业价值评估模型也分为股利现金流量模型、股权现金流量模型和实体现金流量模型三种。

2. 资本成本率

资本成本率是计算现值使用的贴现率。贴现率是现金流量风险的函数，不仅取决于市场的无风险利率，而且取决于所预测的现金流量的风险程度，风险越大贴现率越大，因此贴现率和现金流量要相互匹配。股权现金流量只能用股权资本成本率贴现，实体现金流量只能用加权平均资本成本率贴现。

3. 现金流量的持续年数

现金流量的持续年数是指产生现金流量的时间，一般以年计算。从理论上说，现金流量的持续年数等于资源的寿命。但企业的寿命是不确定的，在财务管理中通常采用持续经营假设。为了避免预测无限期的现金流量，大部分价值评估将预测的时间分为两个阶段：第一阶段是明确的、有限的预测期，称为"详细预测期"，对比期间每年的现金流量都要进行详细预测，根据现金流量模型计算预测期价值；第二阶段是预测期以后的无限时期，称为"后续期"，在此期间，假设企业进入稳定阶段，有一个稳定的增长率，据此计算后续期价值。因此，企业价值被分为两部分：预测期价值和后续期价值。

11.1.2 现金流量模型的种类

按照评估对象现金流量的不同种类，价值评估模型可分为股利现金流量模型、股权现金流量模型和实体现金流量模型三种。这三种模型在原理上是一致的。由于股利分配政策有较大的随意性，股利现金流量很难预测，所以股利现金流量模型在实务操作中很少被使用。如果假设企业不保留多余的现金，而将股权现金全部作为股利发放，则股权现金流量等于股利现金流量，那么股权现金流量模型可以取代股利现金流量模型。因此，大多数企业价值评估使用股权现金流量模型或实体现金流量模型。而在实务操作中，由于股权现金流量模型受各

种条件的限制，通常采用实体现金流量模型来评估企业价值。

按照现金流量折现法计算企业实体价值的基本公式为

$$企业实体价值 = \sum_{t=1}^{\infty} \frac{企业实体自由现金流量_t}{(1+加权平均资本成本率)^t}$$

上述公式中，加权平均资本成本率等于企业的债务资本成本率和权益资本成本率的加权平均数。实体自由现金流量是企业全部现金流入扣除付现成本费用和必要的投资后的剩余部分，它是企业在一定期间可以提供给所有投资人（包括股权投资人和债权投资人）的税后现金流量。企业未来各期的实体自由现金流量可以在编制预计资产负债表和预计利润表的基础上，按照下面的公式计算。

$$企业实体自由现金流量 = 税后经营利润 - 营运资本增加额 - 资本支出额$$
$$= 税后利润 + 折旧与摊销 + 税后净利息支付 - 流动资产的$$
$$增加 + 流动负债的增加 - 固定资产原值的增加$$

在对企业价值进行评估的过程中，为了避免预测无限期的现金流量，通常可以将预测的时间分为两个阶段：第一个阶段是"详细预测期"或称"预测期"，在此期间，需要对每年的现金流量进行详细预测，并根据现金流量模型计算其预测期价值；第二个阶段是"后续期"或称为"永续期"，在此期间，假设企业进入稳定状态，有一个稳定的增长率，可以用简便的方法直接估计后续期价值。假定详细预测期为 n 年，则企业实体价值可按下面的公式计算。

$$企业实体价值 = \sum_{t=1}^{n} \frac{企业实体自由现金流量_t}{(1+加权平均资本成本率)^t} + \frac{后续期现金流量在 n 年末的现值}{(1+加权平均资本成本率)^n}$$

$$后续期现金流量在 n 年末的现值 = \frac{n 年末的自由现金流量 \times (1+销售增长率)}{加权平均资本成本率 - 销售增长率}$$

在按照上述公式求出企业的实体价值以后，还可以进一步计算企业的股权价值，计算公式为

$$股权价值 = 实体价值 - 债务价值$$

11.1.3 利用现金流量贴现法评估企业价值模型的建立

例题 11.1 根据 FLY 公司 2020 年财务报表的相关数据（见图 11-1），编制该公司的预计财务报表，建立自由现金流量贴现模型，并对该公司的价值进行评估。

	A	B	C	D	E	F	G	H
1	FLY公司2020年的资产负债表(简表)	单位：千万元		FLY公司2020年的利润表(简表)	单位：千万元		相关比率指标	
2	项 目	2020年		项目	2020年		销售增长率	20%
3	货币资金与交易性金融资产	27.00		销售收入	1,350.00		流动资产/销售收入	20%
4	其他流动资产	274.50		减：销售成本	945.00		流动负债/销售收入	10%
5	固定资产原值	85.00		负债的利息费用	3.80		销售成本/销售收入	70%
6	减：累计折旧	19.00		加：货币资金与交易性金融资产的利息收入	1.60		固定资产净值/销售收入	5%
7	固定资产净值	66.00		减：年折旧	6.80		固定资产折旧率	22%
8	资产总计	367.50		期间费用	240.40		长期负债的利息率	9%
9	流动负债	129.40		税前利润	155.60		货币资金与交易性金融资产的利息率	6%
10	长期负债	43.10		减：所得税	38.90		期间费用/销售收入	18%
11	股本	190.00		税后净利润	116.70		所得税税率	25%
12	累计未分配利润	5.00		支付的股利	36.30		股利支付率	31%
13	负债和股东权益合计	367.50		未分配利润	80.40		长期负债/销售收入	3%
14							加权平均资本成本率	9%
15							销售及股利增长率	7%
16							7年后的永久增长率	5%
17								

图 11-1 基础数据

① 根据基础数据表格，编制预计资产负债表和预计利润表，如图 11-2 所示。

② 选中 C4:I4，在单元格 C4 中输入“=”，选中“预测数据”工作表中的 C25:I25，同时按住“Shift+Ctrl+Enter”组合键。

③ 选中 C5:I5，在单元格 C5 中输入“=”，选中“预测数据”工作表中的 C21:I21，同时按住“Shift+Ctrl+Enter”组合键。

	A	B	C	D	E	F	G	H	I
1	预计资产负债表（金额：千万元）								
2	项　目	2020年	2021年	2022年	2023年	2024年	2025年	2026年	2027年
3	货币资金与交易性金融资产	27	87	160	250	359	492	654	850
4	其他流动资产	275	329	395	474	569	683	820	984
5	固定资产原值	85	100	120	143	172	207	248	297
6	减：累计折旧	19	21	25	29	35	42	51	61
7	固定资产净值	66	79	95	114	137	164	197	236
8	资产总计	368	495	650	838	1065	1339	1670	2070
9	流动负债	129	155	186	224	268	322	386	464
10	长期负债	43	52	62	74	89	107	129	154
11	股本	190	190	190	190	190	190	190	190
12	累计未分配利润	5	98	212	350	517	720	965	1262
13	负债和股东权益合计	368	495	650	838	1065	1339	1670	2070
14									
15	预计利润表（金额：千万元）								
16	项　目	2020年	2021年	2022年	2023年	2024年	2025年	2026年	2027年
17	销售收入	1350	1620	1944	2333	2799	3359	4031	4837
18	减：销售成本	945	1134	1361	1633	1960	2351	2822	3386
19	负债的利息费用	4	4	5	6	7	9	10	12
20	加：货币资金与交易性金融资产的利息收入	2	3	7	12	18	25	34	45
21	减：年折旧	7	16	19	23	28	34	40	48
22	期间费用	240	288	346	415	498	598	718	861
23	税前利润	156	180	220	267	324	392	475	573
24	减：所得税	39	45	55	67	81	98	119	143
25	税后净利润	117	135	165	200	243	294	356	430
26	支付的股利	36	42	51	62	76	92	111	134
27	未分配利润	80	93	114	138	167	203	245	296
28									

基期数据　预测数据　现金流量贴现模型

图 11-2　预计财务报表相关数据

④ 在单元格 C6 中输入“=预测数据!C4-预测数据!B4”，向右水平拖动单元格 C6 填充 D6:I6。

⑤ 在单元格 C7 中输入“=预测数据!C9-预测数据!B9”，向右水平拖动单元格 C7 填充 D7:I7。

⑥ 在单元格 C8 中输入“=预测数据!C5-预测数据!B5”，向右水平拖动单元格 C8 填充 D8:I8。

⑦ 在单元格 C9 中输入“=(1-基期数据!$H$12)*预测数据!C19”，向右水平拖动单元格 C9 填充 D9:I9。

⑧ 在单元格 C10 中输入“=(1-基期数据!$H$12)*预测数据!C20”，向右水平拖动单元格 C10 填充 D10:I10。

⑨ 在单元格 C11 中输入“=C4+C5-C6+C7-C8+C9-C10”，向右水平拖动单元格 C11 填充 D11:I11。

⑩ 在单元格 C12 中输入“=C11/(1+基期数据!$H$15)^C3”，向右水平拖动单元格 C12 填充 D12:I12。

⑪ 在单元格 I13 中输入“=I11*(1+基期数据!H17)/(基期数据!H15-基期数据!H17)”。

⑫ 在单元格 B13 中输入“=I13/(1+基期数据!H15)^现金流量贴现模型!I3”。

⑬ 在单元格 B14 中输入“=SUM(C12:I12,B13)”。

⑭ 在单元格 B15 中输入 "=基础数据!B3"。

⑮ 在单元格 B16 中输入 "=基础数据!B10"。

⑯ 在单元格 B17 中输入 "=B14+B15−B16"。

模型的运行结果如图 11−3 所示。

	A	B	C	D	E	F	G	H	I
1				实体现金流量贴现（金额：千万元）					
2	项　目	2020年	2021年	2022年	2023年	2024年	2025年	2026年	2027年
3	期数	0	1	2	3	4	5	6	7
4	税后净利	135	165	200	243	294	356	430	
5	加：年折旧	16	19	23	28	34	40	48	
6	减：其他流动资产增加额	55	66	79	95	114	137	164	
7	加：流动负债增加额	26	31	37	45	54	64	77	
8	减：固定资产原值增加额	15	20	24	29	34	41	50	
9	加：新增的债务税后利息	3	4	5	5	7	8	9	
10	减：货币资金与交易性金融资产的税后利息	3	5	9	14	19	25	33	
11	自由现金流量	106	128	153	184	221	265	318	
12	预测期自由现金流量的现值	99	108	119	130	144	158	174	
13	后续期现金流量在第7和第0期的价值	4370							8354
14	公司的价值	5502							
15	加：第1年初货币资金和交易性金融资产余额	27							
16	减：第1年初的长期负债	43							
17	公司的股权价值	5486							

基期数据　预测数据　现金流量贴现模型

图 11−3　现金流量贴现模型　　　　　　　视频演示

11.2　相对价值法

相对于现金流量贴现法，相对价值法是一种比较容易的估价方法，又称为乘数估值法。

11.2.1　相对价值法的基本原理

相对价值法是以市场类似企业的定价为基础确定企业价值。因此，相对价值法需要具备两个要素。第一个要素是各种常量乘数。为了在相对的基础上估价企业，必须对价格实行标准化，通常是将价格转化为各种常量乘数。对不同企业进行估价时，所选择的常量乘数可能不同，但其形式一般是公开交易股票的利润、账面价值或者收入。第二个要素是要找到类似的企业，而这一点在实际应用时不太容易做到。即便是处在同一行业的各个企业也仍会存在风险、增长潜力和现金流等方面的差异。

相对价值法在运用时有以下 3 个重要步骤。

① 找到具有市场价值的可比企业。

② 将市场价值与一个常量相比，产生可比的标准价格。这个常量通常可以选取股票利润、账面价值或收入，所得到的标准价格对应有收益乘数（市盈率）、账面价值乘数（市净率）和收入乘数。

③ 以目标企业的常量（股票利润、账面价值或收入）乘以可比企业对应的标准价格（收益乘数、账面价值乘数或收入乘数）的平均值，计算目标企业的估价价值。

11.2.2　利用相对价值法评估企业股权价值常用模型的建立

利用相对价值法评估企业价值可分为两种情况，一种是评估目标企业的股权价值，另一种是评估目标企业的实体价值。利用相对价值法评估企业股权价值的常用模型包括市盈率模型、市净率模型和收入乘数模型。

1. 市盈率模型

市盈率是衡量股价高低和企业盈利能力的一个重要指标，是指在一个考察期（通常为12个月的时间）内，股票的价格和每股收益的比例。

（1）基本公式

$$目标企业每股价值＝可比企业平均市盈率×目标企业每股净利$$

其中

$$市盈率＝每股股价/每股净利$$

市盈率的驱动因素是增长率、股利支付率和风险，其中最关键的驱动因素是增长率。

（2）市盈率模型的优点

① 数据容易取得，计算简单。

② 价格和收益相联系，反映了投入和产出。

③ 涵盖了风险补偿率、增长率、股利支付率的影响，具有很高的综合性。

（3）市盈率模型的局限性

① 如果收益是负数，市盈率就失去了意义。

② 市盈率除了受企业本身基本面的影响，还受到整个经济景气程度的影响。

市盈率模型主要适用于评估连续盈利的企业的价值，而不适用于对亏损的企业进行估价。

2. 市净率模型

市净率是每股股价与每股净资产的比率。

（1）基本公式

$$目标企业每股价值＝可比企业平均市净率×目标企业每股净利$$

其中

$$市净率＝每股股价/每股净资产$$

市净率的驱动因素有权益报酬率、股利支付率、增长率和风险。其中，权益报酬率是最关键的驱动因素。

（2）市净率模型的优点

① 净利为负值的企业不能用市盈率进行估价，而市净率极少为负值，可用于大多数企业。

② 净资产账面价值的数据容易取得，并且容易理解。

③ 净资产账面价值比净利稳定。

④ 如果会计标准合理且各企业会计政策一致，市净率的变化可以反映企业价值的变化。

（3）市净率模型的缺点

① 账面价值受会计政策选择的影响，如果各企业执行不同的会计标准或会计政策，市净率会失去可比性。

② 固定资产很少的服务性企业和高科技企业，净资产与企业价值的关系不大，其市净率比较没有实际意义。

③ 少数企业的净资产是负值，市净率没有意义，无法用于比较。

市净率模型适用于拥有大量资产、净资产为正值的企业，而不适用于对净资产为负数的企业进行估价。

3. 收入乘数模型

该方法假设影响企业价值的关键变量是营业收入，企业价值是营业收入的函数，在其他条件不变的情况下，营业收入越大，企业价值越大。

（1）基本公式

$$目标企业股权价值＝可比企业平均收入乘数×目标企业的销售收入$$

其中

$$收入乘数（市销率）＝股权市价/销售收入＝每股股价/每股销售收入$$

收入乘数的驱动因素有销售净利率、股利支付率、增长率和股权成本。其中，销售净利率是最关键的驱动因素。

（2）收入乘数模型的优点

① 不会出现负值，对于亏损企业和资不抵债的企业，也可以计算出一个有意义的价值乘数。

② 比较稳定、可靠，不容易被操纵。

③ 收入乘数对价格政策和企业战略变化敏感，可以反映这种变化的后果。

（3）收入乘数模型的缺点

不能反映成本的变化，而成本是影响企业现金流量和价值的重要因素之一。

收入乘数模型主要适用于销售成本率较低的服务类企业或者销售成本率趋同的传统行业的企业。

11.2.3　利用相对价值法评估企业股权价值模型的修正

相对价值法应用的主要困难是选择可比企业。可比企业是一组在现金流、增长潜力和风险等方面与被估价企业相似的同行业企业。当要求的可比条件较严格或者同行业的可比企业很少时，往往找不到符合条件的足够的可比企业，这时需要采用修正的比率。

1. 修正市盈率

如果所找的若干家可比企业的增长率与目标企业的增长率不一致，则应利用修正的市盈率来评估目标企业的价值。修正市盈率的计算公式为

修正市盈率＝实际市盈率/（预期增长率×100）

修正平均市盈率＝可比企业平均市盈率/（可比企业平均预期增长率×100）

利用修正市盈率评估目标企业价值的公式为

目标企业每股价值＝修正平均市盈率×目标企业增长率×100×目标企业每股净利

2. 修正市净率

如果所找的若干家可比企业的股东权益净利率与目标企业的股东权益净利率不一致，则应利用修正市净率来评估目标企业的价值。

修正市净率的计算公式为

修正市净率＝实际市净率/（股东权益净利率×100）

修正平均市净率＝可比企业平均市净率/（可比企业平均股东权益净利率×100）

利用修正市净率评估目标企业价值的公式为

$$目标企业每股价值=修正平均市净率×目标企业股东权益净利率×100×$$
$$目标企业每股净资产$$

3. 修正收入乘数

如果所找的若干家可比企业的销售净利率与目标企业的销售净利率不一致，则应利用修正的收入乘数来评估目标企业的价值。修正收入乘数的计算公式为

$$修正收入乘数=实际收入乘数/（销售净利率×100）$$
$$修正平均收入乘数=可比企业平均收入乘数/（可比企业平均销售净利率×100）$$

利用修正收入乘数评估目标企业价值的公式为

$$目标企业每股价值=修正平均收入乘数×目标企业销售净利率×100×$$
$$目标企业每股销售收入$$

例题 11.2 FLY 公司是一家制造业公司，2021 年每股收益是 0.5 元，股票价格为 20 元，预期增长率为 10%。投资者收集了以下 4 家可比的制造业上市公司的有关数据，如图 11-4 所示。要求：建立市盈率模型对该公司的股权价值进行评估。

	A	B	C	D	E	F
1			已知数据			
2	企业名称	A	B	C	D	FLY公司
3	市盈率	40	44.7	37.9	28	50
4	预期增长率	10%	8%	13%	15%	10%
5	每股收益					0.5
6	目前股价(元/股)					20
7			分析结果			
8	可比企业平均市盈率		修正平均市盈率			
9	可比企业平均预期增长率		FLY公司的每股价值(元/股)			
10	评估状态					

图 11-4 基础数据

解 ① 在单元格 B8 中输入 "=AVERAGE(B3:E3)"。

② 在单元格 B9 中输入 "=AVERAGE(B4:E4)"。

③ 在单元格 D8 中输入 "=B8/(B9*100)"。

④ 在单元格 D9 中输入 "=D8*F4*100*F5"。

⑤ 在合并单元格 C10 中输入 "=IF(F6>D9,"市价被高估",IF(F6<D9,"市价被低估","市价反映真实价值"))"。

模型的运行结果如图 11-5 所示。

	A	B	C	D	E	F
1			已知数据			
2	企业名称	A	B	C	D	FLY公司
3	市盈率	40	44.7	37.9	28	50
4	预期增长率	10%	8%	13%	15%	10%
5	每股收益					0.5
6	目前股价(元/股)					20
7			分析结果			
8	可比企业平均市盈率	37.65	修正平均市盈率	3.27		
9	可比企业平均预期增长率	11.5%	FLY公司的每股价值(元/股)	16.37		
10	评估状态		市价被高估			

图 11-5 市盈率模型的运行结果

视频演示

例题 11.3　FLY 公司是一家家电制造业公司，2021 年每股净资产是 4.6 元，股票价格为 48 元，预期股东权益净利率为 16%。投资者收集了以下 4 家可比的家电制造业公司的有关数据，如图 11-6 所示。要求：建立市净率模型对该公司的股权价值进行评估。

A	B	B	C	D	E	F
1		已知数据				
企业名称	A	B	C	D	FLY公司
市净率	8	6	5	9	10
预期股东权益净利率	15%	13%	11%	17%	16%
每股净资产(元/股)					4.6
目前股价(元/股)					48
	分析结果				
可比企业平均市净率		修正平均市净率			
可比企业平均股东权益净利率		FLY公司的每股价值(元/股)			
评估状态					

图 11-6　基础数据

解　① 在单元格 B8 中输入"=AVERAGE(B3:E3)"。

② 在单元格 B9 中输入"=AVERAGE(B4:E4)"。

③ 在单元格 D8 中输入"=B8/(B9*100)"。

④ 在单元格 D9 中输入"=D8*F4*100*F5"。

⑤ 在合并单元格 C10 中输入"=IF(F6>D9,"市价被高估",IF(F6<D9,"市价被低估","市价反映真实价值"))"。

模型的运行结果如图 11-7 所示。

A	B	C	D	E	F
1		已知数据			
企业名称	A	B	C	D	FLY公司
市净率	8	6	5	9	10
预期股东权益净利率	15%	13%	11%	17%	16%
每股净资产(元/股)					4.6
目前股价(元/股)					48
	分析结果				
可比企业平均市净率	7.00	修正平均市净率	50%		
可比企业平均股东权益净利率	14%	FLY公司的每股价值(元/股)	36.80		
评估状态	市价被高估				

图 11-7　市净率模型的运行结果

视频演示

例题 11.4　FLY 公司是一家零售业上市公司，2021 年每股营业收入是 3.8 元，目前股价为 3 元/股，净利率为 5.25%。投资者收集了以下 4 家可比的零售业上市公司的有关数据，如图 11-8 所示。要求：建立市销率模型对该公司的股权价值进行评估。

A	B	B	C	D	E	F
1		已知数据				
企业名称	A	B	C	D	FLY公司
市销率	0.75	0.8	0.6	0.65	0.00
销售净利率	5.00%	6.00%	4.00%	5.00%	5.25%
每股营业收入(元/股)					3.8
目前股价(元/股)					3
	分析结果				
可比企业平均市销率		修正平均市销率			
可比企业平均销售净利率		FLY公司的每股价值(元/股)			
评估状态					

图 11-8　基础数据

解　① 在单元格 B8 中输入"=AVERAGE(B3:E3)"。

② 在单元格 B9 中输入"=AVERAGE(B4:E4)"。

③ 在单元格 D8 中输入"=B8/(B9*100)"。

④ 在单元格 D9 中输入"=D8*F4*100*F5"。

⑤ 在合并单元格 C10 中输入"=IF(F6>D9,"市价被高估",IF(F6<D9,"市价被低估","市价反映真实价值"))"。

模型的运行结果如图 11-9 所示。

	A	B	C	D	E	F
1	已知数据					
2	企业名称	A	B	C	D	FLY公司
3	市销率	0.75	0.8	0.6	0.65	0.00
4	销售净利率	5.00%	6.00%	4.00%	5.00%	5.25%
5	每股营业收入(元/股)					3.8
6	目前股价(元/股)					3
7	分析结果					
8	可比企业平均市销率	0.70		修正平均市销率	0.14	
9	可比企业平均销售净利率	5%		FLY公司的每股价值(元/股)	2.79	
10	评估状态		市价被高估			

图 11-9 收入乘数模型的运行结果

视频演示

 课后习题

1. A 公司刚刚收购一家公司，20×1 年底投资资本总额 1 000 万元，其中净负债为 100 万元，股东权益为 900 万元，目前发行在外的股票有 500 万股，股价为每股 4 元。预计 20×2 年至 20×4 年销售增长率为 7%，20×5 年销售增长率减至 6%，并且可以持续。预计税后经营利润、固定资产净值、经营营运资本对销售的百分比维持 20×1 年的水平，所得税税率和净债务税后利息率均维持 20×1 年的水平，净债务利息按上年末净债务金额和预计利息率计算。企业的融资政策是：满足下期净投资之后的剩余资金，在归还借款以前不分配股利，全部多余现金用于归还借款。归还全部借款后，剩余的现金全部发放股利。当前的加权资本成本率为 11%，进入 20×5 年后，资本成本率降为 10%。公司平均所得税税率为 30%，净债务的税后利息率为 4%，净债务的市场价值按账面价值计算。

要求：（1）编制预计利润表（见表 11-1）和预计资产负债表。

表 11-1 预计利润表   单位：万元

年份	20×1 年	20×2 年	20×3 年	20×4 年	20×5 年
销售收入	2 000				
税前经营利润	200				
税后经营利润	140				
税后净债务利息	10				
净利润	130				
减：应付普通股股利	0				
本期利润留存	130				
经营营运资本	400				
固定资产净值	600				
资产总计	1 000				
净负债	100				
股本	600				
年初未分配利润	170				
本期利润留存	130				
年末未分配利润	300				
股东权益合计	900				
净负债及股东权益	1 000				

（2）用现金流量模型对该公司估价，说明该股票价格被市场高估还是低估了。

2．甲公司 2021 年的股利支付率为 20%，预计 2022 年的净利润和股利的增长率均为 6%。该公司的 β 系数为 1.1，无风险利率采用国库券利率为 3%，市场平均风险的股票收益率为 9%。

要求：（1）甲公司的本期市盈率和内在市盈率分别是多少？

（2）若乙公司是甲公司的一家同行业可比公司，预期增长率同甲公司相同，2021 年的每股收益为 0.67 元，计算乙公司股票的每股价值是多少？

3．A 公司拟采用并购的方式取得对 B 公司的控制权。B 公司的生产经营特点决定其未来创造现金流量的能力较强，A 公司决定对 B 公司采用现金流量贴现法估价。有关 B 公司的预测数据如下：B 公司目前的 β 系数为 1.5，资产负债率按市值计算为 70%，若并购成功，B 公司将成为 A 的独立子公司，并且资产负债率将变为 50%，同时其 β 系数会变为 1.2，估计并购后将给 A 公司带来的实体现金流量第一年为 90 万元，从第二年开始实体现金流量将持续以每年 5% 的增长率递增；证券市场无风险利率为 4%，风险溢价为 8%，负债平均利息率为 12%，所得税税率为 30%。要求：计算 B 公司的并购价值。

4．甲公司是一家高新技术企业，目前具有领先同行业其他公司的优势，可以以较高的增长率增长。2021 年每股营业收入为 10 元，每股经营营运资本为 3 元，每股税后经营利润为 4 元，每股资本支出为 2 元，每股折旧为 1 元。该企业将保持 40% 的负债率。预计 2022 年营业收入增长率为 10%，2022—2026 年营业收入增长率逐年均匀下降，至 2026 年营业收入增长率降为 6%，2017 年及以后年度一直维持 6% 的增长率。假设该公司的经营营运资本、资本支出、折旧与摊销、税后经营利润与营业收入同比例增长。2021 年该公司的 β 系数为 1.4，预计从 2022 年开始均匀下降，到 2026 年降至 1.1，预计以后稳定阶段的 β 系数始终保持在 1.1，无风险利率为 3%，市场平均风险股票必要报酬率为 8.5%。要求：计算甲公司目前的股票价值。

5．A 公司是一家制药公司，公司资产的账面价值为 1 000 万元，其中股权账面价值为 450 万元。2021 年 A 公司的息税前营业利润为 240 万元，分派股利 35 万元，利息费用支出 140 万元，所得税税率为 30%。公司目前已进入稳定增长阶段，长期内公司将保持 5% 的增长率。公司的 β 系数为 1.2，选取五年期国债利率（3.5%）作为无风险利率，风险溢价为 5%。B 公司是与 A 公司同行业的可比公司，其资产的账面价值为 900 万元。要求：计算 B 公司的股权价值。

6．A 公司拟收购一家营业成本率较低的服务类上市公司——B 公司，B 公司目前的股价为 19 元 / 股。A 公司在完成收购计划前需对 B 公司的价值进行评估，决定是否在当前完成收购。与 B 公司相类似的同行业公司有甲、乙、丙、丁四家，但每家公司仍与 B 公司存在一定程度的差异。四家类似公司及 B 公司的有关资料如表 11-2 所示。

表 11-2　基础数据表

项目	B 公司	甲公司	乙公司	丙公司	丁公司
普通股数/万股	600	500	700	700	800
每股市价/元	19	18	22	12	16
每股收益/元	0.9	1	0.8	0.4	0.8
每股净资产/元	3	3.5	3.3	2.8	2.4
每股销售收入/元	17	20	20	10	16
预期增长率/%	5	10	6	4	8

要求：（1）说明应采用相对价值法中的哪种方法计算 B 公司的股票价值。

（2）计算 B 公司的股票价值并说明 A 公司是否应当在当前收购 B 公司。

第12章 期权定价模型及其应用

▶ **课程导入**

期权定价理论是现代金融学的基础之一，它是研究金融衍生品最重要、最有难度、应用最广泛的理论，曾被誉为"华尔街第二次革命"。期权定价理论的产生及其运用对推动期权市场有重要的作用，它被广泛应用在宏微观经济分析、决策中，尤其是在财务方面，运用最为集中。管理风险是期权的重要作用之一，想要有效管理风险，就要正确估价期权。

▶ **本章结构**

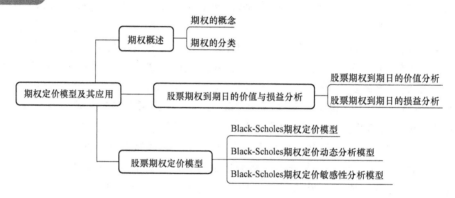

12.1 期 权 概 述

12.1.1 期权的概念

期权是一种选择权，是一种能在未来某一特定时间以特定执行价格买入或卖出一定数量的某种特定商品（标的物）的权利。

▣ **思政链接** **期权定价与期权策略**

思政目标：2020 年的新冠肺炎疫情、美股熔断、原油暴跌等事件，挑战着投资者的承受能力，但有人哭就有人笑，在一些投资者损失惨重的同时，也有一些投资者成为"幸运儿"。通过学习期权策略，可以知道他们是如何在大市场惨淡的背景下继续维持高速增长的收益的。

12.1.2 期权的分类

根据标的不同，期权可分为商品期权、外汇期权、股票期权、债券期权等，其中股票期权是本书讲解的重点。

根据履约方式不用，期权可分为欧式期权和美式期权。欧式期权是指买入期权的一方必须在期权到期日当天才能行使的期权。美式期权是指买方可以在期权到期日或之前任一交易日行使的期权。这就意味着美式期权的买方"权利"相对较大，卖方风险相应也较大。因此在同样条件下，美式期权的价格也相对较高。

期权还有两种基本的类型：看涨期权和看跌期权。看涨期权又称买进期权、买方期权，是指期权的购买者拥有在期权合约有效期内按执行价格买进一定数量标的物的权利。只有当资产的市场价格大于执行价格的时候，买方期权持有者才选择行权，否则就放弃行权，按市价购买。看跌期权亦称卖出期权，是指在将来某一天或一定时期内，按规定的价格和数量卖出某种有价证券的权利。只有当资产的市场价格低于执行价格时，卖方期权的持有者才会选择行权，否则就放弃行权，按市价出售资产。

12.2 股票期权到期日的价值与损益分析

12.2.1 股票期权到期日的价值分析

假设某股票期权的执行价格为 E，到期日为 T，期权到期日股价为 S_T，则看涨期权在到期日的价值 C_T 为

$$C_T = \max\{S_T - E, 0\}$$

而看跌期权在到期日的价值 P_T 为

$$P_T = \max\{E - S_T, 0\}$$

例题 12.1 已知 A 股票看涨期权和 B 股票看跌期权的基本情况如图 12-1 所示，要求：确定在期权到期日 A 股票和 B 股票在市价不同的情况下，看涨期权和看跌期权的价值，并分析其与股票价格之间的关系。

	A	B	C	D	E	F	G	H	I	J	K	L	M	N
1			A股票看涨期权											
2	执行价格/元	25	市价/元	0	10	20	30	40	50	60	70	80	90	100
3	期限/月	2	看涨期权的价值/元	0	0	0	5	15	25	35	45	55	65	75
4			B股票看跌期权											
5	执行价格/元	45	市价/元	0	10	20	30	40	50	60	70	80	90	100
6	期限/月	2	看跌期权的价值/元	45	35	25	15	5	0	0	0	0	0	0

图 12-1 股票期权到期日的价值分析

解 ① 构建模型，如图 12-1 所示，选择 D3 单元格，输入"=MAX(D2-$B$2,0)"，拖动该单元格至 N2 单元格。

② 选择 D6 单元格，输入"=MAX(D5−$B$5,0)"，拖动该单元格至 N6 单元格。

③ 选择 C2:N3 单元格区域和 C5:N6 单元格区域，选择【插入】|【图表】，在【散点图】下选择"带直线和数据标记的散点图"选项，可以生成图 12-2 和图 12-3。

视频演示

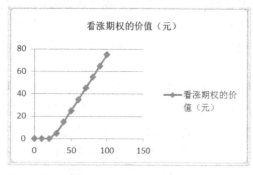

图 12-2　看涨期权的价值

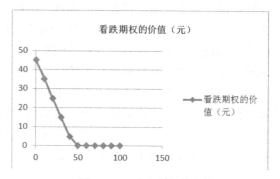

图 12-3　看跌期权的价值

运行结果如图 12-1 所示。

12.2.2　股票期权到期日的损益分析

假设期初购买每股看涨期权的费用为 C，那么在不考虑交易费用和资金时间价值的情况下，到期日看涨期权买方的损益 y_T 为

$$y_T = \max\{S_T - E - C, -C\}$$

假设期初购买每股看跌期权的费用为 P，那么在不考虑交易费用和资金时间价值的情况下，到期日看跌期权买方的损益 y_T 为

$$y_T = \max\{E - P - S_T, -P\}$$

例题 12.2　已知 A 股票看涨期权和 B 股票看跌期权的基本情况如图 12-4 所示，要求：确定在期权到期日，在 A 股票和 B 股票市价不同的情况下，看涨期权和看跌期权的买卖双方的损益，并分析其与股票价格之间的关系。

	A	B	C	D	E	F	G	H	I	J	K	L	M	N
1	A股票看涨期权													
2	执行价格/元	25	到期日市价/元	0	10	20	30	40	50	60	70	80	90	100
3	期限/月	2	期权买方损益/元	−8	−8	−8	−3	7	17	27	37	47	57	67
4	每股期权费/元	8	期权卖方损益/元	8	8	8	3	−7	−17	−27	−37	−47	−57	−67
5	B股票看跌期权													
6	执行价格/元	45	到期日市价/元	0	10	20	30	40	50	60	70	80	90	100
7	期限/月	2	期权买方损益/元	33	23	13	3	−7	−12	−12	−12	−12	−12	−12
8	每股期权费/元	12	期权卖方损益/元	−33	−23	−13	−3	7	12	12	12	12	12	12

图 12-4　股票期权到期日的损益分析

解　① 构建模型，如图 12-4 所示，选择 D3 单元格，输入"=MAX(D2−$B$2−$B$4,−$B$4)"，拖动该单元格至 N3 单元格。

② 选择 D4:N4 单元格区域，输入"=−D3:N3"。

③ 选择 D7 单元格，输入"=MAX($B$6−D6−$B$8,−$B$8)"，拖动该单元格至 N7 单元格。

④ 选择 D8:N8 单元格区域，输入"=−D7:N7"。

⑤ 选择 C2:N4 单元格区域和 C6:N8 单元格区域，分别选择【插入】|【图表】，在"散点图"下选择"带直线和数据标记的散点图"选项，可以生成图 12−5 和图 12−6。

视频演示

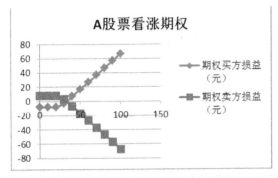

图 12−5　看涨期权的到期日损益

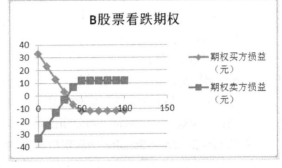

图 12−6　看跌期权的到期日损益

运行结果如图 12−4 所示。

12.3　股票期权定价模型

在国际金融衍生市场的发展过程中，期权的合理定价是困扰投资者的一大难题。随着计算机、通信技术的应用，复杂期权定价公式的运用成为可能。本书主要介绍 Black-Scholes 期权定价模型。

12.3.1　Black-Scholes 期权定价模型（简称 B−S 期权定价模型）

第一个完整的期权定价模型由 Fisher Black 和 Myron Scholes 于 1973 年创立，称为 Black-Scholes 期权定价模型。和其他模型一样，Black-Scholes 期权定价模型具有一系列严格的假设前提：

① 金融资产收益率服从对数正态分布；

② 在期权有效期内，无风险利率和短期金融资产收益率是已知且恒定的；

③ 市场无摩擦，即不存在税收和交易成本；

④ 金融资产在期权有效期内无红利及其他所得（该假设后被放弃）；

⑤ 该期权是欧式期权，即在期权到期前不可实施；

⑥ 有价证券的购买者可以以短期、无风险利率借到任意资金；

⑦ 允许卖空，卖空者将立刻获得卖空有价证券当日价格的全部现金余额；

⑧ 所有有价证券交易是连续的，股价随机游走。

基于上述假设，可以得出看涨期权的 Black-Scholes 期权定价模型为

$$C_0 = S \cdot \Phi(d_1) - X \cdot e^{-rT} \cdot \Phi(d_2)$$

其中

$$d_1 = \frac{\ln\frac{S}{X} + \left(r + \frac{\sigma^2}{2}\right)T}{\sigma\sqrt{T}}, \quad d_2 = \frac{\ln\frac{S}{X} + \left(r - \frac{\sigma^2}{2}\right)T}{\sigma\sqrt{T}} = d_1 - \sigma\sqrt{T}$$

式中：C_0——期权初始合理价格；

S——所交易金融资产现价；

X——期权执行价格；

T——期权有效期；

r——连续复利计无风险利率；

σ^2——金融资产回报率的波动率；

$\Phi(d_1)$、$\Phi(d_2)$——标准正态分布函数。

看跌期权的 Black-Scholes 期权定价模型为

$$P_0 = -S \cdot \Phi(-d_1) + X \cdot e^{-rT} \cdot \Phi(-d_2)$$

其中，P_0 为看跌期权的价值。

例题 12.3 某日交易收盘时，A 股票的相关信息如图 12-7 所示，要求：确定 A 股票看涨期权和看跌期权的价格。

解 ① 构建模型，如图 12-7 所示，选择【开发工具】|【控件】|【插入】，在下拉菜单中选择"数值调节钮"，拖至 B3 单元格，以此类推 B4:B7 单元格。

② 右击单元格 B3 的数值调节钮，选择【设置对象格式】，在【控制】菜单下的"单元格链接"输入"$C$3"，如图 12-8 所示。选中单元格 B3 输入"=C3/100"，以此类推 B4:B7 单元格。

图 12-7 Black-Scholes 期权定价模型（基本模型）　　图 12-8 【设置对象格式】对话框

③ 在单元格 B9 中输入"=(LN(B3/B6)+(B5+B4^2/2)*B7)/(B4*SQRT(B7))"。

④ 在单元格 B10 中输入 "=B9−B4* SQRT(B7)"。

⑤ 在单元格 B11 中输入 "=NORMSDIST(B9)"。

⑥ 在单元格 B12 中输入 "=NORMSDIST(B10)"。

⑦ 在单元格 B13 中输入 "=B3*B11−B6*EXP(−B5*B7)*B12"。

⑧ 在单元格 B15 中输入 "=−B9"。

⑨ 在单元格 B16 中输入 "=−B10"。

⑩ 在单元格 B17 中输入 "=NORMSDIST(B15)"。

⑪ 在单元格 B18 中输入 "=NORMSDIST(B16)"。

视频演示

⑫ 在单元格 B19 中输入 "=−B3*B17+B6*EXP(−B5*B7)*B18",运行结果如图 12−7 所示。

如果放宽模型的假设④,即考虑股利的 Black-Scholes 期权定价模型,则可以产生以下变化。

在考虑股利情况下,当期权快要到期时(小于 1 年),可以估计出期权有效期内预期股利的现值。假定在期权到期之前,股票的股利现值为 D,则所交易金融资产现价为 $S−D$,计算公式可以变形为

$$C_0 = (S-D) \cdot \Phi(d_1) - X \cdot e^{-rT} \cdot \Phi(d_2)$$
$$P_0 = -(S-D) \cdot \Phi(-d_1) + X \cdot e^{-rT} \cdot \Phi(-d_2)$$
$$d_1 = \frac{\ln\left(\dfrac{S-D}{X}\right) + \left(r + \dfrac{\sigma^2}{2}\right)T}{\sigma\sqrt{T}}$$
$$d_2 = d_1 - \sigma\sqrt{T}$$

在考虑股利情况下,当期权距离到期时间较长(大于 1 年)且涉及连续发放股利,假定股利收益率 y 不变,则计算公式可以表述为

$$C_0 = S \cdot e^{-yT} \cdot \Phi(d_1) - X \cdot e^{-rT} \cdot \Phi(d_2)$$
$$P_0 = -S \cdot e^{-yT} \cdot \Phi(-d_1) + X \cdot e^{-rT} \cdot \Phi(-d_2)$$
$$d_1 = \frac{\ln\dfrac{S}{X} + \left(r - y + \dfrac{\sigma^2}{2}\right)T}{\sigma\sqrt{T}}$$
$$d_2 = d_1 - \sigma\sqrt{T}$$

例题 12.4 假设 A 公司连续发放股利,相关资料见图 12−9。要求:确定 A 公司股票看涨期权和看跌期权的价格。

① 构建模型,如图 12−9 所示,选择【开发工具】|【控件】|【插入】,在下拉菜单中选择 "数值调节钮",拖至 B3 单元格,以此类推 B4:B8 单元格。

② 右击单元格 B3 的数值调节钮,选择【设置对象格式】,在【控制】菜单下的 "单元格链接" 输入 "$C$3",如图 12−10 所示。选中单元格 B3 输入 "=C3/10",以此类推 B4:B8 单元格。

视频演示

图 12-9　Black-Scholes 期权定价模型（连续股利）　　　图 12-10　【设置对象格式】对话框

③ 在单元格 B10 中输入 "=(LN(B3/B6)+(B5−B8+B4^2/2)*B7)/(B4*SQRT(B7))"。

④ 在单元格 B11 中输入 "=B10−B4*SQRT(B7)"。

⑤ 在单元格 B12 中输入 "=NORMSDIST(B10)"。

⑥ 在单元格 B13 中输入 "=NORMSDIST(B11)"。

⑦ 在单元格 B14 中输入 "=B3*EXP(−B8*B7)* B12−B6*EXP(−B7*B5)*B13"。

⑧ 在单元格 B16 中输入 "=−B10"。

⑨ 在单元格 B17 中输入 "=−B11"。

⑩ 在单元格 B18 中输入 "=NORMSDIST(B16)"。

⑪ 在单元格 B19 中输入 "=NORMSDIST(B17)"。

⑫ 在单元格 B20 中输入 "=−B3*EXP(−B8*B7)*B18+B6*EXP(−B5*B7)*B19"，运行结果如图 12−9 所示。

12.3.2　Black-Scholes 期权定价动态分析模型

从 Black-Scholes 期权定价模型可以看出，影响期权价值的因素有：交易金融资产现价、期权执行价格、期权有效期、连续复利计无风险利率和金融资产回报率的波动率。可以通过建立期权定价动态分析模型来分析这些因素对期权价值的影响。

例题 12.5　建立一个 Black-Scholes 期权定价动态分析模型，并绘制期权价值与股票价格关系图。

解　① 构建模型，如图 12−11 所示，选择【开发工具】|【控件】|【插入】，在下拉菜单中选择"选项按钮"，分别拖至 B3、C3 单元格。

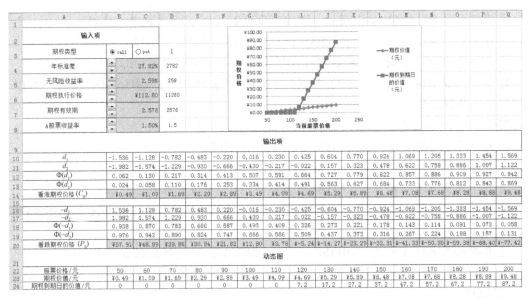

图 12-11　Black-Scholes 期权定价动态分析模型

②选择【开发工具】|【控件】|【插入】，在下拉菜单中选择"数值调节钮"，拖至 B4 单元格，以此类推 B5:B8 单元格。

③右击单元格 B3 的"选项按钮"，选择【设置对象格式】，在【控制】菜单下的"单元格链接"输入"$D$3"，在"值"选项下勾选"已选择"，如图 12-12 所示。

图 12-12　【设置对象格式】对话框

视频演示

④右击单元格 C3 的"选项按钮"，选择【设置对象格式】，在【控制】菜单下的"单元格链接"输入"$D$3"，在"值"选项下勾选"未选择"

⑤右击单元格 B4 的"数值调节钮"，选择【设置对象格式】，在【控制】菜单下的"单元格链接"输入"$D$4"，选中单元格 B4 输入"=D4/10000"，以此类推 B5:B8 单元格，并输入相应数据。

⑥在 B22:Q22 单元格区域分别输入对应价格。

⑦在单元格 B10 中输入"=(LN(B22/$B$6)+($B$5−$B$8+$B$4^2/2)*$B$7)/($B$4*SQRT($B$7))"，复制至 C10:Q10。

⑧ 在单元格 B11 中输入 "=B10−$B$4*SQRT($B$7)"，并复制至 C11:Q11。

⑨ 在单元格 B12 中输入 "=NORMSDIST(B10)"，并复制至 C12:Q12。

⑩ 在单元格 B13 中输入 "=NORMSDIST(B11)"，并复制至 C13:Q13。

⑪ 在单元格 B14 中输入 "=B22*EXP(−$B$8*$B$7)*$B$12−$B$6*EXP(−$B$7*$B$5)*$B$13"，并复制至 C14:Q14。

⑫ 在单元格 B16 中输入 "=−B10"，并复制至 C16:Q16。

⑬ 在单元格 B17 中输入 "=−B11"，并复制至 C17:Q17。

⑭ 在单元格 B18 中输入 "=NORMSDIST(B16)"，并复制至 C18:Q18。

⑮ 在单元格 B19 中输入 "=NORMSDIST(B17)"，并复制至 C19:Q19。

⑯ 在单元格 B20 中输入 "=−B22*EXP(−$B$8*$B$7)*$B$18+$B$6*EXP(−$B$5*$B$7)*$B$19"，并复制至 C20:Q20。

⑰ 在单元格 B23 中输入 "=IF($D$3=1,B14,B20)"，并复制至 C23:Q23。

⑱ 在单元格 B24 中输入 "=IF($D$3=1,MAX(B22−$B$6,0),MAX($B$6−B22,0))"，并复制至 C24:Q24。

⑲ 选择 A22:Q24 单元格区域，单击【插入】菜单下的"图表"选项卡，选择"散点图"，在下拉选项中选择"带直线和数据标记的散点图"，可得出可视化图表，根据偏好对散点图进行编辑，运行结果如图 12−11 所示。

12.3.3 Black-Scholes 期权定价敏感性分析模型

我们可以从动态分析模型中直观看到不同因素对于期权价值的影响程度是不同的，Black-Scholes 期权定价敏感性分析模型可以帮助我们方便地分析各因素对期权价值的影响程度。

例题 12.6 建立 Black-Scholes 期权定价敏感性分析模型，相关资料见图 12−13。

输入项				
期权种类	◉ call	○ put	1	
项目	原始值	变动后数值	变动率	滚动条
股票价格	40	68	70.00%	
执行价格	63	54	−14.29%	
期权有效期	1.84	0.95	−48.37%	
年标准差	32.50%	31.50%	−3.08%	
无风险收益率	3.09%	4.34%	40.45%	

单因素变动对期权价值的影响			
项目	原始值	变动后期权价值	变动率
股票价格	1.52	14.98	887.52%
执行价格	1.52	3.36	121.21%
期权有效期	1.52	0.64	−57.64%
年标准差	1.52	1.34	−11.58%
无风险收益率	1.52	1.74	14.97%
多因素变动对期权价值的影响			
	1.52	18.04	1089.32%

中间变量值				
项目	单因素变动			
	d_1	d_2	$\Phi(d_1)/\Phi(-d_1)$	$\Phi(d_2)/\Phi(-d_2)$
股票价格	0.9616	0.5208	0.8319	0.6987
执行价格	−0.6097	−1.0505	0.2710	0.1467
期权有效期	−1.1238	−1.4406	0.1305	0.0749
年标准差	−1.3182	−1.7455	0.0937	0.0405
无风险收益率	−1.1571	−1.5979	0.1236	0.0550
	多因素变动			
	0.9867	0.6797	0.8381	0.7516
	原值			
	−1.2531	−1.6939	0.1051	0.0451

图 12−13 Black-Scholes 期权定价敏感性分析模型

① 构建模型，如图 12-13 所示，选择【开发工具】|【控件】|【插入】，在下拉菜单中选择"选项按钮"，分别拖至 B3、C3 单元格。

② 右击单元格 B3 的"选项按钮"，选择【设置对象格式】，在【控制】菜单下的"单元格链接"输入"$D$3"，在"值"选项下勾选"已选择"，如图 12-14 所示。

③ 右击单元格 C3 的"选项按钮"，选择【设置对象格式】，在【控制】菜单下的"单元格链接"输入"$D$3"，在"值"选项下勾选"未选择"。

④ 选择【开发工具】|【控件】|【插入】，在下拉菜单中选择"滚动条"，拖至 E5:F5 单元格，以此类推 E6:F9 单元格。

⑤ 在 B5:B9 单元格区域分别输入对应原始数据。

⑥ 右击单元格 E5 的"滚动条"，选择【设置对象格式】，在【控制】菜单下的"单元格链接"输入"$E$5"，"当前值"输入"68"，单击【确定】，如图 12-15 所示。

图 12-14 【设置对象格式】对话框 1

图 12-15 【设置对象格式】对话框 2

⑦ 在单元格 C5 中输入"=E5"，以此类推 C6:C9。

⑧ 选择 D5:D9 单元格区域，输入"=(C5:C9−B5:B9)/B5:B9"。

⑨ 在单元格 I5 中输入"=(LN(C5/B6)+(B9+B8^2/2)*B7)/(B8/SQRT(B7))"。

⑩ 在单元格 J5 中输入"=I5−B8*SQRT(B7)"。

⑪ 在单元格 K5 中输入"=IF($D$3=1,NORMSDIST(I5),NORMSDIST(−I5))"。

⑫ 在单元格 L5 中输入"=IF($D$3=1,NORMSDIST(J5),NORMSDIST(−J5))"。

⑬ 在单元格 I6 中输入"=(LN(B5/C6)+(B9+B8^2/2)*B7)/(B8/SQRT(B7))"。

⑭ 在单元格 J6 中输入"=I6−B8*SQRT(B7)"。

⑮ 在单元格 K6 中输入"=IF($D$3=1,NORMSDIST(I6),NORMSDIST(−I6))"。

⑯ 在单元格 L6 中输入"=IF($D$3=1,NORMSDIST(J6),NORMSDIST(−J6))"。

⑰ 在单元格 I7 中输入"=(LN(B5/B6)+(B9+B8^2/2)*C7)/(B8/SQRT(C7))"。

⑱ 在单元格 J7 中输入"=I7−B8*SQRT(C7)"。

⑲ 在单元格 K7 中输入"=IF($D$3=1,NORMSDIST(I7),NORMSDIST(−I7))"。

⑳ 在单元格 L7 中输入"=IF($D$3=1,NORMSDIST(J7),NORMSDIST(−J7))"。

㉑ 在单元格 I8 中输入"=(LN(B5/B6)+(B9+C8^2/2)*B7)/(C8/SQRT(B7))"。

㉒ 在单元格 J8 中输入 "=I8-C8*SQRT(B7)"。

㉓ 在单元格 K8 中输入 "=IF($D$3=1,NORMSDIST(I8),NORMSDIST(-I8))"。

㉔ 在单元格 L8 中输入 "=IF($D$3=1,NORMSDIST(J8),NORMSDIST(-J8))"。

㉕ 在单元格 I9 中输入 "=(LN(B5/B6)+(C9+B8^2/2)*B7)/(B8/SQRT(B7))"。

㉖ 在单元格 J9 中输入 "=I9-B8*SQRT(B7)"。

㉗ 在单元格 K9 中输入 "=IF($D$3=1,NORMSDIST(I9),NORMSDIST(-I9))"。

㉘ 在单元格 L9 中输入 "=IF($D$3=1,NORMSDIST(J9),NORMSDIST(-J9))"。

㉙ 在单元格 I11 中输入 "=(LN(C5/C6)+(C9+C8^2/2)*C7)/(C8/SQRT(C7))"。

㉚ 在单元格 J11 中输入 "=I11-C8*SQRT(C7)"。

㉛ 在单元格 K11 中输入 "=IF($D$3=1,NORMSDIST(I11),NORMSDIST(-I11))"。

㉜ 在单元格 L11 中输入 "=IF($D$3=1,NORMSDIST(J11),NORMSDIST(-J11))"。

㉝ 在单元格 I13 中输入 "=(LN(B5/B6)+(B9+B8^2/2)*B7)/(B8/SQRT(B7))"。

㉞ 在单元格 J13 中输入 "=I13-B8*SQRT(B7)"。

㉟ 在单元格 K13 中输入 "=IF($D$3=1,NORMSDIST(I13),NORMSDIST(-I13))"。

㊱ 在单元格 L13 中输入 "=IF($D$3=1,NORMSDIST(J13),NORMSDIST(-J13))"。

㊲ 在单元格 B13 中输入"=IF(D3=1,B5*K13-B6*EXP(-B9*B7)*L13,-B5*K13+B6*EXP(-B9*B7)*L13)"。

㊳ 选择 B14:B17 单元格区域以及 B19 单元格，输入 "=B13"。

㊴ 在单元格 C13 中输入 "=IF(D3=1,C5*K5-B6*EXP(-B9*B7)*L5,-C5*K5+B6*EXP(-B9*B7)*L5)"。

㊵ 在单元格 C14 中输入 "=IF(D3=1,B5*K6-C6*EXP(-B9*B7)*L6,-B5*K6+C6*EXP(-B9*B7)*L6)"。

㊶ 在单元格 C15 中输入 "=IF(D3=1,B5*K7-B6*EXP(-B9*C7)*L7,-B5*K7+B6*EXP(-B9*C7)*L7)"。

㊷ 在单元格 C16 中输入 "=IF(D3=1,B5*K8-B6*EXP(-B9*B7)*L8,-B5*K8+B6*EXP(-B9*B7)*L8)"。

㊸ 在单元格 C17 中输入 "=IF(D3=1,B5*K9-B6*EXP(-C9*B7)*L9,-B5*K9+B6*EXP(-C9*B7)*L9)"。

㊹ 选择 E13:E17 单元格区域，输入 "=(C13:C17-B13:B17)/B13:B17"。

㊺ 在单元格 C19 中输入"=IF(D3=1,C5*K11-C6*L11*EXP(-C9*C7),-C5*K11+C6*L11*EXP(-C9*C7))"。

㊻ 在单元格 D19 中输入 "=(C19-B19)/B19"。

㊼ 切换期权种类，可以生成不同的数据结果，分析各因素变动对不同期权种类的影响情况。

运行结果如图 12-16 所示。

	A	B	C	D	E	F	G	H	I	J	K	L
1												
2				输入项						中间变量值		
3	期权种类	○ call	● put		2			项目		单因素变动		
4	项目	原始值	变动后数值	变动率	滚动条				d_1	d_2	$\Phi(d_1)/\Phi(-d_1)$	$\Phi(d_2)/\Phi(-d_2)$
5	股票价格	40	68	70.00%	◄	►		股票价格	0.9616	0.5208	0.1681	0.3013
6	执行价格	63	54	-14.29%	◄	►		执行价格	-0.6097	-1.0505	0.7290	0.8533
7	期权有效期	1.84	0.95	-48.37%	◄	►		期权有效期	-1.1238	-1.4406	0.8695	0.9251
8	年标准差	32.50%	31.50%	-3.08%	◄	►		年标准差	-1.3182	-1.7455	0.9063	0.9595
9	无风险收益率	3.09%	4.34%	40.45%	◄	►		无风险收益率	-1.1571	-1.5979	0.8764	0.9450
10										多因素变动		
11			单因素变动对期权价值的影响						0.9867	0.6797	0.1619	0.2484
12	项目	原始值	变动后期权价值	变动率						原值		
13	股票价格	21.03	6.50	-69.11%					-1.2531	-1.6939	0.8949	0.9549
14	执行价格	21.03	14.37	-31.68%								
15	期权有效期	21.03	21.82	3.73%								
16	年标准差	21.03	20.86	-0.84%								
17	无风险收益率	21.03	19.91	-5.35%								
18			多因素变动对期权价值的影响									
19		21.03	1.86	-91.15%								
20												

图 12-16　运行结果

 课后习题

1. 选取某上市期权，下载其标的股票连续 6 个月的价格资料，计算股票收益的标准差。查询该股票的当前市场价格、6 个月到期的国库券收益率、到期时间在 6 个月左右的该股票看涨期权和看跌期权的执行价格。

要求：利用所学知识，计算基于 Black-Scholes 期权定价模型的看涨期权价格和看跌期权价格。

2. 试根据 Black-Scholes 期权定价敏感性分析模型分析变化项对看涨期权价格或看跌期权价格产生的影响及变化的大小。

要求：

（1）若标准差增加，期权价格和内在价值会如何变化？

（2）若有效期延长，期权价格和内在价值会如何变化？

（3）若执行价格提高，期权价格和内在价值会如何变化？

（4）若无风险收益率提高，期权价格和内在价值会如何变化？

（5）若股利率提高，期权价格和内在价值会如何变化？

第13章 财务管理系统的建立

课程导入

到目前为止，我们学习了设计各种财务管理模型的方法，并且建立了各种财务管理模型。然而，每个财务管理模型都是分散地存放在相应工作簿的工作表中的，财务管理人员使用财务管理模型进行分析时，必须选择包含模型的工作簿所在的目录、选择目录中的文件（工作簿名字）打开工作簿，然后再选择具体管理模型所在的工作表等，即每次使用模型都必须重复烦琐的操作步骤。为了减少不必要的操作，以及让更多不太熟悉 Excel 的财务管理人员和企业管理者都能非常方便地使用已经设计好的模型，就需要应用宏技术和各种工具将设计好的模型有机地组合起来，建立一个面向管理者的计算机财务管理系统。

本章结构

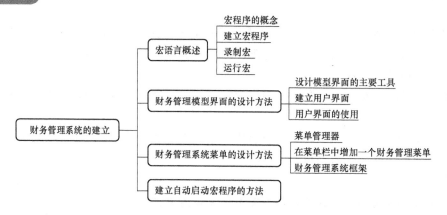

Excel 可以广泛地应用于财务、行政、金融、经济、统计和审计等众多领域，它是一个强有力的经济信息分析工具。利用 VBA（visual basic for applications）所提供的功能，财务管理人员可以按自动方式进行日常的管理、分析、决策，还可以按需要加入某些自定义操作和功能，直至建立一个完整的财务管理系统。

13.1 宏语言概述

Excel 除了本身具有强大的信息分析与处理工具外，还带有功能强且易使用的宏语言（VBA）。使用 VBA 编写应用程序，可以建立一个完整的财务管理系统，有效地控制 Excel，使不懂 Excel 的财务管理人员也能方便、简捷地使用该系统，进行管理、分析和决策。宏语言和其他高级语言（如 Basic，Foxpro）等有相似之处，它提供了大量的函数和语句。但 VBA 是通过使用 Excel 中的对象对 Excel 进行控制的（工作簿、工作表、单元、菜单、文字框等都是对象），因此还提供了对象的方法和属性。

13.1.1　宏程序的概念

宏程序是指用 VBA 提供的各种函数、语句、对象、方法和属性等编写的程序，在 Excel 中也称为过程。

过程是在 VBA 模块中的一个可执行的 VBA 程序代码块，由程序代码序列组成，这些代码序列组合在一起可完成某项任务。

VBA 中的过程主要分为两类：过程和过程函数。

（1）过程

过程以 Sub 语句开始，以 End Sub 语句结束。过程可以执行某种操作，但无返回值。其结构为

Sub 过程名( )
　　命令序列 1
　　...
　　命令序列 N
End Sub

（2）过程函数

过程函数以 Function 语句开头，以 End Function 语句结束，可以有返回值。其结构为

Function 函数名（参数...）
　　命令序列 1
　　...
　　命令序列 N
End Function

13.1.2　建立宏程序

宏程序存放在 Excel 工作簿的宏表中，建立宏程序的方法有以下两种。

① 选择【开发工具】|【Visual Basic 编辑器】，进入 Visual Basic 编辑器界面。选择【插入】|【模块】，Excel 就会在工作簿中增加宏模块 1，此时就可以输入和编辑宏程序。

② 选择【视图】|【宏】|【录制宏】，Excel 就会自动录制简单宏程序。

13.1.3　录制宏

1. 录制新宏

录制宏时，选择【视图】|【宏】|【录制宏】，指定宏名等属性后就可以像正常情况一样执行一系列操作，执行完毕后停止录制宏即可。

例题 13.1　录制一个宏，用于给 B2:H10 单元格区域画上表格线。

解 操作步骤如下。

① 选择【视图】|【宏】|【录制宏】，如图 13-1 所示，在此可以设置宏的以下各种属性。

● 宏名。为录制的宏取一个唯一的名字，在此将宏名设置为"画表格线"。

● 快捷键。可以指定执行宏的快捷键，将来只要按此快捷键就可以执行宏，如"Ctrl+g"。

● 保存位置。宏的保存位置包括当前工作簿、新工作簿和个人宏工作簿，默认值为当前工作簿。当选择当前工作簿时，只有打开当前工作簿，录制的宏才能够使用；当选择新工作簿时，该宏只能在新工作簿中使用；当选择个人宏工作簿时，该宏可以在多个工作簿中使用。在此选择默认值。

● 说明。可以为录制的宏提供一些说明信息。

② 单击【确定】按钮。选择 B2:H10 单元格区域，画表格线，并在区域外框画粗线。

③ 选择【视图】|【宏】|【停止录制】，录制完成。

宏名最多可为 255 个字符，可以包含字母、数字和下划线，但必须以字母或中文开头，名字中不允许出现空格或标点符号。

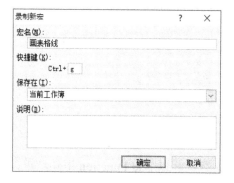

图 13-1 录制新宏

视频演示

---

2. 查看宏"画表格线"VB 代码

在用户录制宏的过程中，Excel 自动将用户的操作记录为 Visual Basic（VB）程序。

① 选择【视图】|【宏】|【查看宏】，如图 13-2 所示。

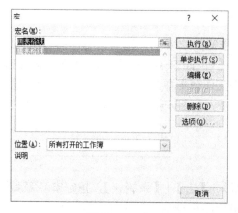

图 13-2 宏

② 选择要查看的宏"画表格线"，单击【编辑】按钮，进入 Visual Basic 编辑器，可以看

到对应的宏代码，如图 13-3 所示。

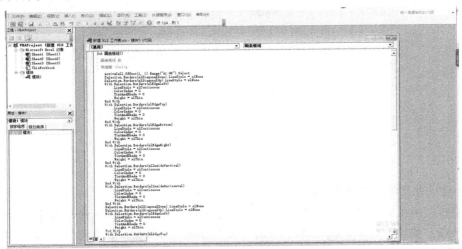

图 13-3　Visual Basic 编辑器

13.1.4　运行宏

当录制了一个宏以后，可以在任何时间执行这个宏，从而可以回放宏所录制的各种操作指令。

运行宏的方式有以下几种：通过菜单运行宏、通过快捷键运行宏、通过命令按钮运行宏、通过将宏添加到自定义快速访问工具栏运行宏。

例题 13.2　运行宏"画表格线"。

解　（1）通过菜单运行 Visual Basic 程序

① 选择【视图】|【宏】|【查看宏】。

② 选择宏"画表格线"，然后单击【执行】按钮，便会运行该宏。

（2）通过快捷键运行宏

在前面介绍录制新宏时曾经提到，可以为宏指定一个快捷键，如"Ctrl+g"，将来只要按组合键"Ctrl+g"便会自动运行该宏。如果要修改宏的快捷键，可以选择【宏】|【查看宏】，在对话框中选中某个宏，然后单击【选项】按钮即可修改该宏的快捷键。

（3）通过命令按钮运行宏

设计一个命令按钮，当单击该命令按钮时便运行宏"画表格线"。

① 选择【开发工具】|【插入】。

② 在表单控件工具栏中选中按钮工具形状，然后在工作表中拖动鼠标画出一个按钮，出现【指定宏】对话框，如图 13-4 所示。

③ 如果已录制过宏，可以在此选择宏，如"画表格线"，然后单击【确定】按钮即可。如果尚未录制宏，可以在此单击【录制】按钮按前述方法新录制一个宏。

④ 将该按钮命名为"画表格线"。

⑤ 当该按钮处于运行状态时（未选中状态），用鼠标单击该按钮，便会运行该按钮所指定的宏。

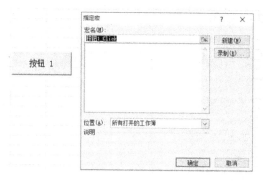

图 13-4 为按钮指定"宏"

（4）通过将宏添加到自定义快速访问工具栏运行宏

①单击"自定义快速访问工具栏"，单击【其他命令】，打开【Excel 选项】对话框。

②单击"快速访问工具栏"，从左边的"宏"分类下选择宏"画表格线"，单击【添加】按钮，将其添加到【快速访问工具栏】列表框，如图 13-5 所示。

图 13-5 将宏添加到快速访问工具栏

视频演示

③单击快速访问工具栏上的宏按钮即可运行宏。

13.2 财务管理模型界面的设计方法

在前面各章中，我们设计了若干个模型，并将同一类模型存放在一个工作簿中，该工作簿的若干个工作表中存放着该类不同问题的模型，如"财务分析模型"工作簿存放着与财务分析相关的各种模型（财务比率分析模型、杜邦分析系统模型等）。下面为每个工作簿设计一个用户界面，使财务管理人员通过该界面能一目了然地了解到该工作簿中包含哪些模型，并通过驱动界面上的宏按钮直接进入各个模型，完成各种管理、分析、决策工作。

13.2.1　设计模型界面的主要工具

1. 绘图工具

选择【插入】|【形状】，选择需要的图形或文字框绘制在界面上，在菜单栏上方会出现【格式】命令，可对图形或文字框进行编辑，使图形或文字框更美观，如图 13-6 所示。

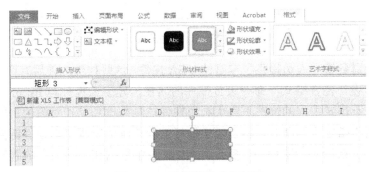

图 13-6　编辑图形或文字框

例题 13.3　绘制椭圆和矩形，加上阴影，并将它们组合成一个对象。

解　操作步骤如下。

① 选择"椭圆形"工具。

② 选择绘图位置，拖动鼠标至所需图形的尺寸松开鼠标，椭圆显示在屏幕上。

③ 选择"矩形"工具。

④ 选择绘图位置，拖动鼠标至所需图形的尺寸松开鼠标，矩形显示在屏幕上，单击右键，选择"置于底层"。

⑤ 选择对象——椭圆，单击"形状效果"下的"阴影"，加上阴影。

⑥ 选择对象——矩形，单击"形状效果"下的"阴影"，加上阴影。

⑦ 单击"文本框"工具，在其中输入"图形示例"，按住"Ctrl"键，选择"椭圆形""矩形""文本框"，单击右键，选择"组合"，将三个对象组合为一个对象。绘制的图形如图 13-7 所示。

图 13-7　绘图

视频演示

---

2. 控件工具

选择【开发工具】|【插入】，可以插入需要的控件，如图 13-8 所示。

图 13-8 控件工具

该工具栏为财务管理人员提供了丰富的 VBA 控件，这些控件的使用有两类：一类是添加控件后，利用"设计控件格式"命令设置控件的属性，建立该控件与 Excel 表中数据和其他对象的链接，在不需要编程的情况下实现利用控件控制数据和其他对象的目的；另一类是添加控件后，利用"指定宏"命令，将已经设计好的或录制的宏程序与控件链接，财务管理人员通过使用控件、自动运行宏程序，实现对 Excel 表中数据和其他对象的管理并完成财务管理工作。

13.2.2 建立用户界面

例题 13.4 建立财务分析系统界面。要求：

（1）系统界面如图 13-9 所示，用户单击任何一个选项，系统自动打开相应模型；

（2）每个模型界面均设置【返回】按钮，单击该按钮，返回主界面；

（3）将文件命名为"财务分析系统"。

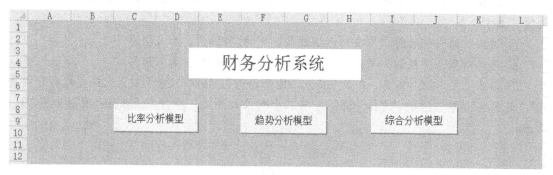

图 13-9 财务分析系统界面

解 操作步骤如下。

（1）准备初始数据

将需要集成到该应用系统的工作表从各工作簿中复制到本文件内。本文件中的工作表依次为"主界面""比率分析模型""趋势分析模型""综合分析模型"。

（2）设计主界面

① 在"主界面"表中，设置背景区域颜色。

② 选择文本框，输入标题"财务分析系统"。

③ 利用窗体中的按钮控件，画出所需按钮，并重新命名为"比率分析模型""趋势分析

视频演示

模型""综合分析模型"。

④ 录制宏，宏名命名为"打开 1""打开 2""打开 3"等，功能分别为打开"比率分析模型"表页、打开"趋势分析模型"表页和打开"综合分析模型"表页。

⑤ 右击【比率分析模型】按钮，从快捷菜单中选择【指定宏】命令，打开【指定宏】对话框。从中选择"打开 1"选项，单击【确定】按钮。同理，将其他按钮也指定对应的宏。

（3）返回主界面

同样，在各个表页中，首先画个按钮，命名为"返回主菜单"；然后录制一个返回主菜单的宏，最后将按钮和宏链接起来。

13.2.3　用户界面的使用

在某一模型的用户界面中，可以清楚地看到该模型包含了哪些基本模型。如图 13-9 所示，从财务分析系统界面中可以看出该模型主要包括比率分析模型、趋势分析模型、综合分析模型。财务管理人员需要进行某项管理工作，通过单击宏按钮便可以进入相应的分析模型；当完成管理和分析工作时，单击结束按钮就可自动返回到用户界面或主界面。

前两节我们讨论了宏语言和宏程序的编制、宏按钮用户界面的建立，以及将宏程序指定给宏按钮的方法。我们可以对前面设计和建立的各种模型进行改进，即尽可能地在每个模型中建立完成某种任务的宏程序，建立宏按钮，并将其与相应的宏程序链接；在每个工作簿中都建立相应的用户界面。这样，财务管理人员就可以通过驱动各类模型界面上的宏按钮进入该工作簿中的各个分析模型，在每个分析模型中又通过驱动宏按钮完成管理、分析、决策等工作。宏技术的使用大大减少了工作量，减少了出错的可能。

13.3　财务管理系统菜单的设计方法

我们已经建立了多个包含管理、分析、决策的模型，分别存放在多个工作簿中，管理人员要使用各类模型，还必须知道该类模型所在工作簿的名字，根据名字打开相应的工作簿。如果将这些模型汇总到菜单上，财务管理人员就可以清楚地了解财务管理系统结构，并通过选择菜单上的命令，自动打开包含某类模型的工作簿，进行管理、分析、决策工作。下面讨论设计财务管理系统菜单的方法。

13.3.1　菜单管理器

建立财务管理系统菜单要通过菜单管理器完成。菜单管理器是 Excel 提供给用户的一种工具，它可以帮助用户建立自己的菜单，并对这些菜单进行修改以满足自己的需要。通过使用菜单管理器，用户可以在菜单栏中加入一个菜单，并可在菜单中加入菜单命令；还可以根据需要将某个宏程序指定给菜单命令，当菜单命令被选择时执行相应的宏程序。

1. Excel 菜单的构成

在用户建立自己的菜单前，需先了解 Excel 的菜单结构。菜单包含菜单栏、菜单项、子菜单、子菜单项等。用户可以通过鼠标选择菜单中的命令，也可以用快捷键选择菜单中的命令。菜单管理器允许用户修改菜单，增加和删除新菜单、菜单项、子菜单等。

2. 用菜单编辑器建立新菜单的步骤

① 打开工作簿，进入用户界面。

② 选择【工具】|【自定义】，出现自定义对话框。

③ 在"命令"标签中选择"新菜单"类别。

④ 选择【新菜单】命令，并拖到菜单栏中。

⑤ 单击鼠标右键，得到定义新菜单的快捷菜单。

⑥ 定义新菜单的名字。

⑦ 重复上述过程，定义菜单项、子菜单及子菜单项的名字。

⑧ 为菜单项、子菜单项指定对应的宏程序。

13.3.2 在菜单栏中增加一个财务管理菜单

下面以增加财务管理菜单为例，说明使用菜单编辑器建立用户自定义菜单的方法。已知 Excel 的内部菜单，现在在菜单栏中增加"财务管理"菜单，并在该菜单下增加"财务分析""投资决策""筹资分析""销售与利润"等菜单项（即命令），并将这些命令指定给相应的宏程序。

1. 建立和准备每个菜单项对应的宏程序

analysis 宏程序：打开财务报表分析模型.xls 工作簿，进入财务报表分析模型。

invest 宏程序：打开投资决策模型.xls 工作簿，进入投资决策模型。

cash 宏程序：打开流动资金分析模型.xls 工作簿，进入流动资金分析模型。

financing 宏程序：打开筹资分析模型.xls 工作簿，进入筹资分析模型。

sale _ profit 宏程序：打开销售预测与利润管理模型.xls 工作簿，进入销售预测与利润管理模型。

plan 宏程序：打开财务计划模型.xls 工作簿，进入财务计划模型。

其中 analysis 宏程序举例如下。

```
Sub analysis()
Workbooks.OpenFilename: = "C:\cwgl\财务报表分析模型.xls", UpdateLinks: = 0
Sheets("财务报表分析界面").Select
End Sub
```

2. 建立财务管理菜单

① 打开工作簿，进入用户界面。

② 选择【工具】|【自定义】，出现自定义对话框。

③ 在【命令】标签中选择"新菜单"类别。

④ 选择【新菜单】命令，并拖到菜单栏中相应的位置。

⑤ 单击鼠标右键，得到定义新菜单的快捷菜单，此时定义新菜单的名字，如"财务管理"。

⑥ 重复②③④⑤，定义菜单项命令，如财务分析、投资决策分析、流动资金管理、筹资决策等。

⑦ 为每个菜单项指定宏程序。在自定义状况下，选择菜单项并单击鼠标右键出现快捷菜单，如图 13-10 所示。

图 13-10　财务管理菜单

13.3.3　财务管理系统框架

当打开工作簿时，菜单栏就有【财务管理】菜单项，选择【财务管理】菜单项，便弹出下拉菜单，并将财务管理系统功能结构图中的主要功能模块以命令的形式显示在下拉菜单上。财务管理人员选择任意命令，就相当于选择了结构图中的第一层功能模块，此时该功能模块所对应模型的用户界面便展示在屏幕上。财务管理人员单击用户界面上的宏按钮，就相当于选择了结构图中的功能模块，此时具体的管理、分析、决策模型就展示在财务管理人员面前，可以进行各种分析工作。当经济环境发生变化，企业需要增加新的模型时，可以将管理方法和管理思想与前面所学的方法和技术有机地结合起来，建立新的模型并将其加入到系统菜单中。经过不断完善和更新，财务管理系统的内容会随着时间的推移不断丰富，真正为企业管理提供支持。

13.4　建立自动启动宏程序的方法

当打开或关闭某个工作簿时，希望自动执行该工作簿中的某个宏程序或进入系统主界面。例如，关闭工作簿时需要自动执行一个宏程序，显示"谢谢使用财务管理系统，再见！"这就需要建立名为"Auto_Open"或"Auto_Close"的宏程序。自动宏程序与一般宏程序是通过宏过程名来区别的。

1. 建立一个当工作簿打开时自动执行的宏程序

例题 13.5　在工作簿中建立一个自动执行的宏程序，要求：显示"欢迎您使用财务管理系统"，并自动显示财务管理系统主界面。

解　建立的宏程序如下。

```
Sub Auto_Open()
    MsgBox("欢迎您使用财务管理系统")
sheets("财务管理系统界面").Select
End Sub
```

当打开工作簿时，屏幕显示如图 13-11 所示。单击【确定】按钮，便显示财务管理系统主界面。此时，财务管理人员可以选择【财务管理】，进入各模型。

图 13-11　进入界面的提示框

视频演示

2. 建立一个关闭工作簿时自动执行的宏程序

例题 13.6 在工作簿中建立一个当工作簿关闭时自动执行的宏程序，要求：显示"谢谢使用财务管理系统，再见!"

解 建立宏程序如下。

```
Sub Auto_Close()
        MsgBox("谢谢使用财务管理系统，再见!")
End Sub
```

当关闭工作簿时，屏幕显示如图 13–12 所示，单击【确定】按钮，退出。

图 13–12 退出界面的提示框

思政链接 提高财务技能，才能事倍功半

思政目标：在平凡的工作中，熟练业务，提高技能，找寻规律，努力创新，积极进取，用心、用行践行工匠精神。

 课后习题

1. 熟悉和掌握窗体及绘图工具栏中的工具，并上机练习用这些工具编制宏按钮和各种图形。

2. 在工作表中建立一个宏按钮，将建立资产负债表的宏程序指定给该宏按钮，并给宏按钮起名为"编制资产负债表"。

3. 建立自动执行宏程序。

4. 设置自动启动工作簿的过程。

5. 建立一个集成系统"Excel 财务模型"，将之前各章建立的模型整合到该系统中，并且设定启动 Excel 时自动打开该系统。

参 考 文 献

[1] 钟爱军，钟静远. Excel 在财务管理中的应用：Excel 2016 版[M]. 大连：东北财经大学出版社，2021.

[2] 张周. 公司理财 Excel 建模指南[M]. 北京：机械工业出版社，2015.

[3] 张瑞君，殷建红. 计算机财务管理：财务建模方法与技术[M]. 5 版. 北京：中国人民大学出版社，2019.

[4] 田媛. Excel 财务会计应用思维、技术与实践[M]. 北京：北京大学出版社，2021.

[5] 朱庆须. 计算机财务管理：Excel 篇[M]. 北京：科学出版社，2018.

[6] 崔婕，姬昂，崔杰. Excel 在会计和财务中的应用[M]. 6 版. 北京：清华大学出版社，2017.

[7] 王招治. 计算机财务管理：以 Excel 为分析工具[M]. 北京：人民邮电出版社，2017.

[8] 韩良智. Excel 在财务管理中的应用[M]. 4 版. 北京：清华大学出版社，2021.

[9] 谭洪益. 基于 Excel 的财务管理综合模拟实训[M]. 北京：清华大学出版社，2018.

[10] 周丽媛. Excel 在财务管理中的应用[M]. 4 版. 大连：东北财经大学出版社，2017.

[11] 桂良军. Exeel 会计与财务管理：理论、方案暨模型[M]. 北京：高等教育出版社，2016.

[12] 刘捷萍，张俊杰. Excel 在财务管理中的应用[M]. 上海：立信会计出版社，2017.

[13] 蔡素兰. Excel 在会计和财务管理中的应用[M]. 上海：立信会计出版社，2016.

[14] 孔令一. Excel 在财务管理中的应用[M]. 大连：东北财经大学出版社，2019.